2

TOP CRAZY

TOME 1

PUZZLE

POSTFACE

LE SENS, LE NON-SENS ET L'ABSURDE…

Le sens avait évolué de l'école primaire au secondaire, pour ainsi s'échouer au cégep.

De la fin de son adolescence jusqu'au début de l'âge adulte, le sens ressemblait d'avantage au non-sens. Étant donné qu'il dérangeait littéralement le sens parental, ceux-ci l'envoyèrent illico presto hors de la maison pour qu'il parvienne à aller à l'Université, dans l'espérance qu'il fasse une distinction entre le sens et le non-sens et qu'il reprenne du même coup tout son sens.

Arrivé à l'Université, le non-sens apprenait les diverses facettes de la profession qu'il avait si soigneusement choisie et qui reflétait selon lui, le vrai sens.

Pour mieux expliquer cet état de choses, l'Université démontrait dans les règles de l'art tout ce qui avait et n'avait plus ou pas de sens. Au cours de ces années, notre non-sens sortait, buvait, dansait, s'émoustillait, bref, il s'éclatait.

Vers la fin de ses études, notre non-sens rencontra sa flamme et reprenait peu à peu du sens. Ils eurent leurs premiers emplois, leurs premiers appartements et, quelque temps plus tard, « un petit sens ».   Tout petit, tout mignon et, dans leurs têtes respectives, ce petit sens était l'être le plus sensé du monde, il était unique…

À partir de ce moment magique, notre petit couple qui reprenait beaucoup de sens décida, maintenant qu'il avait à présent un travail bien payé, sûr, bref, qui avait du sens, de déménager loin du non-sens, de cette grande ville pour que leur petit sens demeure le plus intact possible.

Loin du non-sens, notre couple allait travailler chaque matin dans leur voiture respective et bravait le long voyage de l'embouteillage du non-sens. De par leurs professions respectives, ils tentèrent de donner du sens à leur travail vénéré. Avec les années, les deux sens retournèrent à l'Université pour donner davantage de sens à leurs professions et du même coup, de donner un meilleur sens à leur qualité de vie.

Quelques années plus tard, nos deux sens, ayant monté les quelques marches de la hiérarchie du travail, commencèrent à croire de plus en plus à leurs sens, au sens existant et à la chance de vraiment changer le non-sens. Étant donné qu'ils pouvaient maintenant prendre des décisions pour les non-sens en général, leurs discernements ne tardèrent pas à ressembler inévitablement au non-sens, puisque, à leur avis, seulement ceux-ci croyaient avoir vraiment du sens, le sens ultime…

Arrivés vers la cinquantaine, la maison avait changé au sens décorum puisque tous les articles de bien-être ultime pour augmenter leurs sens faisaient maintenant partie de leur environnement sensationnel.

Nos deux sens s'aperçurent soudainement que leur petit sens qui avait grandi depuis le temps n'avait plus de sens. Ils l'envoyèrent à l'Université pour qu'à son tour, il retrouve le plus rapidement possible tout son vrai sens.

De ce fait, il pourra réussir où tout le monde a échoué; soit de remettre du sens dans le non-sens qui se généralisait de plus en plus dans cette société de non-sens. Et, ainsi, le cycle se poursuivra à nouveau, cycle qui avait commencé au début de l'âge de pierre.

Malheureusement, nous ne pourrons jamais changer le cours des évènements puisque c'est seulement l'absurde qui avait véritablement compris la différence réelle entre le sens et le non sens…

INTRODUCTION

Jadis, il y avait les guerres. On envoyait les plus jeunes se faire massacrer au nom d'une idéologie, d'un pouvoir, d'un territoire.

Une fois la folie terminée, on reconstruisait le tout. Chacun pouvait recommencer à espérer, à reconstruire. C'était jadis…

La génération Baby-boomers a fait pire qu'une guerre. Elle a changé tout le système de valeurs en trente-cinq ans. Elle a endetté les générations futures et dans un temps très rapproché, elle demandera que l'on s'occupe encore d'elle malgré le fait qu'il ne reste plus rien dans les coffres de l'état.

Voilà ce qui est pire qu'une guerre, car, pour ma part, il n'y a pas de fin comme à la guerre. Nous payerons encore longtemps les abus de cette génération. La dette engendrée par cette génération demeure et demain, il faudra s'occuper d'eux car la chaise roulante, il faudra que quelqu'un la pousse non?

Voilà ce que cette génération a fait, et ça, c'est pire qu'une guerre…

PRÉAMBULE

« L'histoire du Québec est un grand puzzle dont les morceaux ont été volontairement jetés dans l'oubli par ceux qui nous ont exploités et mentis et qui n'ont pas intérêt à ce qu'on retrouve les morceaux.

Chaque morceau du puzzle est une mémoire qui remet la vérité à sa place. »

(Félix Leclerc, Rêves à vendre, P. 16)

Je dédis ce livre à l'homme marchant dans la rue, à la recherche d'un lendemain plus juste, d'une réalité et d'une vérité plus vraies, plus équitables; bref, simplement notre opposé, plus humain.

Malheureusement, dans toute cette histoire, l'enfant n'est qu'un adulte qui a oublié qu'il n'est qu'un enfant qui a grandi, qui a tout simplement grandi. L'adulte n'existe que pour le sérieux de son histoire qu'il prend malheureusement au sérieux...

AVANT-PROPOS

Pourquoi raconter la genèse d'un puzzle, sous ces milliers de facettes?

Parce que les yeux d'un enfant n'oublieront jamais; ils sont les diamants de la vie, ils retiennent tout ce qui commence et se détermine dans l'enfance. Par la suite, l'arc-en-ciel se complète au fil des évènements, si le temps est clément.

L'histoire de chaque morceau de ce puzzle a été racontée en revivant l'émotion du souvenir de chaque période de cette vie insensée, parce que la souffrance n'appartient qu'à la charge émotive de la compréhension du souvenir et non au souvenir en tant que tel.

La magie de ce conte n'appartient qu'aux mondes des artistes, car, seulement ceux-ci peuvent, à partir de quelques syllabes et consonnes, bâtir le rêve. Les bureaucrates n'en font que des cauchemars de plus en plus complexes.

Merci à tous ceux qui inventent le rêve, qui nous font rêver même si ce n'est que pour quelques instants, merci quand même au petit prince.

Heureusement que les rêves peuvent encore nous appartenir...

FONDATION

1961

— *On achève la construction du Mur de Berlin.*

— *Le Québec est en ébullition. Dans la foulée des réformes, le nouveau gouvernement libéral crée les ministères des Affaires culturelles, du Revenu et des Affaires fédérales-provinciales. Tout en ouvrant la Délégation générale du Québec à Paris, il met sur pied une commission chargée d'évaluer et de repenser le système public d'éducation, mieux connue sous l'appellation Commission Parent.*

— ***Naissance d'un petit « PUZZLE », tout petit, tout mignon, un vrai petit « sens » quoi !***

1961, première année...

À travers les nuages, la couleur du temps; une image au ralenti; lointaine, flottante, embrouillée, brunâtre. L'entrée d'un duplex, au deuxième, une chambre, grande, immense.

Je pleurais, absence de couleurs.   La nuit et seul dans l'immensité du temps, il faisait noir, si noir, trop noir. J'étais éveillé et je pleurais, qui me consolait, mais qui? (*)

Les larmes de milliers de cellules regroupées qui ont maintenant une toute première mémoire, si fragile et, pourtant, constituant la toile de fond d'un être, le portrait, l'entité qui se fragmente dès le départ. Cette image irréelle commence déjà à se briser, elle a maintenant deux morceaux d'où commence le fameux   « puzzle », lointain, à travers le temps..., du début d'une vie, d'une certaine vie.

(*) Maman Bouchard me dira plus tard que d'origine italienne, peut-être, ma mère venait de temps en temps me prendre pour la fin de semaine, question de m'essayer... Est-ce que qu'on essaie un enfant?

1962 à 1969

Le monde en ébullition

Guerre froide, guerre du Viêt-Nam, mouvements de libération plongent le monde dans l'insécurité et la crainte d'un troisième conflit mondial. La « Révolution tranquille » va transformer profondément la société québécoise où les mouvements indépendantistes se manifestent ouvertement et dans certains cas violemment.

1962

Histoire et société

— Inauguration de la route Transcanadienne.

— Le parti libéral du Québec est reporté au pouvoir avec le slogan Maitre chez nous. La nationalisation de l'électricité était l'enjeu principal de ces élections.

— Crise des fusées soviétiques à Cuba.

— Indépendance de l'Algérie.

— Création de la Ligue islamique mondiale.

— Deux avocats britanniques fondent Amnistie Internationale.

— L'astronaute américain John Glenn effectue le premier vol orbital américain.

Culture et médias

— Lancement de La Galaxie Gutenberg de Marshall McLuhan.

1963

Histoire et société

— Assassinat de John F. Kennedy.

— Premiers attentats du Front de libération du Québec (FLQ).

— Création de l'Organisation de l'unité africaine (OUA).

— Hydro-Québec étatise dix sociétés privées d'électricité.

— *Institution de la commission Larendeau-Dunton sur le bilinguisme et le biculturalisme au Canada.*

Culture et médias

— *Premier album des Beatles.*

— *Alfred Hitchcock réalise Les Oiseaux.*

1964

Histoire et société

— *Formation de l'Organisation de libération de la Palestine (OLP).*

— *Au Québec, on institue l'égalité juridique de la femme mariée avec son mari.*

— *Création du Ministère de l'Éducation du Québec et réforme de l'éducation.*

— *Création de L'Union générale des étudiants du Québec.*

— *Jacques Ferron fonde le Parti Rhinocéros.*

— *La visite de la reine se transforme en Samedi de la matraque ».*

Culture et médias

— *Fondation du Musée d'Art contemporain de Montréal.*

— *Publication du Petit livre rouge » de Mao Zedong.*

— *Mary Quant invente la mini-jupe.*

— *Richard Burton et Elisabeth Taylor se marient à Montréal.*

— *Hasbro met en marché son fameux G.I. Joe*

1965

Histoire et société

— *Début de la grande révolution culturelle prolétarienne » en Chine.*

— *Assassinat aux USA de Malcom X, un activiste noir.*

— *Création de la Caisse de dépôt et de Placement du Québec.*

— *Trudeau, Marchand, Pelletier qu'on surnommera les trois colombes adhèrent au Parti libéral du Canada.*

— *L'unifolié devient l'emblème du Canada.*

Culture et médias
— Gilles Vigneault chante Mon Pays pour la première fois. La chanson sera endisquée en 1967.
— Création de Québécor par Pierre Péladeau.

1961 à 1966, première année à cinq ans...

Trois grands bâtiments de quatre à cinq étages chacun, longeant l'autoroute. Des bâtiments qui ressemblent à tous les vieux hôpitaux qui se ressemblent tous en général. Faits sur le long avec une grande galerie à chaque extrémité recouverte d'un grillage, « au cas où »...

À l'intérieur, de très grandes salles, trop propres, trop éclairées, où les lits sont tous rangés comme de grands soldats de fer-blanc au garde-à-vous, côte à côte, trop droits, trop durs.

D'immenses fenêtres hautes, on ne voit que le ciel, les nuages. Y a-t-il un soleil? Mais défense de grimper sur quelque chose pour mieux voir sinon, la première fenêtre risque de retomber sur nos doigts si fragiles ; réflexe d'une bonne sœur aux yeux si vigilants.

Elles nous guettaient ces bonnes sœurs, obligées n'est-ce pas? D'une profession décidée d'autrui, la famille peut-être?

À côté de cette immense salle, un grand corridor se dessine, long, très long, trop long, qui traversait le bâtiment. Large aussi, très large, qu'il fallait parcourir pour aller jouer dans une salle qui était remplie de jouets. On y passait des journées entières, la porte de cette salle demeurait fermée, la structure règlemente.

Une certaine nuit, j'ai eu une immense envie de faire pipi. J'étais éveillé et j'avais peur, très peur, j'avais si envie. Où étaient les toilettes? Quelles toilettes? Non, je ne me rappelle ni de leur existence, ni à quoi elles pouvaient servir. Donc, je me suis levé pour aller faire pipi au-dessus du lit de mon voisin. Le lendemain matin, les sœurs ont demandé qui avait osé faire une telle chose. Devant l'absence de réponse, le voisin s'est fait gronder (terme plus professionnel que le mot « battre »).

18

« Ouf! », me suis-je dit. Je m'en étais bien sorti. Ce fut mon tout premier mensonge, de peur, de crainte.

La cafétéria était au sous-sol ; là encore, la salle était immense avec de grandes tables toutes bien rangées ; elles formaient de grandes lignes qui allaient vers la cuisine où l'on servait le gruau dans un bol en métal blanc, exactement comme les anciens instruments d'hôpitaux. Et dire que la cuillère était si grosse…

Je me rappelle qu'un jour, je vous laisse deviner lequel, nous avions passé la journée à la cafétéria. C'était journée « portes ouvertes » pour la population. Au matin, les sœurs nous avaient remis un panier qui contenait des chocolats, mais elles avaient pris grand soin de nous avertir de ne rien déballer durant la visite. Au soir, le tout fut rapidement repris pour être sûrement utilisé l'année suivante. Ce fut une journée merveilleuse pour les sœurs et les visiteurs, un « must », quoi!

Un immense succès « foudroyant » surtout pour moi qui avais passé la journée entière à regarder mes chocolats, les yeux plus gros que la pensée. Quelle journée épuisante pour mon estomac!

Que de beaux souvenirs! S'il n'y avait que ceux-là

La punition préférée de quelques sœurs était de nous enfoncer la tête première dans une cuvette pour nous rafraîchir la mémoire. Les temps étaient très durs, il fallait écouter tout simplement. En temps difficile, « on se serre les coudes » ; j'avais appris cela assez rapidement, histoire de respirer quelque peu en attendant.

Maman Bouchard me dira plus tard qu'à la crèche, j'étais choyé par rapport aux autres, car il y avait un homme d'entretien ménagé avec qui je passais de grandes journées, assis sur une grosse « boffeuse » ; instrument qui sert à faire briller les planchers. Et aussi, qu'à tous les dimanches, il m'amenait au cinéma, ce qui expliquerait aujourd'hui mes goûts et mes états d'âme plutôt artistiques, voire lunatiques…

Est-ce vraiment la vérité? Car, elle m'a aussi dit qu'elle était venue me chercher directement à la crèche avant la fermeture de celle-ci où elle travaillait. Pourtant, j'ai un tout autre souvenir de ma chronologie. Est-ce vraiment la vérité?

La crèche n'engendre que des souvenirs négatifs en ma mémoire. La mémoire peut être sélective mais elle ne peut porter de jugement. De nouvelles pièces apparaissent donc maintenant dans l'ensemble de ma mémoire, de cette image qui s'effrite, début d'un véritable puzzle…

« Une image vaut mille mots, tels, les cellules mémorisent ont su graver à tout jamais comme certains artistes de la Renaissance et surtout, de ne jamais oublier… »

Histoire et société

— *Le gouvernement fédéral canadien institue son régime national d'assurance-maladie.*

Culture et médias

— *Début de la télévision couleur au Québec.*

— *Pierre Vallière publie Nègres blancs d'Amérique.*

— *Fondation de la National Organization for Women (NOW) par Betty Friedan.*

1966, cinq ans…

Une grande maison canadienne toute en briques rouges près de la route. Un petit chemin en roche menant à une étable ; derrière celle-ci, de hautes montagnes formant un mur, l'arrière — scène, le fond de la toile. D'un côté, des terres pour les animaux et de l'autre, des champs à perte de vue où papa Rousseau cultivait le blé, doré comme un éclair de soleil; telle était la gravure de la couverture familiale.

Dans la grange, il y avait les animaux : des chevaux, des vaches laitières, un poulailler; enfin, tout le bazar d'une bonne vieille ferme. Cette jeune famille était composée de papa, maman et moi.

La vie, les journées ruisselaient, pétillant de bonheur, de liberté et d'amour où le temps semblait s'être échappé à tout jamais. Papa Rousseau m'amenait des journées entières sur son tracteur à labourer les champs à perte de vue. J'étais fier du travail d'homme effectué (son travail); il m'expliquait en même temps tous les rudiments de base d'une bonne vieille ferme.

Dans l'immense grange, il y avait la demeure des animaux; bien entendu, un grenier où étaient entassées les bottes de foin et, naturellement, la fameuse « corde de Tarzan »…, que j'ai vite appris à manipuler avec soin.

Maman Rousseau s'occupait de la maison, du poulailler et des petits travaux légers de la ferme.

Vers la fin de cet été, la jument avait même eu un poulain; j'avais assisté à l'accouchement, guidé par les paroles de maman Rousseau qui prit grand soin de m'expliquer le processus de la naissance.

Tout cela avait commencé en début d'été et ce fut pour moi une longue récréation qui m'amena dans une petite école de campagne en début de septembre.

Un petit autobus, tout jaune orange vêtu, m'amena à l'école à tous les matins. De l'école, du haut d'une colline, on pouvait admirer l'ensemble du village et au loin, les montagnes.

Durant les fins de semaine, les samedis soir, une jeune gardienne remplaçait papa et maman. Jeune avec un corps de fée elle me faisait rêver. Le soir, du haut de l'escalier, pensant que je dormais, moi je rêvais tout éveillé en l'admirant lentement. Il faut toujours bien nourrir le début de ses rêves pour que ceux-ci deviennent éternels. Maudit rêveur, voyeur peut-être?

Une certaine nuit, je me suis réveillé et, dehors, des morceaux de ouate blanche tombaient du ciel. C'était merveilleux! C'était la première fois que je voyais cela et toute la vallée s'était recouverte d'un immense manteau blanc. Les morceaux de ouate brillaient à partir de la lumière de l'entrée de la maison et de celle de la route qui allait vers la grange ; des milliers d'étincelles blanches tombaient en zigzaguant dans une danse éternelle. J'étais émerveillé de cette magie.

Au petit matin, papa et maman Rousseau étaient venus me réveiller pour me faire voir ce que la nuit avait laissé tomber, mais je savais déjà. Il y en avait maintenant beaucoup plus. Heureusement, l'émerveillement était encore présent. Après avoir déjeuné rapidement, on m'habilla avec beaucoup de vêtements pour que j'aille à la rencontre de ce qu'on appelait tout simplement « de la neige ». Mais c'était la première fois, la toute première fois et j'avais déjà cinq ans. Où étaient passées les autres années, où étaient-elles passées?

« Les rêves ont un lieu sans temps et le temps n'a point de lieu »... Les contes de fée finissent toujours par se terminer et un beau matin, une auto est venue me chercher. Pourquoi? J'étais trop jeune pour comprendre. Pas vraiment important puisque ce rêve éveillé demeure à présent gravé dans ma mémoire à tout jamais. Je fus vraiment heureux et c'est tant mieux pour moi. Mais je vous jure que j'y retournerai à la campagne, un jour, je vous jure…

L'étoffe du puzzle s'est garnie de rêves impérissables aux mille et une couleurs vivantes. Ce qui rehausse l'ensemble du puzzle, de l'image d'une vie, d'une certaine vie...

1967

Histoire et société

— *La Guerre des Six Jours et celle du Biafra éclate.*

— *Che Guevara est tué en Bolivie. Il devient le symbole politique de toute une génération,*

— *Mise en service des centrales Manic 1 et 2. Première hausse (???) des tarifs électriques depuis 1944.*

— *Visite du général De Gaulle au Québec. Il lancera alors du balcon de l'Hôtel de ville de Montréal le fameux Vive le Québec libre !*

— *Exposition universelle de Montréal qui marque l'ouverture du Québec sur le monde. 50 millions de personnes visiteront le site de l'***Expo 67***.*

— Les fins de semaine de repos ressemblent à des orgies « drugsbeers » où l'on se sautait à la queue leu leu. De leurs voitures qui grâce aux miracles pouvaient rouler et / ou ne pas littéralement sauter, tous s'affichaient. Soit avec des pantalons éléphant, des cheveux trop longs, un moteur de voiture trop gros ou bien des pneus de tracteurs sur une mini-austin. Le « smog » de l'époque n'était pas dû à la pollution mais à tous les joints de « put » que chacun pouvait fumer en une journée. Demandez de grâce aujourd'hui à vos parents, de vous expliquer qu'est-ce que c'était un **NU-VITE*** mmm, gênant le petit PUZZLE non…

NU-VITE* : Homo-érectus de l'époque qui traversait un centre d'achat en courant tout nu et naturellement, à la radio on annonçait (qu'un **NU-VITE*** a été vu au centre d'achat XY) la belle affaire…

— *Création des CÉGEPS.*

Culture et médias

— *Parution de Salut Galarneau de Jacques Godbout.*

— *Création de la Société de développement de l'industrie cinématographique canadienne qui deviendra Téléfilm Canada.*

— *Ouverture de la Bibliothèque nationale à Ottawa.*

— *Parution de l'album Sgt Pepper des Beatles.*
— Woody Allan commence à s'interroger…

1967, six ans…

Quelquefois le décor change dramatiquement et rapidement s'il vous plaît. Je me retrouve ainsi à Montréal, grande ville, dans le quartier St-Michel, grand dortoir pour famille pas trop riche. Les immeubles d'habitation étaient tous collés, semblables, avec une ruelle malpropre à l'arrière et une rue devant, avec les mêmes blocs. C'était comme si vous aviez déposé un miroir dans le milieu de la rue. Il y avait environ une trentaine de rues semblables. C'est à croire que l'imagination des architectes n'était pas encore de ce monde et, pour clore le tout, il y avait en face de tous ces blocs, une immense carrière d'extraction de roches : « Miron » qu'on appelait. Elle était entourée d'une clôture.
Voilà mon nouveau monde…

La famille se composait de papa et de maman Bouchard, d'un garçon, René, qui avait huit ans, d'une fille de sept ans qui s'appelait Dominique. Nous habitions au deuxième étage et la sœur de maman Bouchard habitait au sous-sol du même bloc, elle était mariée et avait deux jeunes filles.

À l'automne, l'école commença, c'était maintenant la maternelle pour moi.
Dès le premier jour d'école, maman Bouchard m'a appris comment attacher mes souliers, faire mes boucles, mais je ne pouvais pas partir tant que mes deux boucles n'étaient pas faites. Après plusieurs pratiques et quelques menaces, je fus enfin prêt à quitter avec l'avertissement de maman Bouchard de ne pas arriver en retard à l'école sinon… « Puzzle ».

L'école n'était qu'à deux coins de rue mais, à mon arrivée, les portes étaient déjà barrées. Je fus obligé de rebrousser chemin ; quelle déception pour une toute première journée d'école ! Et voilà comment l'on se retrouve avec un nouveau morceau de puzzle dans les mains et, en plus, on te dit que tu es responsable, c'est tout simple… ment méchant, très méchant. Apprendre comment attacher mes lacets après l'école, trop simple, trop humain et pas assez énervant. Avant, c'est mieux et ça devient un véritable plaisir malicieux pour la personne responsable de ton éducation.
Tout un début.

Mon cadeau de bienvenue fut une petite bicyclette qu'un gros camion a écrasée dans les tout premiers jours de l'achat. Maman Bouchard me dira plus tard (sic) qu'à la sortie de la crèche, étant toujours cloîtré, en pleine liberté, j'étais devenu un vrai fou. Je me rappelle quand même du camion, car il était assez gros, plus gros que mon petit « bicycle ».

Au début du printemps suivant, l'après-midi, on allait se baigner à la barboteuse municipale; je me rappelle que j'avais une peur bleue que quelqu'un m'enfonce la tête dans l'eau. Ce qui prouve de toute évidence ce que faisaient les sœurs à la crèche, vous vous rappelez ? Une peur a toujours pour origine une mauvaise expérience, non?

Quelques souvenirs anodins…
J'aimais le beurre, j'en déposais toujours trop sur mes tranches de pain. Un jour, maman Bouchard s'est tannée et elle a pris une livre de beurre, la déposa sur la table et me dit tout bonnement : « tu aimes le beurre, alors mange ». J'ai tout simplement mangé la livre de beurre au complet. J'aimais quand même le beurre mais…

Nous avions un voisin avec lequel nous nous amusions, moi et mon frère René, les après-midi, chez lui, en l'absence de sa maman. Tous les trois, dans la chambre à coucher, nous nous amusions à sauter sur le lit. Quel plaisir risqué, jusqu'à ce que la tête de mon frère René, après une mauvaise manœuvre, frappe le coin du bureau. Ce qui lui a valu une bonne bosse avec un peu de sang dans le cuir chevelu. Naturellement, les yeux inquisiteurs de maman Bouchard remarquèrent assez rapidement, à notre retour, cette petite anomalie sur la tête de René. Ce fut fini les visites de courtoisie chez notre voisin en l'absence de sa mère.

Je me rappelle aussi des vendredis soir où l'on descendait chez ma tante. Les adultes jouaient aux cartes et nous, nous écoutions l'émission « Perdu dans l'espace ». Il y avait toujours une grosse « bibitte » qui faisait peur à tout le monde, moi y compris.

Un début d'été normal dans l'ensemble. On passait nos journées à jouer dans la ruelle qui était parsemée de trous remplis d'eau dont mon frère René s'abreuvait lorsqu'il avait soif; il fallait avoir vraiment soif.

Histoire et société

— *Manifestations étudiantes dans tout l'Occident. Elles seront particulièrement violentes en France.*

— *Printemps de Prague.*

— *Offensive du Têt au Viêt-Nam.*

— *Assassinat de Martin Luther King et de Robert Kennedy.*

— *Signature du premier traité sur la non-prolifération des armes nucléaires qui sera approuvé par une soixantaine de pays.*

— *Aux Jeux olympiques de Mexico deux médaillés noirs lèvent un poing ganté et baissent la tête lorsqu'on joue l'hymne national américain. Ils veulent ainsi sensibiliser le monde aux problèmes raciaux qui sévissent aux USA.*

— *Création de l'Université du Québec (Montréal et Trois-Rivières.*

— *Inauguration du barrage Manic 5.*

— *Pierre-Eliot Trudeau devient Premier ministre du Canada.*

— *Émeute à Montréal lors du défilé de la Saint-Jean (135 blessés et quelques 300 arrestations).*

— *Le médecin montréalais Henry Morgantaler ouvre une première clinique d'avortement.*

— Les États-Unis empruntent pour la première fois dans l'histoire et ce, dans le but de payer « l'épicerie ».

— Mai 1968 à Paris, octobre 1970 au Québec, Vietnam aux États-Unis, put, acide, bière, la liberté à tous les niveaux. L'inconscience de la jeune génération amène l'insouciance des plus vieux. À défaut de solutionner véritablement les nouveaux problèmes, ils éteignent les feux sans regard aux avaries qu'ils créent de toutes parts. Ce qu'ils appelaient la liberté était plutôt l'appropriation de tous les droits possibles et inimaginables. De cette négation, seuls les artistes arrivent à créer l'ambiance magique du moment, du présent, des états d'âmes de tous et de chacun. **CRIME OF THE CENTURY** explique vraiment l'égocentrisme profond de cette génération maudite. Que voulez-vous, de toutes les recherches faites au début des années 60, devant l'ampleur d'une génération grandissante et d'une église suffocante, un changement drastique était à faire au plus tôt…, et au plus taux. On allait continuer à changer et bouleverser toutes les structures présentes par des structures plus complexes et de plus en plus loufoques selon l'urgence des besoins. Construire à crédit, rien de plus facile, il suffit de regarder le passé. Donnez-vous la peine de le demander à vos parents…

Culture et médias

— Création de Radio-Québec et de l'Office franco- québécois pour la jeunesse. ???

— Création de la comédie musicale Hair.

— Stanley Kubrick propose son film : 2001, odyssée de l'espace.

Au même moment, toute une génération commence justement son odyssée dans la vie…

Juillet 1968, sept ans…

Le déménagement, dans une ville de banlieue, dans un grand cinq pièces et demie. Dans ce bloc appartement, il y avait trois autres familles voisines. Ce bloc faisait le coin de rue avec du gazon sur les deux côtés de la rue et un grand stationnement sur le côté. Il y avait une cour en roches, entourée d'une clôture. Le bloc était tout blanc, en plâtre, comme du glaçage de gâteau que maman faisait quelquefois.

À la maison, ma sœur Dominique avait sa chambre toute seule, moi et mon frère René nous en partagions une autre.

J'avais passé ce premier été avec une bicyclette dont une pédale était desserrée; la vis était débarquée et je traînais avec moi une poignée de clous et un marteau.

Lorsque le clou se brisait, je le remplaçais par un autre en pliant l'extrémité pointue pour qu'il reste bien en place. Le clou avait un diamètre beaucoup plus petit que le trou de la pédale et à chaque fois, celui-ci faisait « clouc, clouc, clouc » et avec le temps, il fendait à nouveau. Voilà la raison pour laquelle j'amenais une bonne poignée de clous dans mes poches mais ce n'était pas grave puisque, avec nos bicyclettes, c'était le monde et l'aventure qui s'ouvraient devant nous. Un monde de défis. Gamins d'aventures, hommes d'aventures, où le risque aigui — se notre caractère et quel caractère.

Septembre 1968, sept ans…

Comme toute chronologie se respecte, le mois de septembre arriva et, c'était pour moi, le début de ma première année et, aussi, de mon premier amour…

Bien oui, il n'y a pas d'âge pour le cœur. Lorsque la cloche de la récréation sonnait, on se plaçait par groupes de classe et pour chaque groupe, il y avait les gars d'un côté et les filles de l'autre. De grandeur moyenne, je me retrouvais au milieu et, à côté de moi, une belle fille aux cheveux bruns, courts, les yeux bruns tout ronds... Dieu qu'elle m'a fait rêver cette fille; même aujourd'hui, j'ai encore un petit faible pour les brunâtres aux cheveux courts.

À l'école, j'étais un hyperactif, je n'arrêtais jamais de déranger et je me retrouvais pour ainsi dire plus souvent qu'à mon tour en dehors de la classe et, un jour, jusqu'au bureau du directeur. Grand, méchant, sérieux, celui auquel tout le monde tentait d'échapper. Je ne sais pas ce que j'avais fait mais une « courroie » de cuir m'attendait; j'ai eu droit à plusieurs coups. Dès mon retour à la maison, après maintes explications avec maman, celle-ci s'est rendue à l'école et a fait comprendre poliment au directeur que pour les punitions, c'était son affaire et que, la prochaine fois, s'il recommençait, c'était lui et non moi qui en mangerait toute une.

Maman Bouchard déplaçait beaucoup d'air et sa présence était imposante, car elle était quelque peu obèse. Vous voyez ce que je veux dire...

Ce fut à peu près le train-train de ma première année d'école sauf que, cette fois-ci, maman s'occupait mieux de mon éducation. Elle y voyait de plus près, surtout lorsque le bulletin sortait et qu'il fallait se présenter à l'école et accompagner nos braves parents...

1969

Histoire et société

— Le Canada emprunte à son tour pour payer l'épicerie. La dette de l'époque, accumulée depuis la seconde guerre mondiale, est de 80 milliards de dollars. En quelques années à peine, on emprunte la colossale somme de 80 milliards de dollars supplémentaires (ce qui représenterait aujourd'hui, la somme d'environ 400 milliards de dollars).

— *Neil Armstrong devient le premier homme à poser le pied sur la lune.*

— *En Irlande du Nord, des affrontements entre catholiques et protestants font des dizaines de morts et des centaines de blessés.*

— *Ste-Scholastique est choisie pour devenir le deuxième aéroport international canadien, Mirabel.*

— *Création de l'École nationale d'administration publique (ENAP) et de la Société d'exploitation des courses et loteries.*

— *Violentes manifestations pour les droits des francophones d 'abord à McGill puis suite à l'adoption du Bill 63 ».*

Culture et médias

— *Première édition du Festival de la chanson de Granby.*

— *400 000 jeunes assistent au festival pop de « WOODSTOCK ».* Un peu comme à l'école, le bruit courait qu'une longue fin de semaine s'annonçait à la campagne. Fin de semaine cauchemardesque pour les États-Unis. Fin de semaine de folie pure, folie d'une génération, d'une époque.

— *Papillon, de Henri Charrière devient un best-seller.*

— *Sergio Leone réalise Il était une fois dans l'Ouest. De ce fait, les films WESTERNS avaient la vedette. Règlement de compte en pleine rue, bagarre pour un rien dans tous les clubs existants, il fallait faire sa marque. Cette mode reflétait la réalité de tous les jours hélas... À l'époque, à Montréal, on affichait environ deux cents morts violentes par année. Aujourd'hui, on arrive à une moyenne 70 morts* violentes par année et on ose faire   la* *morale aux plus jeunes... (70 morts* moins naturellement les drames familiaux, donc on arrive à un maigre chiffre de 50 morts violentes par année. Excusez l'erreur, PUZZLE avait oublié des morceaux.)*

Bilan *: **création, fondation, ouverture, mise en service, inauguration, formation**. Une idée ne coûte rien tant qu'elle n'est pas mise de l'avant mais par après...*

Juillet 1969, huit ans…

Au tout début de l'été suivant, un certain samedi, je jouais dehors et j'ai eu soudainement envie de faire pipi mais j'étais obligé de rester dehors puisque maman Bouchard me disait que le plancher de la cuisine venait d'être ciré. Quelques heures plus tard, une ou deux, maman me dit que je pouvais maintenant entrer et à ma grande surprise, c'était ma fête.

J'ai eu droit à une brouette à quatre roues, tout en bois. J'étais très content d'autant plus qu'elle m'a expliqué que sa sœur et son mari allaient devenir dorénavant mon parrain et ma marraine. Ce fut pour moi une belle fête et un beau souvenir d'enfance de plus.

Un autre frère s'était ajouté à la famille, venant lui aussi des services sociaux. Je trouvais qu'il avait une tête assez grosse, il avait le front assez haut et large mais je l'aimais bien quand même, il s'appelait Jean; nous étions maintenant trois garçons. Nous partions des journées entières à l'aventure dans la forêt avoisinante.

Comme, à l'origine de l'homme des cavernes, le feu semblait l'ultime risque à contrôler. Petit feu deviendra grand jusqu'au jour, par une journée ensoleillée et trop chaude, nous avions perdu le contrôle du petit feu allumé surtout pas pour nous réchauffer. Hélas, une bonne section de la forêt ainsi que du champ de toundra brûla sous nos yeux apeurés. De notre faute si, mais nous avions quand même eu le « courage » d'aider les pompiers à éteindre ce feu qui devenait maintenant hors de contrôle et qui semblait mettre en danger les maisons avoisinantes. Heureusement que notre aide fut appréciée… Ouf! Dire que nous en étions responsables. Si maman avait su cela!

Comme de raison, les trois garçons, nous devenions de plus en plus tannants. Les chicanes avec les petits gars du voisinage étaient monnaie courante et, un jour, le père d'un petit gars qui était l'un de nos voisins, s'est rendu à notre domicile pour battre papa parce qu'on avait battu son fils. Le « pauvre », je crois qu'il le méritait bien. Habitant au deuxième étage, nous avions un grand escalier en fer forgé qui accédait à notre logement. Le gros voisin arriva sur notre balcon et frappa contre la porte. Papa Bouchard, pas trop gros, s'énervait plutôt que de contrôler la situation : alors, maman Bouchard s'en est mêlé. Papa, dans sa bravoure, se tenait derrière maman et, après une brève altercation, car le pied du voisin tenait la porte ouverte que maman essayait de refermer, maman l'a ouverte pour bousculer le voisin qui est tombé dans l'escalier jusqu'en bas. Maman criait au voisin de ne plus jamais courir après l'un d'entre nous. L'homme s'était cassé quelque chose durant la chute mais je ne me rappelle plus quoi. Bref, maman prenait de plus en plus les choses en main et c'était beaucoup plus efficace ainsi.

De mon côté, je ne sais pas si c'était héréditaire mais, la nuit, je me levais pour aller m'abreuver de vin. Quelques caisses étaient soigneusement rangées dans la véranda. Par chance, je ne me suis jamais fait prendre mais j'adorais ce vin que j'aime encore à l'occasion, pour beaucoup d'occasions.

Septembre 1969, huit ans…
Maman Bouchard nous a inscrits dans les scouts, ce qui allait nous donner un meilleur sens des responsabilités, de la débrouillardise, un bel habit avec un foulard ainsi qu'un drôle de nœud mais, « c'était très sérieux », répétait sans cesse le grand guide. On apprenait à faire des nœuds, la survie en forêt, quelques principes de savoir-vivre et surtout avoir une bonne vigilance pour les vieilles personnes. L'expérience fut vraiment

constructive. Décidément, maman Bouchard savait flairer les bons endroits pour parfaire notre éducation.

Au cinéma, les films de Bruce Lee étaient très populaires; ça passait bien les samedis après-midi et il y avait aussi du maïs soufflé.

Quoi de mieux?

Elle nous avait inscrits aussi à des cours de natation qui se donnaient le dimanche matin.

Grâce à ces cours, je suis devenu un excellent nageur d'autant plus que mon frère Jean, le dernier entré dans la famille, est devenu plus tard sauveteur et a pu travailler à la plage vers la fin de son adolescence, une période où l'on a parfois bien besoin d'un travail d'été.

Je la remercie sincèrement aujourd'hui pour les expériences positives qu'elle m'a fait vivre à cette période de ma vie malgré ce que l'avenir me réserve encore.

La guerre du Viêt-Nam se termine par une défaite des USA alors que l'URSS étend ses tentacules sur tous les continents y soutenant les groupes armés de libération. La croissance économique ralentit et commence à laisser des séquelles malgré les nombreuses luttes syndicales. Concentration accrue des entreprises dans tous les domaines et industrialisation de l'agriculture vont aussi marquer la décennie. C'est toutefois l'éclosion d'un mouvement féministe revendicateur qui va le plus modifier les relations humaines. À un niveau plus pragmatique, soit celui des finances que plus personne ne semble se préoccuper, c'est l'anarchie la plus complète. Tout devient vraiment gratuit : l'école, l'université, la santé, les nouvelles structures municipales, provinciale et fédérale. On construit vraiment partout, avec une rapidité inouïe, à la hâte, comme si l'argent brûlait les doigts. Tout devient alors subventionnable, même les maisons de la jeune génération, la structuration des nouvelles compagnies, l'implantation des nouveaux emplois et même la formation complète rattachée à ces nouveaux titres d'emploi. Rien n'est trop beau, trop cher pour cette jeune génération. Chaque ministère doit gaspiller honteusement pour s'accaparer d'un prochain budget encore plus grand. Au niveau intellectuel, tous les concepts d'antan sont jetés aux oubliettes. Le renouveau s'illustre grandiosement dans tous les livres scolaires et j'imagine qu'il s'illustrait aussi au niveau de la structure sociale et commerciale. Les théories les plus absurdes ont toutes trouvé preneur.

1970
Histoire et société
— *Implantation de la dernière phase de l'assurance-maladie au Québec (carte-soleil).*

Cette carte de crédit donnée aux citoyens et gérée par les citoyens servira plutôt anarchiquement à faire vivre une génération de médecins (paiement automatique à l'acte), tous les hôpitaux gérés maintenant par l'état et une nouvelle structure psycho-socio-administrative très lourde de sens et de coût. Tout le monde est emballé de cette autonomie providentielle. Le monde sera meilleur et en bonne santé diront les têtes flottantes de l'époque. En cas d'échec, dans le futur, on se rabattra sur le citoyen ordinaire, le rendant coupable de magasinage paranoïde, de sa maladie providentielle et des coûts inhérents de sa mauvaise gestion…

— Création de la Société pour Vaincre la Pollution (déjà).

— Crise d'Octobre au Québec. Suppression des droits civiques, arrestations arbitraires et mort de Pierre Laporte enlevé par le FLQ.

Culture et médias

— Première Nuit de la poésie à Montréal.

— À New York, des pièces de théâtre étaient présentées, des drôles de pièces, voyez-vous même : Les acteurs et actrices se déshabillaient nus sur la scène, allaient rejoindre les spectateurs et commençaient silencieusement à faire l'amour avec ceux-ci. Tout à coup, des cris de l'intolérance étaient lancés par les acteurs et les actrices. Cris qui démontraient à tous et chacun l'intolérable fantasme qui sommeillait au fond de chacun mais que tous pensaient vivre dans ce moment ultime…

Hiver 1970, huit ans...

Durant l'hiver, comme activité, nous allions glisser sur une haute pente près du grand boulevard où ils construisaient un viaduc pour une autoroute. De la neige, il y en avait beaucoup, peut-être parce que nous étions encore petits, peut-être...

Mais je me souviens encore de ce que tout le monde appelle encore aujourd'hui « la tempête du siècle ». Un beau matin de cet hiver-là, au lever, il y avait de la neige jusqu'à notre balcon; petit détail de grande importance; nous habitions au deuxième étage. Cette tempête avait duré deux jours et maman Bouchard nous avait même demandé d'aller pelleter l'escalier pour se rendre ensuite chez le voisin d'en bas qui ne pouvait même plus ouvrir sa porte.

C'est à partir de cette tempête-là que j'ai appris à pelleter et je crois que je ne suis pas le seul...

Les pentes de cet hiver-là étaient comme plus élevées que par les années passées. La montagne de neige dans notre cour servit pour le reste de l'hiver en un château fort avec de multiples tunnels, sorties de secours et de jeux de guerre, le tout très sérieusement vécu...

À la fin de l'hiver, je me rappelle aussi d'une petite fille qui était ma camarade de classe   ; un jour, elle fut atteinte d'une maladie contagieuse, je crois que c'était la rougeole, et maman m'avait suggéré de lui apporter quelques fleurs, histoire de compassion.

Sa maman avait trouvé l'action fort humaine, la petite fille était plutôt gênée et quelque peu embarrassée mais accepta tout de même mon présent. Moi, j'avais l'air complètement débile avec mes fleurs et mes belles paroles, je voulais juste rentrer dans mes souliers, j'avais l'air bien épais et dans le large s'il vous plaît. Je crois que, cette fois-ci, maman Bouchard m'avait suggéré assez « fortement » cette idée, vous voyez...

Faut dire que maman Bouchard devenait de plus en plus sévère avec le temps, peut-être parce que nous étions trois garçons et qu'ensemble…, je ne peux dire.

Pâques 1970, huit ans…

Puis, un jour, il y a eu avec l'école, la préparation à la première communion, la toute première fois que l'on peut manger l'hostie après l'interminable sermon du curé; l'humble récompense. Tout le monde prenait cette expérience très au sérieux ; l'école, l'institutrice, naturellement le curé, sauf moi, mais il faut bien se plier au « décorum » s'il vous plaît d'autant plus qu'après, il y avait un gros gâteau et quelques cadeaux, la fête quoi.

Été 1970, neuf ans…

Une journée, papa Bouchard entreprit un long voyage à la campagne, loin, très loin. La route parcourait le relief des montagnes que la voiture arrivait à peine à gravir. Faut dire que toute la famille était dans l'auto, une toute petite Valiant.

Je savais où on allait et arrivés à destination, ce n'était rien de moins qu'un immense village en pleine forêt entouré de montagnes et d'un lac au centre : un petit coin de paradis que l'on appelait « une colonie de vacances ». Un lieu magique en pleine nature et maman Bouchard m'avait expliqué que j'étais pour demeurer là tout l'été avec mon frère René, qu'il y avait beaucoup d'activités pour les garçons de notre âge.

Voilà la raison pour laquelle elle avait cousu, durant des semaines entières, mon nom sur tous mes vêtements. Moi qui n'avais jamais perdu mon pantalon, peut-être des bas mais ça c'est une autre histoire. J'avais déjà « perdu ma chemise », complètement lessivé mais c'était beaucoup plus tard, lorsque j'ai grandi.

Au camp, des activités, bien sûr qu'il y en avait et toute une panoplie s.v.p. : tir à l'arc, artisanat, baignade, concours de tous genres, chasse au trésor qui durait parfois quelques jours. Impossible de s'ennuyer. Les repas étaient bons et copieux. Nous dormions dans de grands bâtiments; des lits à deux étages nous attendaient pour la fin de nos journées épuisantes. On dormait à poings fermés jusqu'au matin où une autre merveilleuse journée s'annonçait.

Il y avait même une légende qui avait traversé la nuit des temps ; tout près d'une falaise, une jeune indienne s'était suicidée pour je ne sais quelle raison et même une croix avait été érigée en sa mémoire. Elle s'appelait Maria, elle était très belle…, dans mon imagination naturellement. J'aurais pu la sauver, l'aimer, l'amener loin, très loin dans la forêt. Un rêve, une obsession… d'enfant mais impossible à réaliser.

La légende disait qu'à la pleine lune, elle apparaissait marchant près du camp. Ah !, si je pouvais l'apercevoir. Les nuits de la pleine lune, tous les garçons avaient du mal à s'endormir et le moindre bruit nous donnait la preuve de son existence ; elle m'a suivi longtemps dans mes rêves, peut-être trop longtemps…

Que de beaux souvenirs!

Cela ajoute quelques beaux morceaux de puzzle à une vie, une certaine vie..

1971

Histoire et société

— *500 000 personnes manifestent aux USA contre la guerre du Viêt-Nam.*

— *En Suisse, le droit de vote est accordé aux femmes pour les élections fédérales.*

— *Robert Bourassa exige que le Québec bénéficie d'un droit de veto pour donner son aval au projet de rapatriement de la Constitution initié par le gouvernement fédéral de P.E. Trudeau.*

— *Création de la Société d'énergie de la Baie-James.*

— *Les femmes sont admises comme jurés au Québec.*

— *Les CLSC sont créés.*

Hiver 1970-1971, neuf ans…

La nuit, le moindre bruit réveillait maman qui demandait automatiquement qui « c'était ». Même pour aller aux toilettes, cette simple démarche devenait pour nous une expédition très risquée. Notre chambre était au fond du logement. Il y avait un long corridor à traverser pour se rendre à la cuisine; la salle de bains était en face de la cuisine. Naturellement, la chambre de maman était en face du milieu du corridor. Pour faciliter le tout, le plancher était fait de longues languettes de bois franc très craquantes. Je vous jure que même le chat avait de la difficulté à se promener la nuit tellement maman avait les oreilles fines. Peut-être parce que la salle de bains se trouvait en face de la cuisine et que, dans toute bonne cuisine qui se respecte, il y a un garde-manger et un frigidaire.

Avec le temps, notre expertise en la matière était presque parfaite, on connaissait tous les bons endroits pour déposer nos petits pieds douillets, même l'homme araignée aurait eu de la difficulté à nous suivre. Vous vous imaginez « le flot » de circulation qu'il y avait la nuit pour soulager notre vessie ou notre petit estomac et cela, à l'insu de notre chère belle maman. Fallait s'organiser et on y allait à tour de rôle s'il vous plaît.

Mon grand frère René me raconte aujourd'hui qu'à l'époque, il passait tout simplement par la garde-robe de chambre de ma sœur Dominique qui communiquait avec notre garde-robe et, de ce fait, il économisait les deux tiers du corridor craquant. Le traître et dire qu'il ne nous en a jamais glissé un mot. On finit toujours par tout savoir ou par se vendre soi-même…, non?

Mai 1971, neuf ans…

La famille grandissait (les enfants) et le manque de place devenait de plus en plus évident ou peut-être à cause des voisins. Néanmoins, avec l'aide d'un projet du gouvernement, on allait habiter dans une belle maison toute neuve avec un grand terrain.

À la première visite, un incident comique s'était produit. Un champ au début du printemps, à la fonte des neiges devient toujours très boueux. Tels étaient la route, le terrain et l'entrée de la maison.

Pour accéder de la route au stationnement, il y avait un pont de fortune. Une seule planche étroite et mince d'une dizaine de pieds de longueur car, dans l'entrée, il y avait trop d'eau et de boue. Les trois garçons et papa, nous avions traversé sans difficulté et nous étions déjà partis à la découverte du terrain. Alors, maman, à son tour, voulut traverser cette fameuse planche, glissante, dangereuse certes, mais sans l'aide de papa. L'impossible arriva. Maman perdit pied et alla s'étendre de plein dos dans ce trou béant. Maman criait après papa pour qu'il l'aide à se relever. Papa souriait et, nous, à l'arrière de la maison, on se tordait de rire. Enfin, de l'action à contresens…
Juillet 1971, dix ans…

Pendant le déménagement, ma tante qui demeurait au sous — sol à St-Michel et qui avait déménagé depuis, me garda quelques semaines en attendant que mes parents finissent le déménagement. Mon oncle, avec l'aide d'un gros camion, distribuait le mazout. Moi, je passais mes journées à jouer avec mes deux cousines plus jeunes que moi et l'après-midi, j'allais au parc me baigner.

Un jour, mon oncle me dit d'aller le rejoindre au sous-sol après le dîner car il avait besoin de mon aide pour faire quelque chose. Il s'empressa d'ajouter de ne rien dire à ma tante, de faire semblant d'aller au parc comme à l'habitude et de le rejoindre au sous-sol. Me disant dans la même mêlée de parole, qu'il avait un travail à effectuer et qu'il ne voulait pas que ma tante le sache. Bon, et après, je n'étais qu'un enfant, l'innocence…, l'insolence.

J'ai été le rejoindre au sous-sol après le dîner. Il m'attendait derrière la porte qu'il referma dès mon entrée en me disant de le suivre. Arrivé à l'arrière du sous-sol qui servait de grande remise, il s'est assis et m'a demandé de m'asseoir en face de lui. Il a soudainement baissé sa fermeture éclair et sorti son gros « machin ». Très gros, le tenant dans une main, de l'autre qu'il plaça derrière ma tête, m'obligea à le mettre dans ma bouche et, enfoncé jusqu'à la gorge, me dit de le sucer comme si c'était un bonbon. En écrivant ces quelques lignes, même l'odeur écœurante de son pénis refait surface dans ma mémoire, même l'odeur. Maudite bonne mémoire, nos cellules.

Après quelques minutes de mouvements de plus en plus rapides et violents, il m'a relâché et un liquide blanc est sorti de son gros machin. L'essuyant avec un mouchoir de papier, il me dit de ne jamais le dire à personne et surtout pas à ma tante sinon, il serait forcé de se séparer et que ce serait de ma faute…

« Ne jamais le dire, jamais le dire ». Voilà l'une des façons de briser un enfant, briser son intérieur; puzzle.

Les grandes personnes ont plusieurs façons de briser les enfants, il y en aura d'autres, vous verrez, y en aura d'autres.

Au cours de ce premier été dans la nouvelle maison, tous les gens du domaine peinturaient, finissaient leur sous-sol, de l'entrée de leur garage jusqu'au terrain, plantaient des fleurs et des petits arbres ici et là, etc.

Les travailleurs de la ville finissaient les bordures de terrain avec du ciment.

Nous, les trois garçons, avions contribué aux tâches de réaménagement du terrain. De gros camions venaient vider leur contenu de terre sur notre terrain et nous l'étendions avec l'aide d'une grosse brouette, histoire peut-être d'espérer un prix Nobel de l'aménagement extérieur.

Tous les voisins du domaine faisaient pareil. Qui allait avoir le plus beau terrain ? La fleur décisive ? Le regard d'envie de tous? Mais qui?

Un été d'aménagement, même pour papa qui a fini le sous — sol pour que   nous, les trois garçons, ayons une belle grande chambre. Toute la famille avait mis les mains à la pâte, question que nous soyons bien installés pour le début de la rentrée scolaire.

Dès septembre, maman s'empressa de nous réinscrire dans les scouts, histoire de ne pas perdre nos acquis et il y avait aussi l'école. J'étais maintenant en quatrième année, beaucoup plus impulsif et encore comme toujours hyperactif.

À l'école, le problème de l'heure était de savoir de tous, pourquoi, dans une même famille, on avait des noms de famille différents. Quelques-uns nous appelaient les bâtards. Il fallait même parfois se battre pour sauver les honneurs de notre famille mais en gros ça n'allait pas si pire que ça à l'école. Il faut dire aussi que maman Bouchard savait nous ramener à l'ordre assez rapidement et on comprenait assez vite.

Durant ce premier hiver, papa, homme à tout faire : plombier, ébéniste, électricien, peintre, avait son établie au sous-sol et construisait de minuscules meubles à l'échelle   : des chaises berçantes, des ensembles de cuisine et de salon, de quelques pouces de haut, environ huit à neuf pouces. Maman collait des fleurs séchées dessus pour décorer et le tout était vendu aux gens du voisinage. Papa était heureux dans son établie, il y passait des heures entières. La passion rend les humains heureux. Qu'en reste-t-il aujourd'hui?

Il fallait quand même payer cette maison et papa fut même obligé de travailler comme gardien de nuit dans un site de construction en plus de son travail de jour dans une usine où l'on fabriquait des meubles. Il effectuait des contrats de peinture les fins de semaine. Maudit qu'il travaillait fort et toujours en silence.

Papa Bouchard ne parlait pas beaucoup ; c'était maman qui tenait les cordeaux de la maisonnée. Ceux-ci deviendront de plus en plus rigides, vous verrez, surtout lorsqu'il n'y a plus de voisins de l'autre côté des murs…

Il n'y avait pas que papa Bouchard qui travaillait fort; nous aussi et nous avions des tâches bien précises dans la maison. Moi, deux fois par semaine, je lavais la salle de bains du haut. Nous avions tous la responsabilité d'un endroit dans la maison et le soir, après le souper, deux à la fois, à tour de rôle, nous lavions la vaisselle. Une vraie montagne : préparer une longue expédition ou faire la vaisselle, il n'y avait pas beaucoup de différence, tu commences, tu pars mais tu ne sais jamais ce qui peut arriver et quand le tout peut se terminer.

Maman Bouchard, experte en la matière, venait vérifier la qualité de finition de chaque article. Je vous jure que même « Cascade » ou « Sunlight » en auraient arraché car il y avait le fameux test de lumière ; test final que chaque article devait refléter sinon, il retournait d'où il était venu, dans le lavabo, et le cycle recommençait de plus belle. Si on était chanceux, la vaisselle commencée vers six heures pouvait se terminer vers huit ou neuf heures, si on était chanceux…

Je ne pourrais passer sous silence les fameux devoirs, contrôlés aussi par maman à l'aide d'une bonne règle de couture en bois. Il fallait apprendre. La qualité typographique, le relief, la finition ainsi que la « facture » de chaque lettre étaient primordiaux. Il n'y avait rien de trop beau, rien n'était laissé au hasard, rien.

Maman Bouchard serrait encore plus la vis et commençait maintenant à nous frapper, soit avec la règle, soit avec sa main. Nous, nous commencions à avoir peur d'elle. Un réflexe de protection s'était graduellement installé. Lorsque maman s'approchait de nous trop rapidement, nous nous protégions à l'aide de nos petits bras. Un réflexe, flexion, réflexion…, « une atteinte physique fait toujours mal, elle procure une douleur, tôt ou tard »...

1972

Histoire et société

— *Attentat contre les athlètes israéliens lors des Jeux Olympiques de Munich.*

— *Signature du premier accord SALT entre les dirigeants américains et russes plafonnant les armements nucléaires.*

— *Début de l'Affaire Watergate aux USA.*

— *Grève mondiale des pilotes de ligne pour protester contre les attentats terroristes dont ils sont victimes.*

— *Grève des 200 000 employés de l'État au Québec. Les chefs des trois grandes centrales syndicales sont emprisonnés pour avoir défié le décret adopté par le gouvernement.*

Culture et médias

— *Francis F. Coppola réalise Le Parrain.*

— *Premier microprocesseur (Société Intel).*

— *Sortie du premier jeu vidéo par Atari.*

Été 1972, onze ans…

L'été de l'asphalte. Ils en mettaient partout, dans toutes les rues du domaine ; chaque voisin faisait faire son entrée de voiture. Il y avait une sorte de frénésie, comme si, quelque part dans le temps, on allait manquer d'asphalte… Mais, c'était mieux que les petites roches, disaient les grandes personnes. C'est aussi vrai que pour nos bicyclettes, ça roulait plus vite.

Nous, nous avons passé notre été dans les champs et les bois environnants à découvrir, vivre notre histoire inventée au présent loin de la maison.

Vers la mi-juillet, maman m'a placé dans une colonie de vacances située à environ une heure de la maison. Je crois qu'elle voulait se reposer un peu car, si le vent ne peut s'élever de lui-même, j'y étais toujours pour quelque chose. Donc, une journée, je fis mes adieux à tout le monde et on m'amena dans un camp d'été et on me promit de revenir à la fin des vacances. Il y a des décisions que les grandes personnes prennent pour leur bien-être. Eh bien! celle-ci m'apporta un autre de mes plus beaux étés de mon enfance.

Un autre paradis sur terre. Toutes les activités inimaginables étaient présentées. De la corde à Tarzan au tir à l'arc, natation, canoë, pêche, baseball, métier d'arts, artisanat, vraiment tout, c'était semblable à mon premier camp d'été.

L'initiative était toujours bienvenue et mon petit cerveau bouillonnait d'idées de grandeur qui furent bien acceptées par l'ensemble des moniteurs et monitrices.

Dans ce camp, il y avait la salle à manger et la cuisine qui était le bâtiment principal. Aux alentours, il y avait par équipe de monitrices environ une dizaine d'enfants et nous couchions tous dans nos tentes respectives. À côté du bâtiment principal, se trouvait le bâtiment administratif : le camp était bâti comme le petit village des « Schtroumfs ». Nous étions environ une centaine d'enfants à partager les diverses activités offertes. Moi, je préférais les activités d'ordre manuel et, un jour, pour me démarquer de mes compatriotes, j'ai eu l'idée de changer l'emplacement de ma tente du sol à un arbre ; et dire que je n'avais jamais lu les aventures d'Astérix.

Les artistes finissent toujours par se ressembler quelque part. L'animatrice ayant accepté mon projet, un animateur m'a donné un coup de main pour l'élaboration de mon projet qui fut mené à terme après plusieurs jours de travail et d'acharnement. Quelques jours plus tard, mon rêve prit forme ; ma tente se situait maintenant dans un arbre et j'étais le seul petit être à avoir sa maison dans un tel emplacement.

Ce fut pour moi l'événement qui me fit comprendre qu'il faut toujours aller au bout de ses rêves pour pouvoir les réaliser ; cette tendance de toujours vouloir me démarquer des autres…, innée en moi. Je ne suis pas le seul à en être affecté ; il y a Nicholson, Gainsbourg, Ferré, l'Abbé Pierre qui deviendront, un jour, mes personnages de référence.

Durant cet été, j'ai appris à manier l'arc comme un indien, à traverser le sentier « à la corde à Tarzan » et à fabriquer quelques objets de cuir.

Tous les samedis soir, il y avait un grand film et pour le dernier week-end, il y eu présentation d'un film d'horreur; un monstre venant de la mer envahissait une petite ville le soir venu et ce n'est qu'à la fin du film que la bête s'était enfin retirée vers la mer et il disait qu'elle n'était plus jamais revenue mais que ça s'était passé pour vrai dans un temps lointain, très lointain…, et si!

Moi, je n'avais pas dormi de la nuit et d'autant plus que ma tente commençait à avoir quelques faiblesses dans son arbre, il pleuvait beaucoup, il y avait le vent, il pleuvait beaucoup…, trop, résultat : j'ai passé la nuit à avoir froid, trempé jusqu'aux os parce que ma tente n'a pas tenu le coup à cause de ce violent orage qui a duré toute la nuit.

Hé! que j'étais donc « fier » de ma tente dans un arbre…, et en plus de ce maudit film de fou…

Le lendemain matin, par un soleil radieux, les autres pliaient leurs tentes, car ce fut la dernière nuit avant la fin du camp. Moi, j'avais la peau d'un petit vieux, je tordais mon linge, je vidais mes casseroles ; bref, je ramassais les morceaux. Y'a des jours…

Août 1972, onze ans…

De retour à la maison et le petit train-train quotidien recommençait… Un certain samedi soir, papa et maman Bouchard écoutaient la lutte dans le salon du sous-sol. Moi et mes deux frères, nous étions à genoux dans les coins du salon pour je ne sais quelle raison, comme d'habitude…

Juste un peu avant, dans l'après-midi, nous avions parlé de sexualité pour soudainement découvrir que notre oncle avait abusé de nous trois. Racontant chacun notre propre aventure, on trouvait que notre oncle n'était pas trop correct.

Durant que nous étions à genoux, maman trouvait que l'on n'était pas comme d'habitude, qu'il y avait quelque chose de bizarre… On ne cessait de rire pour un rien.

À plusieurs reprises, elle nous a demandé s'il y avait quelque chose, mais on n'osait répondre, de peur de réprimande. Vers la fin de la soirée, le chat est sorti du sac et nous racontions à tour de rôle notre fameuse histoire à maman Bouchard. D'un commun accord avec papa (hic), elle appela la police et un détective arriva à la maison pour noter nos histoires. Quelques heures plus tard, mon oncle fut mis sous arrêt par d'autres policiers et dès le lundi matin, les services sociaux furent avisés des événements.

Étant donné que maman Bouchard décidait tout, avec « la permission » de la travailleuse sociale, elle décida que cette histoire irait en justice pour que notre oncle demeure en prison quelque temps. Nous sommes allés en Cour à quelques reprises pour témoigner à tour de rôle.

Vivre une telle aventure, ça laisse des morceaux de puzzle. La raconter aux parents, à la police ainsi qu'à l'enquêteur, ça passe encore. Mais en Cour, devant beaucoup de gens que l'on ne connaît pas, un monsieur qui veut tout savoir en détail, un avocat qui nous pose mille et une questions. Cela blesse et m'a laissé un goût plus amer que l'événement en tant que tel. Cet événement a été pour moi comme un deuxième viol, mais en plus, avec le consentement des parents, des services sociaux et de la justice.

J'admets qu'il est peut-être nécessaire que la justice poursuive, mais en tenant compte de l'enfant. Est-il prêt pour un tel événement? Est-il prêt à raconter l'événement? S'il n'est pas prêt ou s'il est incapable à cause du premier choc de celui — ci, l'obliger constitue un deuxième viol mais cette fois-ci psychologique. Belle comédie de société où les grandes personnes se prennent au sérieux dans un débat illusoire.

Normalement, on raconte ce que l'on a vécu. De telles histoires sont plutôt véridiques ; cependant, s'il y a conflit familial, l'investigation peut cependant s'approfondir. Mais s'il n'y a point de conflit familial et que la personne responsable de l'événement est étrangère du lieu de résidence, c'est-à-dire qu'il s'agit soit d'un oncle, d'un grand-père ou d'un étranger habitant pas trop loin des habitudes de l'enfant (parc, cour d'école, petit boisé), seule la déclaration faite aux enquêteurs devant un juge devrait être suffisante comme preuve. Donc, de cet événement, j'en retiens qu'on m'a violé physiquement en premier lieu et psychologiquement en second lieu. Chères grandes personnes : pouvez-vous décider quand votre petite fille serait prête à une première relation sexuelle en dépit qu'elle ait déjà ses règles et que vous l'eussiez préparée psychologiquement?

À la Cour, c'est pareil, même si vous préparez l'enfant à comparaître, jamais vous ne pourrez savoir s'il est prêt à faire face à la musique…, et qu'en restera-t-il après?

D'autant plus que le domaine de la sexualité pour l'enfant est un lieu très fragile qu'il ne faut jamais compromettre puisque les dommages peuvent se refléter sur sa vie entière.

Que de bons souvenirs, puzzle ! Naturellement et, pour le comble du ridicule, étant donné que la comédie n'avait plus de fin et qu'il fallait se présenter maintes et maintes fois, (pour les résultats que ça donne) après un certain temps, maman Bouchard et les enquêteurs décidèrent de laisser tomber la cause.

Justifiant que mon oncle en avait assez subi : la détention, la prison, le retrait familial, etc., et qu'il avait eu très peur, « le pauvre ».

Il y avait aussi la travailleuse sociale qui venait nous voir de temps en temps. Une « sœur » aux cheveux courts que la vie n'a pas abîmée physiquement ; faciles à reconnaître, elles ont la peau comme la surface d'une taie d'oreiller, comme si le souci du lendemain n'existait guère… Elles ont quand même donné leur vie à Dieu. Aujourd'hui, c'est à l'appareil gouvernemental que les gens ont donné leur vie. Malheureusement, il a les reins moins solides et il commence à s'effondrer, enfin…

La sœur venait nous voir, c'était bien selon elle, d'autant plus que maman organisait la rencontre, nous organisait. Tout allait bien selon maman Bouchard, nous ne manquions de rien et nous étions heureux. Quelle belle famille! C'est vrai que l'on ne manquait de rien, sauf d'amour, rien. Maman Bouchard ne nous avait jamais dit qu'elle nous aimait en nous serrant dans ses bras, jamais et ça faisait environ cinq ans que j'habitais dans cette famille. Noël qui approchait, maman Bouchard, pour se justifier de ce manque, remplissait l'arbre de cadeaux en nous disant que nous étions chanceux, ayant un toit bien à nous, que nous mangions très bien, elle aussi d'ailleurs (*) et que rares étaient les enfants qui avaient autant de cadeaux. On n'avait aucune raison de se plaindre, non vraiment aucune raison   ; j'espère qu'aujourd'hui, en lisant ces quelques lignes, elle aussi n'aura aucune raison de se plaindre, non aucune raison.

(*) nous mangions toujours à notre faim et pour cause, faut dire que maman Bouchard aimait bien mijoter des plats, ce qui expliquait en partie son obésité.

J'aurais préféré moins de cadeaux et un peu plus d'amour propre. Rien ne peut remplacer le manque d'amour.

Parlant de nourriture, quelquefois, à l'occasion, le repas devenait un véritable cauchemar pour nous, lorsqu'il y avait une bonne tranche de foie, cuit dans du beurre avec quelques morceaux de bacon. Moi, je n'aimais pas le foie; alors, voyant que j'avais tout mangé sauf la fameuse tranche de foie, maman m'en rajoutait une autre belle tranche. C'est alors que le repas s'éternisait lamentablement durant une heure ou deux.

J'en mangeais quelques morceaux au plus et, finalement, je sortais de table vers les huit neuf heures du soir. Malheureusement, il n'y avait pas de chien dans la maison, seulement mon frère Jean qui, pour m'aider, en mettait dans ses poches ; il était le seul à aimer le foie. Faut être vraiment méchante pour agir ainsi…, puzzle.

La travailleuse sociale ne semblait pas trop remarquer notre désorganisation physique; maigreur, nervosité, anxiété, regards inquiets de peur, voir paranoïaques et ce fameux réflexe du bras pour se protéger et qui était devenu tellement automatique dès que maman Bouchard s'approchait trop près de nous.

On habitait à la campagne mais à ce que je sache, il y avait des moustiquaires aux fenêtres et pas un seul maringouin dans la maison. Pourquoi ce fameux réflexe ? C'est à croire que la travailleuse sociale était complètement myope, ou bien on était placé et tant qu'il n'y avait pas apparence de mauvais traitements, tout allait bien… La boîte à puzzle (la travailleuse sociale) ne servait pas à grand-chose et, moi, je commençais à en perdre des morceaux…

Tout allait tellement bien que deux autres personnes ont fait leur apparition au sein de la famille. Un petit bébé naissant, un garçon. De ce que j'ai pu comprendre, la fille d'une des sœurs de maman était enceinte, ça ne fonctionnait pas très bien avec son ami, celui-ci était même mort dans un accident de moto. Bref, elle avait préféré laisser son enfant dans une grande famille chaleureuse et maman Bouchard qui, selon l'apparat, savait démontrer les concepts, voire l'aspect d'une bonne famille chaleureuse. En effet, quelquefois, le soir dans la maison, « ça chauffait pas mal », vous voyez ce que je veux dire. C'était ça notre belle famille si chaleureuse.

Au sujet de l'apparat, maman Bouchard savait, durant les week-ends d'été, comment organiser de belles journées familiales avec comme invités, ses frères et sœurs accompagnés de leurs enfants qui avaient à peu près notre âge.

De belles journées sur le terrain arrière de la maison avec un grand souper organisé. Oui, c'était bien. Nous, nous pouvions mieux respirer en présence de nos cousins et cousines malgré le fait que tactilement, maman essayait de garder un certain contrôle sur nos agissements débordants d'énergie. Maman

Bouchard, tout de sourire, nous regardait quelquefois avec des yeux qui en disaient long sur notre gaieté impulsive. Nos petits doigts fouillant trop longuement dans les quelques plats de bonbons laissés ici et là pour les besoins de la cause. Quelquefois, lorsque les abus devenaient trop flagrants devant les quelques invités, maman s'arrangeait comme par « hasard », pour se retrouver près de l'un d'entre nous et communiquer sa vision apocalyptique de la soirée qui nous attendrait lorsque les invités seraient partis. Ou bien, elle appelait l'un d'entre nous et d'une voix parsemée de fleurs, tout près d'elle, notre petit poignet allait souffrir quelques instants d'une prise si flatteuse de sa main maternelle.

Parfois, on n'osait pas s'approcher de trop près, le contact physique impossible, maman nous disait d'une mi-voix d'enterrement que ce n'était rien, que l'on pouvait continuer à s'amuser ainsi…

Au soir venu, un orage, voire un ouragan s'abattait soudainement dans la maison. Finie la belle récréation récréative de cette si belle journée. Comme on dit, après le beau temps, la tempête…, ça courait pas mal vite dans la maison. Maman Bouchard reprenait le contrôle et l'on payait très cher pour les quelques abus faits durant la journée. On payait très cher. Voilà l'apparat d'une bonne famille si chaleureuse.

Donc, nous avions eu droit à un petit frère naissant ayant sa chambre en haut avec tout l'aménagement nécessaire. J'étais bien content de l'arrivée surprise de cet enfant ; du moins, je n'avais pas à m'en occuper et j'allais le voir. C'était ma sœur Dominique, la vraie fille à papa, qui s'en occupait le plus…, faut bien un apprentissage.

La deuxième personne arrivée était une petite fille âgée d'environ six ans, les cheveux courts, toute petite et assez maigre. Elle venait des services sociaux. La vie semblait avoir été assez difficile pour elle. Donc, pour la fin de l'été 1972, nous étions maintenant huit dans la famille; deux filles, trois garçons et un bébé et bien entendu, papa et maman Bouchard.

À quelques reprises, maman nous amena au ciné-parc ; c'était la grande mode. Il y en avait partout, vous vous rappelez ? Et un soir, nous étions allés voir « Aurore, l'enfant martyre ». L'histoire d'une petite fille qui a été battue jusqu'à la mort. Maman avait même osé rajouter que l'on était chanceux des petites volées que l'on recevait ; nous n'étions pas encore morts, elle si. Certes, nous n'étions pas encore morts mais…

Voici l'exemple de mauvais traitements qui s'étaient installés lentement mais sûrement, de façon insidieuse.

Lorsqu'il y avait la lessive, parmi les dizaines de bas lavés, il restait beaucoup de bas célibataires. Alors, la course commençait. Après quinze minutes de recherche intensive avec chacun de nos bas respectifs, si on n'avait pas encore retrouvé les manquant, on montait dans la cuisine et, à tour de rôle, debout, les culottes baissées, on recevait des coups de bâton sur les fesses avec un bâton d'au moins un pouce d'épaisseur. À chaque quinze minutes, les coups augmentaient de cinq. Quelquefois, maman était si fatiguée que papa la remplaçait et ça pouvait aller comme cela jusqu'à de vingt-cinq à trente coups de bâton aux quinze minutes.

Maman Bouchard arrêtait lorsque ça n'avait plus de sens, que nos fesses étaient trop rouges et trop marquées et qu'elles nous faisaient trop souffrir. On avait de la difficulté à marcher, du moins, à s'asseoir. Pour quelques jours, on étaient obligés de s'asseoir sur les mains car, directement sur une chaise en bois, ça faisait trop mal.

Quelquefois, maman frappait si fort que le bâton cassait : alors, papa allait en chercher un autre dans son établi. Le bâton ou la ceinture de cuir servaient maintenant à toutes les sauces : retard à la maison, chicane entre nous, lorsqu'il manquait quelque chose quelque part, bref, pour des événements anodins de la vie de tous les jours qui arrivent dans toute bonne famille.

Lorsque maman était trop fatiguée et qu'elle voulait que la maison redevienne d'un calme à son goût, elle nous mettait à genoux, de grandes soirées durant, à chaque coin du salon, face contre le mur, pendant qu'elle et papa écoutaient confortablement la télévision en mangeant des croustilles et buvant de la liqueur. Parfois, nous étions à genoux jusqu'à minuit, une heure du matin. Nos genoux sur le bois franc nous faisaient énormément souffrir, ils étaient tout rouges.

Maman, maintenant couchée, nous disait que l'on pouvait aller dormir tout en nous traitant d'idiots et terminait le tout en disant que demain, elle verrait. C'était devenu quasiment infernal dans la maison, un régime de terreur était maintenu en permanence. La roue tournait malgré tout. Tu bats un enfant, il crie à son tour, tu le rebats parce qu'il crie trop fort, ainsi de suite.

Quelquefois, après avoir reçu une bonne volée, on riait, c'était nerveux; alors maman frappait encore plus fort, plus vite. Le tout devenait une folie, de la pure folie, ça n'avait même plus aucun sens…

Et voilà de multiples façons de briser un enfant, son intérieur; décidément, elle arrachait, décomposait en miettes ma personne, mon image. Maintenant, c'était par milliers de morceaux que se constituait mon puzzle, la belle affaire…

Automne 1972, onze ans…

Début d'école, fini le rêve, la détente hors de la maison, la chaleur, la magie de nos expéditions car, les professeurs ont pour rôle de nous ramener à la réalité des grandes personnes à coups de crayon. Enfin, c'était mieux que de subir le régime de terreur à longueur de journée à la maison, enfin…

À l'école, j'avais été transféré dans un petit bâtiment adjacent à la grosse école. C'était une vieille petite école bâtie il y a très longtemps. J'allais faire ma cinquième année dans une petite classe spéciale et pour cause; peut-être que je n'étais pas assez gentil, que je ne restais pas assez en place, que je n'écoutais pas assez, peut-être. Mon transfert à la petite école a dû en soulager quelques-uns.

Il y avait moins d'étudiants par classe et la maîtresse pouvait s'attarder un peu plus longtemps à nos nombreuses questions. On était mieux surveillé, c'était peut-être mieux ainsi. De mon côté, j'étudiais mieux, j'étais plus calme et l'on répondait plus rapidement à mes multiples questions fort laborieuses que j'ai su transporter dans la magie du temps.

Des coups bas sont parfois portés… Examen chez le docteur comme à tous les débuts d'année scolaire. Il nous ausculte, le docteur; « tousse » me dit-il. Ses mains cherchent mes petits testicules qui ont disparu. Où sont-ils ? Dans mon ventre, à cause d'un coup, des accidents qui arrivent parfois aux petits garçons. Mais quel coup ? …., mais oui, je me rappelle…, maman aussi. Durant l'hiver passé, dans une crise de folie dont je ne me rappelle plus la raison, dans la salle de bains, maman Bouchard m'avait tout simplement soulevé de terre, la main sous mes testicules et j'avais eu très mal à l'époque. Maman s'empressa d'inventer une histoire d'accident de bicyclette. Comme le docteur semblait trouver la raison valable, l'investigation du médecin se termina par un rendez-vous à l'hôpital pour enfant, question de les redescendre et de les attacher.

Au retour à la maison, maman s'empressa de me dire de ne jamais raconter l'incident de la salle de bains à quiconque sinon « elle allait me tuer ».

Quelle espérance de vie, n'est-ce pas ? Dire à un enfant qu'on pourrait le tuer, faut être vraiment méchante…, puzzle.

L'hiver fut assez dur, d'autant plus que maman devenait encore plus sévère, mon pauvre petit frère Jean, ayant commencé à l'école anglaise en arrachait plus que nous tous. Selon maman, c'était le génie de la maison. L'école anglaise m'avait refusé car mon dossier scolaire était trop épais. Étant hyperactif, refusant toute autorité, on s'empressa de me refuser.

Dès septembre, maman nous avait aussi inscrits dans les cadets de l'air, question de respirer quelque peu pendant notre absence. Durant ces activités sociales, je ne pensais pas à faire de mauvais coups.

Dans les cadets de l'air, ma sœur Dominique et mon frère René y étaient entré en toute légalité mais, moi et mon frère Jean, nous avions seulement onze ans à l'époque et l'âge minimal était tout de même de treize ans. Maman savait très bien compter et gagner du temps, ainsi les pièces justificatives demandées pour l'inscription tardèrent indûment à être présentées au responsable des cadets. Maman inventait toutes sortes de raisons pour écouler ces années d'illégalité.

Donc, à tous les samedis, on passait la journée entière aux cadets, on avait un bel habit et ça nous faisait un bon endroit pour parfaire notre éducation. On s'était fait beaucoup d'amis et, en plus, vers la fin du printemps, une visite complète de l'aéroport de St-Hubert fut effectuée ; des prototypes d'avions pour apprendre à piloter et l'expérience d'un vol dans un Cessna d'une durée d'environ vingt minutes nous attendaient. Le cadeau de toutes ces heures à étudier les principes de base de l'aéronautique. Une autre belle expérience de mon enfance, un autre morceau de puzzle différent des autres, si peu nombreux mais étincelants comme de petits diamants à faire oublier tous ceux qui sont ternis à tout jamais…

Les fins de semaine, le dimanche, maman nous donnait 50 cents, 25 cents pour le panier de l'église et 25 cents pour des bonbons. Faut dire que l'église se situait à environ deux milles de la maison, qu'il fallait marcher cette distance par temps quelquefois très froid l'hiver. Maman Bouchard savait comment prendre quelques heures de repos surtout qu'elle avait commencé à travailler dans un CLSC*.

*Centre local de Service communautaire, lieu où l'on dessert à la communauté du quartier des services médicaux de seconde ligne et qui ne demandent pas à être desservis par les centres hospitaliers.

C'était un projet du gouvernement, une nouvelle institution parmi tant d'autres que le gouvernement mettait sur pied. Les personnes choisies avaient même droit, durant les périodes de travail, d'aller chercher la scolarisation d'appoint pour compléter leurs connaissances par rapport aux tâches à effectuer et ce, gratuitement s.v.p. Maman donnait de l'aide aux personnes âgées à domicile, une extension de l'expérience acquise à la crèche où elle avait travaillé pendant quelques années.

Décembre 1972, onze ans…

À Noël de cette année-là, j'ai eu droit à un gros jeu de chimie. Me voilà chimiste maintenant. Naturellement, après un temps très court, j'avais effectué toutes les expériences possibles que le petit manuel du parfait chimiste présentait. Un samedi soir, alors que maman et papa Bouchard étaient sortis, notre grande soeur Dominique nous gardait et après m'être querellé avec mon frère Jean à propos d'une éprouvette qu'il avait en main, je courais partout après lui et, m'arrêtant soudainement dans la cuisine, je pris mon jeu de chimie et je le lançai par terre. Fini la chimie, mais, intérieurement, j'avais quand même de la peine. « Il faut parfois porter de grands coups pour mettre fin à une situation tendue ».

Quelque temps après, de chimiste j'étais devenu médecin auprès de ma sœur Dominique que j'auscultais avec précision, surtout entre les jambes. Je vous jure qu'on n'apprend pas juste à l'école…

Au tout début du printemps, à l'école, en attendant l'autobus, on s'élançait sur la glissoire, moi et quelques autres, on se garrochait plutôt sur la glissoire en effectuant des vols planés. Qui peut être à l'abri des accidents? M'étant lancé à côté de la glissoire, j'ai plongé vers l'extérieur de celle-ci. En me relevant, n'ayant aucun mal, je me suis mis à marcher, mais tous regardaient mon petit poignet déformé.

Lorsque j'ai regardé mon poignet, ma vue s'est soudainement inondée d'eau. L'institutrice s'empressa de me calmer en attendant l'arrivée de l'ambulance. Tout d'un coup, selon la maîtresse, j'étais devenu le plus gentil, le plus sage, le plus beau, bref un « trésor oublié ».

Ce qui ne l'a pas empêché, quelques semaines plus tard, de me faire copier quelques centaines de fois : « Je ne parlerai plus durant la classe ». Malheureusement, je m'étais brisé le poignet gauche et j'écrivais de la main droite, faut être doublement malchanceux…, non?

Mais ça m'a valu un mois de congé en plein mois de mai, étendu au grand soleil, car maman Bouchard disait que le soleil allait accélérer ma guérison. Il faisait quand même assez chaud sous le plâtre. On n'a vraiment rien pour rien. Faut souffrir pour avoir des vacance.

Histoire et société

— *Les USA se retirent du Sud Viêt-Nam.*

— *Quadruplement du prix du pétrole, suite à l'intervention de l'OPEP. Premier choc pétrolier. La crise du pétrole ralentit la folie de chacun, ramène un rythme moins sauvage, plus économe.*

— *Création du Conseil du statut de la femme et du Conseil canadien de la Situation de la femme.*

Culture et médias

— *Bernardo Bertolucci réalise Le dernier tango à Paris.*

Juin 1973, douze ans…

En ce début d'été, maman Bouchard devenait encore de plus en plus sévère et nous agressait maintenant physiquement…

Nos voisins d'en arrière, tous des « voyous » qui sont devenus aujourd'hui des motards, faisaient, à l'époque, la loi dans les rues du domaine. Une journée, j'ai eu un démêlé avec l'un d'eux. Revenant à la maison en pleurant, maman Bouchard demanda à René, du fait qu'il était le plus vieux des garçons, d'aller me défendre auprès du voisin qui m'avait menacé.

Mon frère René, sachant que le voisin de son âge ne ferait qu'une bouchée de sa personne, refusa de me défendre. Alors, maman Bouchard lui dit simplement que soit qu'il aille battre le voisin ou bien, c'est elle qui battrait elle-même mon frère René. Se faire battre par maman Bouchard ou le voisin, il n'y avait pas beaucoup de différence. Bref, mon frère René est allé « poliment » avertir le voisin de ne plus me menacer ainsi malgré le fait que le voisin parlait deux fois plus fort que mon frère.

Maman, voyant la situation, appela mon frère René pour qu'il revienne à la maison. Arrivée dans la cuisine, elle se lança sur lui et le souleva à quelques reprises de terre par le bras, situé à l'arrière du dos. Le soulevant à quelques reprises en criant qu'il n'avait pas fait ce qu'elle lui avait demandé de faire. Moi, dans l'escalier, je pleurais, je me disais qu'elle allait lui briser le bras. Après avoir lâché mon frère René, celui-ci ne pouvait même plus soulever son pauvre bras. Je me disais à présent, que ça n'avait plus aucun sens de demeurer là, que, bientôt, maman Bouchard allait nous tuer, qu'elle devenait de plus en plus folle. Mes testicules, son bras…, et, demain, qu'est-ce qui pourrait bien nous attendre? Qu'est-ce qui pourrait bien m'attendre?

Juin 1973, douze ans…

Au début des vacances scolaires, sans aucune raison apparente, souffrant d'insomnie, je décidai d'aller voler les bonbons au dépanneur du coin. Me levant en même temps que la lune, j'entrepris mon voyage nocturne. Arrivé au petit centre commercial, dont la construction n'était pas terminée, je suis entré par une grande salle. J'ai défoncé le mur de la boucherie pour ensuite défoncer celui du dépanneur. Remplissant un gros sac de bonbons, je ne puis m'empêcher de regarder dans la caisse. Mais, dès l'ouverture de celle-ci, j'ai remarqué le système d'alarme. Mon magasinage prit fin assez rapidement. De retour à la maison, après avoir mangé mes bonbons, je fis sommeil pour la nuit.

Le lendemain matin, le bruit courut dans tout le domaine au sujet du vol au dépanneur. Qui était le coupable? Ce fut le sujet de conversation de la journée pour tous les enfants. N'ayant aucun mérite, ni de félicitations pour mon coup parfait, je divulguais à mes frères que c'était moi. Malgré mes multiples explications, ils refusaient toujours de me croire. Alors, je les invitai pour la prochaine nuit à effectuer un retour sur place, puisque ce fut si facile la veille.

Tard dans la soirée, au tout début de la nuit, mes frères, ne pouvant plus tenir en place devant cette frénésie, je décidai qu'il était assez tard et nous partions vers le fameux petit centre d'achat. Prenant le chemin habituellement peu fréquenté, nous sommes enfin arrivés. La réparation effectuée n'était qu'une stupide planche qui recouvrait le trou percé.

Comme la veille, après être entrés dans la grande salle, dans la boucherie, nous sommes arrivés dans le dépanneur. Après avoir rempli un sac de bonbons, de cigarettes et d'argent, nous sommes repartis. Quelle nuit ! Au retour, nous avions pris le chemin de l'autobus, sans détour, fumant quelques cigarettes, sûrs de nous. En passant devant notre voisin, il était deux heures du matin, celui-ci était assis sur son balcon et comme le dépanneur lui appartenait, nous avons fait semblant de rien pour ensuite entrer dans notre maison. Nous nous sommes ensuite couchés. Bonne nuit…

Malheureusement, la nuit fut de courte durée car, une heure plus tard, la police frappa à la porte pour aviser maman Bouchard que ses trois garçons étaient soupçonnés de vol du dépanneur et ce, la nuit même. Après une investigation de courte durée, preuves éloquentes à la main : espadrilles mouillées, clés du dépanneur, linge humide, cigarettes, bonbons, etc. L'affaire était « close » pour les policiers.

Le lendemain après-midi, nos bagages étaient faits et, la travailleuse sociale étant déjà avertie des événements de la veille, nous allions partir illico presto de la maison, maman jugeant que nous n'étions plus dignes d'habiter dans sa demeure.

Enfin, me suis-je dit, après tant d'années de folie, enfin, un vrai départ, une nouvelle vie…

J'avais fait cet exercice les larmes à l'œil car, papa Bouchard, je l'aimais bien et jamais il n'avait été le véritable responsable de mon enfance difficile, jamais…

RÉACTION

Juillet 1973, douze ans…

Tout un départ et ce, dès le lendemain matin avec le strict minimum de bagage que maman avait pris soin de préparer avant l'arrivée de la travailleuse sociale. Le tout fut placé dans une grosse voiture familiale et nous partions pour une nouvelle aventure.

La sœur avait de gros soucis et ça se lisait sur son visage. Placer en une seule journée et avant que le soleil ne se couche, trois petits garçons, n'était pas tâche facile. Aidée de son calepin d'urgence, j'avais comme l'impression d'avoir fait le tour de la province en une seule journée.

Mes deux frères furent placés dans des colonies de vacances puisque nous étions au début de la période d'été et moi, de retour à Montréal, j'ai passé la nuit dans un endroit de transition. Dès le lendemain, je fus placé dans une famille qui habitait dans une petite ville de banlieue.

La maison ressemblait à mon ancienne demeure quoiqu'il y avait un genre de bâtiment au bout de l'entrée qui servait de remise générale et au fond du terrain, près du boisé et de la clôture logeaient quelques cages de lapins et un poulailler de fortune.

Ce n'était pas la bonne vieille ferme mais c'était quand même la campagne.

Dès la première semaine avec carte blanche de la famille, j'entrepris la construction d'un Go-Kart et, une fois mon projet finalisé, je n'ai eu qu'éloges de tout le monde qui était surpris du résultat versus mon âge. Faut dire que j'y avais mis toute mon ingéniosité et beaucoup de mon temps, je ne voulais surtout pas déplaire à ma nouvelle famille. Ce fut aussi une façon de me faire accepter de tous, surtout par ceux de mon entourage qui avaient le même âge que moi. Rapidement, je m'étais fait quelques amis et beaucoup d'amies; ma nouvelle sœur y était sûrement pour quelque chose puisqu'elle connaissait toutes les jeunes filles du quartier.

Mon Go-Kart avait suscité beaucoup d'intérêt et peu de temps après, tous les garçons du quartier s'acharnaient à en construire un, soit beaucoup plus performant ou de modèle sport. Quelquefois, ils étaient même aidés de leur père mais le tout premier modèle demeure de toujours l'illustre exemple, la référence en la matière et j'en étais très fier.

Beaucoup de filles se tenaient avec ma jeune sœur puisqu'elle me suivait partout et se tenait avec moi. J'avais mon fan club de filles et elles étaient très réveillées psychologiquement parlant, beaucoup plus que moi. Il faut dire qu'elles étaient libres et avaient peu de contraintes, leurs parents n'étaient pas trop sévères. Peut-être parce qu'ils avaient décidé d'eux-mêmes d'avoir des enfants, d'avoir leurs propres enfants…

J'avais ma petite préférée, une petite garçonne aux cheveux courts qui, d'un après-midi, traversant le sous-bois qui séparait les rues de nos maisons respectives m'invita à lui faire l'amour. Vêtue d'un simple costume de bain deux-pièces, elle enleva sa petite culotte et s'allongea par terre.

Pris complètement au dépourvu, en terrain inconnu, on redouble toujours de prudence et de ce fait, j'inspectais très minutieusement ce petit triangle si peu familier. S'étant assise et par la suite couchée par terre, il y avait présence de grains de sable près de l'orifice. Devant cette malpropreté, j'ai refusé l'offre si alléchante fut-elle. Voilà un manque flagrant d'expérience…, comme si quelques grains de sable avaient pu empêcher…

Après s'être relevée, elle m'a pris tout simplement par la main et l'été allait continuer son cours normal avec un souvenir de plus dans ma mémoire, mais quel souvenir…

La famille m'avait prêté une bicyclette et c'est ainsi que, peu à peu, l'horizon s'est ouvert. Je passais mes grandes journées à parcourir les rues et j'allais assez souvent au parc près de la nouvelle école qu'ils avaient construite. Il y avait des activités offertes par des moniteurs et des monitrices. Naturellement, la gang de filles me suivait toujours et j'étais bien le dernier à m'en plaindre; quelle vie!

Dans la famille, une certaine distinction existait entre moi et leurs enfants, on ne se gênait pas pour me le rappeler à certaines occasions. Un jour, ce fut la fête de leur fille et tous, dans la maison, savouraient un morceau de gâteau pendant que, moi, j'étais dehors, jouant seul. Le père de famille m'avait fait comprendre assez clairement que je ne faisais pas partie de la famille, que je n'étais que de passage et qu'il ne me gardait que pour une courte période. Pas grave, on s'habitue assez rapidement d'être mis à part. C'est méchant mais c'est comme ça, faut savoir accepter… l'inacceptable.

Ma chambre se situait au sous-sol, à côté de la chambre froide où étaient entreposées quelques denrées. M'étant muni d'une petite cuillère, la nuit, j'allais combler mes besoins de sucre en savourant du bon Nestlé-Quick. Je rangeais bien soigneusement la boîte en arrière des autres pour être bien sûr de ne pas…
Que de délices, dans la noirceur du silence nocturne, que voulez-vous, l'être humain a certaines faiblesses, non!

Vers la fin de l'été, la famille décida de tuer toutes les poules avant la venue de l'hiver, un grand congélateur les attendait. J'avais assisté aux multiples étapes, allant du coupage de la tête jusqu'à l'emballage final.

Assez drôle puisque après avoir coupé sa tête, la poule court partout sans savoir où elle va et finit par avoir une collision fatale contre un obstacle. Ça ressemble étrangement aujourd'hui aux humains; on court partout mais on ne sait plus trop où l'on s'en va et dire qu'on a encore toute notre tête. Comble du ridicule, on se pense toujours les plus intelligents…

Bref, un bel été où j'ai réappris à respirer librement sans trop de contraintes. Les événements de la vie courante étant plus normalisés, on ne cherchait plus les « bibittes ». Je n'avais plus à me demander ce qui allait m'attendre au retour à la maison, si j'avais fait quelque chose de mal ou même si un discours et une punition m'attendraient. J'étais devenu moins nerveux, plus calme. Lorsqu'on cherche des « bibittes », on finit toujours par en trouver et c'est ce qui devenait très méchant à la longue dans mon ancienne famille.

Toute belle chose a une certaine fin et septembre annoncera toujours quelques changements et, ainsi, je me suis retrouvé ainsi à…

Septembre 1973, douze ans…

Cette institution était dirigée par les frères, il n'y avait que des orphelins qui y habitaient. Quelques garçons ne venaient que pour assister aux cours de jour, on les appelait les externes. Peut-être que leurs parents jugeaient que l'éducation et la formation dispensées par les frères était mieux que celle des écoles publiques…

Il n'y avait aucune présence féminine de notre âge dans l'institution, seulement quelques employées dans les cuisines. Dommage, car j'aimais tellement la présence des jeunes filles…, sniff.

L'horaire d'une journée se déroulait ainsi : au petit matin, au lever du soleil (j'étais assez grand pour le voir et surtout pour me défendre), après une petite toilette matinale, on s'habillait et on descendait à la cafétéria pour le déjeuner. Par la suite, les cours se donnaient toute la journée. Naturellement, il y avait une pause pour le dîner et une sieste obligatoire. Vers la fin de l'après-midi, on pouvait s'amuser dans la grande salle au sous — sol. Après le souper, il y avait la période des devoirs et, par la suite, nous étions enfin libres pour la soirée entière.

Comme activités à l'intérieur, à la grande salle du sous-sol, il y avait le Mississippi, le ping-pong, des jeux de table et le pushing-bag comme chez les boxeurs, des cours d'artisanat, de piscine, ainsi qu'un auditorium où l'on présentait un bon film durant les fins de semaine.

Pardon, j'oubliais de vous parler d'une activité obligatoire offerte gratuitement par nul autre que les frères et ce, à tous les dimanches ; soit la grande messe avec tous les respects de la longue tradition encore préservée. Ils nous racontaient toujours quelques passages de la vie éminente du frère qui avait su fonder avec l'aide de Dieu cet orphelinat. Nous étions simplement dans la maison de Dieu, je crois qu'ils avaient un peu raison. Un cercueil du frère fondateur était exposé près de l'entrée de la bibliothèque et une plaque commémorative honorait ainsi sa vie. Devant le cercueil, une marche de cuir servait de lieu de prière. J'y allais quelquefois lorsque j'avais vraiment conscience de mon statut d'orphelin, du moins, j'avais encore un certain statut en ce monde…

À l'extérieur, dans la cour entourée d'une très haute clôture, il n'y avait pas moins de cinq patinoires. Inutile de vous dire que le hockey était le sport de l'orphelinat et ils étaient en forme les frères, je vous le jure. Fallait quand même nous faire gaspiller notre trop-plein d'énergie d'adolescents. Quelquefois, lorsque la température était mauvaise, que nous étions limités dans nos activités internes, la pression entre garçons augmentait.

Le petit groupe d'orphelins si inoffensifs pouvait se transformer et ce, assez rapidement, en une meute de jeunes loups assoiffés de haine et de sang. Les bagarres étaient monnaie courante à propos d'un crayon, d'une gomme ou d'une jambette bien planifiée. Ce que nous avions et ce que nous étions étaient les seuls biens qui nous appartenaient, il fallait conserver nos acquis. Quelquefois, dans la salle de jeu au sous-sol, les rondelles de Mississippi en bois voltigeaient soudainement dans les airs, dans la classe, quelques effaces atterrissaient un peu partout.

À l'extérieur, la patinoire ressemblait plus à une arène de lutte qu'à une partie de hockey bien inoffensive. Les menaces fusaient de toute part, fallait être assez rapides sur nos patins pour demeurer intacts. Même la piscine devenait un lieu risqué puisque des menaces de noyade flottaient toujours dans les airs.

Ayant voulu survivre à cette guerre froide, j'optais pour des activités d'ordre manuel. L'artisanat, la bibliothèque et la chapelle étaient des lieux rassurants, protégés et de toute quiétude. Je crois que même si on m'avait offert des cours de petits points, de crochet, je me serais inscrit quand même.

Faut dire que j'étais assez petit, pas trop gros. On m'avait surnommé « moineau » parce que j'étais une vraie pie, je n'avais jamais peur de dire ce que je pensais et lorsque la situation était trop tendue, trop risquée pour ma personne, j'avais le don de m'envoler on ne sait où.

Peut-être que je voulais connaître autre chose que l'orphelinat…

Le frère responsable de la chapelle était le bon Dieu en personne. Très humain, très gentil et compréhensif, vraiment pas comme les autres ; une vraie maman…, quoi. Lui seul savait nous écouter sans jugement, ni représailles. Lorsque l'on venait le voir pour lui raconter notre désespoir, nos peines et nos chagrins, il savait comment, par magie, nous redonner le goût de courir à nouveau, de vivre et d'espérer car, nous le savions trop bien dans nos petits cœurs d'orphelins ce que vivaient les autres garçons dans leurs familles respectives, nous le savions trop bien… Dieu sait toujours où envoyer les bonnes personnes, merci quand même.

Mes habitudes de gastronomie nocturne se poursuivaient de plus belle. Le matin, à la cafétéria, je mettais toujours quelques enveloppes de « Croque-Nature de Quaker » dans ma poche, au cas où. Fallait être prévoyant et, en quittant la cafétéria, je regardais toujours s'il n'y avait pas présence d'une paire d'yeux monstrueux dans le noir du couloir qui nous conduisait aux autres bâtiments.

Faut dire que dans le sous-sol des cuisines vivait un tendre petit chaton d'au moins trente-cinq livres. D'un gris nocturne, ayant la langue aussi rouge que le sang et les dents d'une blancheur osseuse, j'y regardais toujours par deux fois avant de traverser ce couloir…, de la mort. La légende disait que, quelquefois, il prenait de copieux repas composés de l'un d'entre nous. Il n'y avait jamais de trafic dans le couloir, même pas besoin de surveillant et nous ne le traversions jamais seuls, bref, un endroit peu recommandable pour les aires de repos et dire qu'une fois je l'ai entrevu dans le noir, je vous jure que ce n'était pas simplement de l'imagination…

Une fin de semaine sur deux, j'allais dans la famille qui m'avait hébergé durant l'été.

Le chemin était assez long. Je prenais l'autobus sur Jean — Talon jusqu'au boulevard Pie-IX et sur celui-ci, je prenais un autre autobus qui se rendait près du fleuve et enfin, j'embarquais dans l'autobus de Laval qui me débarquait à la porte de la famille. Je trouvais le chemin très long et un certain vendredi soir, j'ai décidé de prendre le métro Jean-Talon qui était tout près de l'Orphelinat.

Telle est ma devise de toujours : ça passe ou ça casse. En cas de catastrophe, je n'avais qu'à revenir à la case départ. Donc, j'entre dans ce fameux métro pour la première fois de ma vie, n'écoutant que mon sixième sens de l'aventure et du risque bien calculé, j'optais pour la direction la plus courte. La dernière station qui désignait le terminus s'appelait Henri-Bourassa. Nerveusement, je regardais autour de moi, l'habillement des gens me sécurisait énormément puisque, comme moi, ils avaient encore des bottes et un manteau d'hiver, donc je n'étais pas à l'autre bout du monde. J'avais très hâte de voir l'extérieur, c'était comme si j'avais passé une éternité dans ce métro.

Arrivé à l'extérieur du métro Henri-Bourassa, je voulais crier, sauter, vivre cette joie si intense de l'éloge du gagnant, de celui qui ose ; même le bon Dieu n'aurait pas fait mieux, le monde m'appartenait. Je me sentais comme Christophe-Colomb qui, avant même de partir savait qu'il y avait quelque chose…, l'instinct.

J'étais tout simplement arrivé devant le terminus d'autobus de Laval, d'où mon autobus partait. La pancarte qui affichait TERMINUS signifiait plus pour moi qu'une ligne d'arrivée mais l'ultime récompense d'une bravoure exemplaire.

Nerveusement, j'achetai mon billet d'autobus et dire que l'autobus m'attendait, n'attendait que moi et en plus, il était à moitié vide, lui qui était toujours plein à craquer lorsqu'il arrivait sur le boulevard Pie-IX. Comble du bonheur, l'homme qui s'est assis à côté de moi n'était nul autre qu'un voisin que je connaissais et dès lors, comme une vraie pie, j'entrepris de lui raconter mon aventure extraordinaire dans les moindres détails. Pauvre gars qui eut la bonté de m'écouter jusqu'à ma destination, lui remémorant à chaque instant un nouveau détail de mon aventure, pauvre gars…

Mais quelquefois, l'aventure peut tourner en catastrophe, c'est inscrit dans la NATURE de l'homme. Un certain dimanche soir, au retour d'une fin de semaine, dans l'autobus, je ne me sentais pas trop bien, j'avais un terrible mal de ventre, j'étais vert et je n'en menais pas large. J'avais très hâte d'arriver et je ne savais pas trop pourquoi je souffrais ainsi.

Arrivé au terminus, juste devant le métro, incapable de marcher davantage, je fis un arrêt quand soudainement, catastrophe, une diarrhée remplit mon habit de ski-doo. J'avais peine à croire ce qui venait de m'arriver. Qu'est-ce que j'avais fait au bon Dieu?
N'avait-il pas assez d'humains sur la terre? Pourquoi moi? À l'intérieur de l'habit de ski-doo, c'était très chaud et une certaine odeur commençait déjà à… Lentement, très doucement, je fis quelques pas, comme si de rien n'était et ainsi j'ai été prendre le métro. À l'intérieur du wagon, songeant au grand air,

à la montagne, aux multiples parfums existants qui savaient si bien masquer les odeurs indésirables, tout le monde s'était comme par hasard assis à l'autre bout du wagon. J'étais devenu seul dans la

section du fond. J'avais comme un peu hâte d'arriver.

À l'entrée de l'Orphelinat, le frère me demanda comme à l'habitude comment j'allais. Très bien lui dis-je, comme en vacances, quoi…

Il y a des jours, mais je crois que cette fois-ci, celle-ci avait été pire que l'histoire de ma tente suspendue dans un arbre.

Un autre certain dimanche soir, à l'Orphelinat, un garçon était arrivé au dortoir et en peu de temps, la moitié du groupe l'entourait près de sa case, je me demandais bien ce qu'il pouvait se passer. Après m'être approché, j'ai vite compris. Brandissant un billet de vingt dollars, il était en train de se faire beaucoup d'amis. D'un regard hautain, monsieur était devenu l'attraction du groupe, la référence en matière fiscale. Lui était riche et, nous, nous n'étions que des pauvres… Beaucoup trop heureux à mon goût, j'ai vite repéré l'endroit où il avait caché sa bonne fortune. Tiens tiens tiens…

Le lendemain matin, d'une lenteur bien mesurée, je fus le dernier à quitter le dortoir et pour cause, je m'étais, vous le devinerez, approprié de sa bonne fortune et durant la récréation matinale, j'avais caché son argent dans la cour extérieure. Après le dîner, à la sieste, le garçon cherchait nerveusement son billet et moi, d'un sourire à peine voilé, je le regardais faire. C'était à mon tour d'avoir un certain plaisir. Voyant qu'il s'était fait voler, il fit une crise terrible, au point que les frères furent obligés d'effectuer une fouille complète du dortoir, sans résultat bien entendu. Le frère directeur nous avisa que le coupable pouvait, à l'insu de tous, remettre le billet à la case de son bureau et qu'il n'y aurait pas de représailles.

Naturellement, tout le monde s'était soudainement changé en détectives amateurs. Chacun faisait sa petite enquête personnelle, il y avait un monde fou qui se tenait près du bureau du directeur et dire qu'à l'habitude, il n'y avait jamais un chat… C'était à croire qu'il y avait une vente trottoir, quelques-uns faisaient un détour dans la bâtisse, juste pour voir, au cas où. Tout le monde soupçonnait quelqu'un. Une vraie paranoïa régnait et chacun avait une idée bien précise, sa petite théorie possible entourant ce qu'on pouvait appeler dorénavant « l'affaire du vol ».

Imaginez le plaisir que j'éprouvais devant la tournure des événements, un vrai délice. Surtout de voir le visage de la victime. Genre « fils à papa » qui, soudainement, n'ayant plus « sa chose », faisait pitié, mais beaucoup plus que la majorité puisqu'il n'avait rien d'autre pour attirer l'attention de l'entourage. Il me faisait vraiment de la peine à voir et une semaine plus tard, j'ai été porter le billet dans la case du directeur puisque l'affaire du vol s'était quelque peu effritée à la longue.

Moi, de mon côté, j'avais été riche durant une bonne semaine et lui, il avait peut-être appris qu'il y avait autre chose que l'argent dans la vie… Du moins, j'espère.

Peu de temps avant la période des fêtes, la famille qui me recevait avait décidé de ne plus me prendre. Donc, j'ai passé la période des fêtes à l'Orphelinat et pour nous faire oublier le départ des autres, les frères avaient organisé beaucoup d'activités et nous laissaient un peu plus libres que d'habitude. Un soir, courant partout, j'ai raté la première marche de l'escalier qui se rendait à la grande salle du sous-sol. Ayant atterri en bas, sur le terrazo, étendu par terre, j'étais incapable d'émettre un son. La douleur était trop terrible, j'avais très mal. Le vieux frère assis dans le fond de la salle, obèse, presque aveugle, ne se rendait pas compte de mes gestes de détresse.

Ce n'est que quelques minutes plus tard, ayant vu une ombre s'agiter en bas de l'escalier, qu'il finit par se lever pour se rendre compte de mon état. Pas trop vite le vieux frère, l'ancien rythme institutionnel oblige.

Un policier est venu me chercher et, m'ayant pris dans ses gros bras, m'amena à l'hôpital Jean-Talon. Très gentil le policier qui avait su me réconforter malgré ma douleur. À l'hôpital, j'ai eu droit à une paire de béquilles après que l'infirmière m'ait expliqué qu'il n'y avait pas de fracture, simplement une sévère entorse.

À mon retour à l'Orphelinat, c'est fou comme tout le monde était devenu serviable, attentif à mon égard, même les frères étaient peinés devant la lourde épreuve que je subissais, que je traversais, rajoutant que j'allais être grandi, plus fort par après, à m'en faire pleurer. Tous compatissaient avec moi, même ceux qui auraient bien aimé me pendre quelques jours auparavant. J'étais mieux qu'à l'hôtel, il y avait toujours quelqu'un pour transporter mon plateau à la cafétéria, transporter mes livres, bref, devant la maladie, on s'incline toujours. Malheureusement, ce genre de vacances est de courte durée et une fois guéri, il fallait que je redevienne un jeune loup pour regagner mon territoire perdu, la vie oblige.

Une fin de semaine, il y a eu présentation à l'auditorium du film « L'orphelin à la voix d'or ». Après le film, personne ne chantait mais tout le monde rêvait qu'un jour, si Dieu le veut, qu'il serait la prochaine vedette d'un nouveau film de ce genre.

Imaginer qu'un groupe d'orphelins regardant l'histoire d'un orphelin abandonné de tous qui devient, grâce à sa tendre voix, « Riche et célèbre ». Naturellement, ça n'arrive qu'aux autres mais ça m'a cependant permis à moi et à bien d'autres de rêver un peu, histoire de nous faire oublier notre triste sort... J'étais orphelin, je chantais très mal, inconnu de tous et pas un rond dans les poches, le voilà mon triste sort.

À la piscine, j'avais encore une peur bleue que quelqu'un m'enfonce la tête dans l'eau. Ce souvenir refaisait toujours surface dans mon esprit, ce qui prouve, hors de tout doute, ce que nous faisaient subir les bonnes sœurs et ce n'est surtout pas le SYNDROME DES FAUX SOUVENIRS comme s'amuseront à dire quelques spécialistes en psychologie et / ou en psychiatrie ayant peut-être trop de connaissances et si peu d'expérience de la vraie vie.

Le printemps annonce la toute fin de l'année scolaire et le début des chaleurs et d'un long congé. Je ne garde que de bons souvenirs de l'Orphelinat, les horaires n'étant pas trop chargés et les cours que les frères donnaient étaient instructifs et d'autant plus qu'ils n'étaient pas trop sévères, peut-être à cause du bon encadrement qu'ils nous donnaient.
Une vie de moine... quoi!

1974

Histoire et société

— *Nixon démissionne de la présidence américaine suite au scandale du Watergate.*

— *Parution du Manifeste du Mouvement de libération des femmes (MLF).*

— *En Yougoslavie, la maréchal Tito est élu président à vie.???*

Juin 1974, treize ans…

Je fus placé dans une famille d'accueil toujours à Montréal, à l'angle des rues Delormiers et Masson. Fait intéressant pour mon âge, la compagnie Cadbury où l'on fabriquait le fameux chocolat, se situait de l'autre côté de la rue. Vous vous imaginez, durant les fortes chaleurs d'été, en pleine ville, ça sentait toujours le chocolat, quel délice pour mes petites narines. Même plus besoin d'aller au dépanneur; à la longue, on s'y habitue et notre système digestif pouvait se régaler que de l'odeur; je me voyais déjà au volant d'un de ces gros camions rempli de chocolat, le rêve…, quoi!

Dans cette famille d'accueil, il n'y avait qu'une dame d'un certain âge et une petite-fille; je crois qu'elle gardait des enfants que de temps en temps pour de courtes périodes. Cette dame habitait dans un grand logement et j'avais ma chambre à moi tout seul. J'étais très bien traité et je faisais ce que je voulais de mes journées. Les seules conditions étaient que je dise où j'allais et de ne pas trop m'éloigner de la maison, d'autant plus que les grands boulevards étaient assez dangereux puisqu'il y avait beaucoup de circulation.

Dès la première semaine, la travailleuse sociale est venue me voir pour me remettre une belle bicyclette toute neuve de couleur or. Elle avait trois vitesses et les freins étaient aux poignées. C'était une Mustang. J'étais littéralement aux anges avec une telle bicyclette. Elle m'expliqua par la suite que mon ancienne famille Bouchard avait acheté cette bicyclette au début de la dernière année, soit l'été du vol dans le dépanneur. Depuis le temps et ce, quelques semaines après l'incident, elle avait repris les deux autres garçons et trouva plus sage de me laisser, me trouvant sans doute responsable de l'incident, elle jugeait que j'étais un mauvais exemple pour les autres.

Étant donné que les cadeaux remplaçaient pour elle les valeurs humaines, elle avait décidé de m'en faire cadeau, même si celle-ci était destinée initialement à celui qui obtiendrait le meilleur bulletin. Parfois, on fait cela pour alléger notre conscience…, non?

Donc, maintenant, avec ma bicyclette, le quartier s'était quelque peu agrandi et m'amena automatiquement à la piscine municipale. Faut dire qu'en ville, l'été, il pouvait faire quelquefois très chaud et l'odeur du chocolat commençait déjà à me tomber sur le cœur.

À la piscine, les costumes de bain commençaient réellement à éveiller mes sens, une prise de conscience pour l'attrait féminin commençait à faire son cours dans mon cerveau. Ce n'était ni de la couleur, ni de la forme, ni de la grosseur mais plutôt de ce qu'il y avait en dessous.

Apprendre de soi-même peut devenir une vraie passion. Le plus petit détail éveillait en moi un calcul mathématique fort impressionnant de la géométrie visuelle et de l'angle d'optique maximal; soit de savoir « où » se placer pour que le tout passe inaperçu de tous sinon, le changement de position de la victime voulait dire de recommencer tout le processus à zéro.

Quelquefois, pour avoir un cliché érotiquement parfait en pleine action, je plongeais dans l'eau où je recherchais une meilleure vue de mes victimes…, sans les effrayer.

C'étaient de belles vacances, j'étais libre, je ne faisais aucun mauvais coup, sage comme une image et je passais mes journées à étudier la vie; lorsque l'homme a une passion, il peut devenir d'une sagesse remarquable, quoi de mieux…

Les rêves et le bien-être total finissent toujours par avoir une certaine fin et un beau matin, on m'annonça que j'étais pour repartir pour le reste de   l'été dans une colonie de vacances jusqu'au début de l'entrée scolaire, dans un nouveau collège.

Colonie de vacances, rien de nouveau puisque j'y avais déjà été à deux reprises et, en général, elles se ressemblent toutes à part quelques petits détails sur les activités offertes. Prenant l'autobus au petit matin, avec quelques bagages, l'été se termina dans un bel endroit à la campagne, loin de la ville et des grandes chaleurs.

Finis les après-midi de voyeurisme. Ayant déjà appris par le passé, j'ai décidé de laisser mes extravagances de côté et de faire comme les autres, finir cet été de façon normale, à me reposer et ainsi être prêt pour une nouvelle aventure, une nouvelle vie dans un nouveau collège…

Septembre 1974, treize ans…

Ce collège se situait sur la rue St-Hubert entre le métro Sauvé et Crémazie. Il était plus moderne, de seulement deux étages et bâti plutôt sur la longueur. Ce n'était pas des frères qui s'occupaient de nous, mais des éducateurs issus d'une génération plus jeune, fraîchement débarqués des universités.

À l'arrivée, j'ai été très bien accueilli et, dès le lendemain, ce fut ma première journée d'école. Pour y parvenir, je devais prendre l'autobus en face du collège qui nous conduisait directement à cette école qui était en face du fameux terminus d'autobus de Laval mais cette fois-ci, j'avais rapidement retenu le chemin et je commençais à mieux connaître les emplacements clés du quartier. Pour cette première journée, j'avais un bel habit tout neuf et j'étais très heureux qu'une nouvelle aventure commence. Jeune, on s'habitue assez rapidement aux changements. La vie n'est-elle pas qu'une longue aventure, c'est ce qui la rend sûrement si trépidante, non!

Au collège, la vie était moins monastique, on pouvait regarder la télévision au module, ce qui n'existait guère à l'Orphelinat. Les échanges avec les éducateurs étaient différents et plus « cool », peut-être parce que, pour beaucoup d'entre eux, cette profession avait été choisie par goût plutôt que par prestige social comme les religieux.

Comme horaire, ça ressemblait à celui de l'Orphelinat. Le jour, on allait à l'école, plusieurs allaient au primaire et d'autres au secondaire, moi j'étais maintenant en sixième année.

À l'école, comme dans les années précédentes, au tout début de l'année, j'étais l'enfant modèle, l'exemple de tous, celui que tout le monde aurait voulu avoir comme garçon, un vrai bibelot. Mais, avec le temps, le petit diable ayant sommeillé trop longtemps en moi, s'éveillait tout doucement mais sûrement, refusant de toujours la discipline comme si, plus j'étais libre, plus j'avais tendance à courir partout. Faut dire qu'à l'Orphelinat, j'avais été quand même assez tranquille, peut-être à cause que la vie y était beaucoup plus cloisonnée.

Doucement, très doucement, d'un temps à peine mesuré, petit caractère inoffensif sortait ses griffes et la première victime fut ce cher monsieur le directeur.

Au cours de biologie, le professeur tentait de nous donner la meilleure perception possible de l'évolution de l'homme à travers les âges. Pour moi, l'ultime exemple était précieusement logé au premier étage, dans un bureau où, au-dessus de la porte il y avait comme inscription sur l'écriteau : « DIRECTEUR GÉNÉRAL ».

Lorsque l'on dit que l'homme descend du singe, le directeur en était une bonne preuve vivante. Âgé d'une bonne cinquantaine d'années, le dos plus ou moins courbé, de ses grosses mains poilues et de sa gueule de primate sérieux, il devenait pour moi l'illustre exemple.

S'appelant Zacour, en très peu de temps après mon arrivée, je l'avais surnommé « zazou », prénom illustrant mieux ce personnage à qui j'allais très bientôt changer ses rêves en cauchemars.

Faut dire que je ne faisais pas les choses à moitié. Quelquefois, j'allais dans l'escalier qui se situait au bout des longs corridors, les portes de ceux-ci étant ouvertes, je criais « zazou, zazou » dans l'escalier et l'écho amenait les sons un peu partout dans l'école et même jusqu'au niveau de l'administration où se situait son bureau. D'une oreille très fine, il partait automatiquement à la recherche de l'intrus qui le ridiculisait auprès de tous, peut-être même de son propre personnel. Avec le temps, il savait reconnaître ma tendre voix. Pour rendre le plaisir plus subtil, j'allais tout près de l'entrée de l'administration pour crier son nom et je me cachais par la suite. Une vraie partie de cache-cache se mettait en branle et pour l'énième fois, je me retrouvais à son bureau, regardant les murs, la couleur de ses rideaux, la visibilité de sa fenêtre; quelquefois, je gouttais au confort de ses chaises bien rembourrées durant ses longs sermons, menaces, etc.

Il ne savait plus trop quoi faire de ma personne après m'avoir déjà vaguement parlé des maisons de corrections, de la police, des prisons et de la chaise électrique. Bref, si je continuais ainsi, toute une vie m'attendait, selon ses dires. Mais, moi, je ne pensais pas au futur, je vivais du mieux possible l'instant présent, je vivais pleinement chaque minute de mon existence et quelquefois, je faisais vivre aussi celle des autres.

Le seul qui pouvait me ramener à l'ordre était mon professeur de biologie. Un chic type dans la trentaine, célibataire et très beau, vivant selon certains dans un petit hôtel à la campagne. Il représentait pour moi le père que j'aurais aimé avoir. Il était vraiment dans sa vocation. Moi, j'aimais bien ses cours de biologie.

Lors de la dissection des grenouilles, étant très sensible, je n'avais pas été capable de demeurer dans la classe. Pleurant à chaudes larmes comme un bébé, devant la mort imminente des grenouilles qui s'amusaient comme de braves petits enfants dans l'aquarium. Pour moi, ce n'était plus ou moins qu'un crime. Qui avait le droit de mettre ainsi fin à une vie? De cette mémorable journée, j'aurais pu devenir l'un des meilleurs militants de « Greenpeace ».

L'exercice n'était pas juste de disséquer les grenouilles   ; d'abord, il fallait les endormir avec une ouate que l'on imbibait d'un produit sentant très fort et une fois le méfait accompli, le massacre commençait : fallait écarquiller les membres pour que la grenouille reste bien en place et ensuite, commençait la fameuse opération.

J'avais déjà vu certains films dans le genre de « Dracula », mais cette fois-ci, je ne voulais pas devenir complice d'une série de meurtres à la chaîne pour le seul bien-fondé de la connaissance, la compréhension et peut-être, de la science. Je savais jadis que Jésus était passé par-là, c'était écrit dans les livres. Lui, peut-être, je ne l'avais jamais rencontré en personne mais les grenouilles encore vivantes sous mon regard…, non jamais.

À part quelques petits incidents mineurs, j'adorais les cours de biologie. L'homme s'impose beaucoup de travail mais lorsque celui-ci devient une passion et, dans mon cas, je devenais vraiment un étudiant assidu, sérieux et très attentif.

Pour d'autres cours, j'avais quelquefois énormément de difficulté à embarquer, comme ceux des mathématiques modernes. L'institutrice pouvait passer l'après-midi à m'expliquer que A + B = C parce que C était égal à B + A, ça ne fonctionnait pas dans mon cerveau, c'était trop simple et si… Donc, devant cette incompréhension incompréhensible, je sortais mon tire-pois et je m'amusais allègrement.

J'avais pris soin d'acheter le tire-pois le plus performant avec un gros sac de pois, en guise d'économie rationnelle. J'avais une bonne capacité de calcul. À long terme, fallait économiser et, en même temps, le plaisir devait être rentable par rapport à l'investissement initial. Si j'avais été premier ministre en ce temps-là, le déficit n'aurait jamais existé, sauf que, lorsque je me faisais pincer et que mon artillerie complète se retrouvait dans le bureau du directeur, je subissais de grosses pertes, mais la sensation du risque a-t-elle vraiment un prix?

À une certaine époque, aucun professeur ne voulait de ma présence dans sa classe et ainsi je me suis retrouvé devant un pupitre dans le corridor en face de la porte du bureau du directeur et, de cette façon, j'étudiais assidûment sous son œil attentif. C'était très sérieux car le directeur voulait quand même que je réussisse mon année et il avait pris le moyen ultime. Durant ce temps, les professeurs m'amenaient des livres et je suivais à distance les mêmes travaux que les autres étudiants dans les classes. Petit point à souligner, toutes les corrections étaient effectuées par nul autre que le directeur. Il y a des temps où la vie peut devenir très difficile et exigeante. Merci quand même monsieur le directeur qui m'avez tenu tête jusqu'à la fin; on rencontre toujours son homme quelque part.

Au collège, j'étais plus tranquille, plus calme, surtout après mes journées passées au cirque, pardon à l'école. Fallait bien que je me repose quelque part. L'horaire au collège était assez semblable à celui de l'Orphelinat. Au petit matin, dès le réveil, je m'habillais après avoir fait ma petite toilette et ensuite, je me rendais à la cafétéria pour le déjeuner. De retour à mon module respectif, je me préparais pour l'école. Je revenais au collège pour le dîner et, après les cours de l'après-midi, soit vers 15 h 30, nous étions libres jusqu'au souper et, par après, il y avait la période des devoirs pour tout le monde. Une activité sportive obligatoire suivait, question de nous faire dépenser notre trop — plein d'énergie. Pour le reste de la soirée, des activités étaient offertes selon l'éducateur présent, car chaque activité était plus ou moins le passe-temps de l'éducateur en question. L'un jouait de la guitare et son activité était précisément des cours de musique. Un autre, beaucoup plus sportif, genre joueur de football, s'occupait des activités sportives à l'extérieur. Une éducatrice s'occupait des activités d'artisanat.   Un autre éducateur plus cérébral nous aidait dans nos travaux d'école et dans   nos   projets personnels. C'était très bien ainsi puisque chacun me faisait découvrir, à sa manière, diverses facettes de la vie, de nouveaux passe-temps éducatifs.

Le curé du collège avait les mêmes qualités que celui de l'Orphelinat. À croire qu'ils étaient tous issus du même moule, de la même école de pensée. Quelquefois, j'allais le voir à son bureau lorsque mes questions devenaient sans réponses. Il était l'ombudsman du collège, complètement neutre, il pouvait vraiment nous aider auprès de l'administration souvent intransigeante, des injustices que l'on pouvait subir. Car parfois, nos vies n'étaient pas des plus faciles. Notre état civil connu de tous, quelquefois à l'école, certains ne se gênaient pas pour nous traiter de bâtards et ce, devant tout le monde. Vous connaissez certainement la franchise très blessante des enfants. Alors, pour sauver notre honneur, fallait se battre et régler la question sur — le-champ. Nous n'étions pas plus mauvais que les autres enfants mais nous n'avions pas eu la même vie qu'eux.

Par chance, les éducateurs le savaient aussi et savaient comment rehausser nos valeurs, nos qualités propres à chacun et nous faire découvrir des passions enfouies dans chacun de nous. Fallait bien remplacer cette maudite famille qui n'existait guère. Les éducateurs devenaient notre seule référence et ils étaient toujours là au bon moment, prêts à nous supporter dans nos épreuves, nos peines et nos angoisses.

Durant les fins de semaine, l'horaire était moins chargé et les activités offertes étaient plus de défi comme une chasse au trésor qui durait toute la journée. Un championnat de ping-pong dans l'ensemble du collège qui durait toute la fin de semaine. Il faut dire que, la   fin de semaine,   quelques-uns partaient dans des familles d'accueil, il fallait occuper ceux qui restaient. Le dimanche soir, il y avait toujours l'activité de la piscine au collège, juste à côté de notre institution.

Il ne me reste aucun souvenir de la période des fêtes mais j'ai dû la passer au collège. Bref, la vie coulait tout doucement et finalement, j'ai réussi à passer mon année scolaire avec l'aide du directeur de l'école et des éducateurs du collège. Vers la fin de l'hiver, je m'étais calmé un peu comme si, avec le temps, les petites habitudes finissent par nous organiser. Vers la toute fin de cette année scolaire, le directeur m'avait convoqué à son bureau pour m'expliquer l'urgence d'écouter, d'être plus sage sinon, c'est vraiment les maisons de correction qui allaient m'attendre pour la fin de mon adolescence. En même temps, il m'a prévenu que malheureusement pour moi, il allait lui aussi être transféré à la même école secondaire que moi à la prochaine année. Que, là — bas, je n'avais qu'à bien me tenir, que l'école était beaucoup plus grosse que celle-ci et qu'il ne me laisserait aucune chance…

Au dernier cours de biologie, m'apercevant que c'était vraiment la toute fin, je me suis mis à pleurer comme un bébé, le professeur savait que je l'aimais bien mais cette fois-ci, lui aussi ne savait trouver les mots pour me réconforter. Il était le seul dans l'école qui pouvait me comprendre, un peu plus que les autres. C'est ça la vie, tu t'attaches mais personne ne te dit qu'il va y avoir une fin et elle arrive, tôt ou tard, je m'y suis quand même résigné…

1975

Histoire et société

— *Victoire des communistes au Viêt-Nam.*

— *L'ONU proclame 1975, Année de la femme.*

— *La guerre civile éclate au Liban.*

Culture et médias

— *Micro-ordinateur Apple 1.*

— *Le premier jeu vidéo est créé au Japon.*

— Vol au-dessus d'un nid de coucou fracasse la pratique psychiatrique américaine établie depuis trop longtemps.

Juin 1975, quatorze ans…

Dès la fin de l'école, au tout début des vacances, je fus transféré en dépannage dans un centre de transition. Le collège avait sa propre colonie de vacances, mais les places étaient plutôt limitées et j'ai dû quitter le collège pour la période estivale.

Là-bas, c'était un ancien centre où logeaient les communautés religieuses. Soit une grosse bâtisse de pierre très ancienne, la cour arrière était entourée d'un mur fait de pierres et de grillage en fer forgé. À l'intérieur, les plafonds étaient d'une hauteur démesurée, la structure était très ancienne, j'aimais bien puisque, généralement, ces lieux d'une solidité à toute épreuve sont plutôt rassurants, apaisants, dignes d'un passé où le temps semblait avoir disparu à tout jamais dans un autre monde.

Le présent s'était suspendu dans un rêve, un vrai rêve, comme dans les films fantastiques où tu te retrouves par magie, par hasard dans un ancien château situé dans l'éternité. Comme à l'Orphelinat, jadis, j'étais redevenu très calme, une petite vie de moine s'installait graduellement. Je passais mes grandes journées à jouer dans la cour arrière, soit au tennis, au soccer, au ballon panier.

À l'arrière de la cour, il y avait un précipice et, en bas, passaient les nombreux trains du C.N. qui se rendaient à la gare centrale située au centre-ville de Montréal. Au loin, je pouvais voir la folie rapide du centre-ville et moi, comme un sage, je savais déjà que ce temps ne durerait pas éternellement, qu'un jour, je serais obligé de traverser de l'autre côté du mur pour aller dans cette jungle de folie.

Restera toujours gravée dans ma mémoire cette sensation ouatée, comme un brouillard omniprésent où, à chaque matin, l'innocence me réveillait dans mon conte de fée, je regardais par la grande fenêtre les chauds rayons de soleil qui éclairaient et réchauffaient encore et encore l'une de ces journées magiques.

Les éducateurs organisaient régulièrement des sorties dans le centre-ville, au planétarium, au cinéma, dans des parcs où l'on jouait, c'était bien.

Quelque temps après mon arrivée, un garçon ayant terminé son paquet de tabac, me demanda si je voulais en demander un au moniteur en lui signifiant que, moi aussi, je fumais. Le moniteur me lança un paquet de tabac et du papier pour que je puisse fumer. Ayant fait moi-même la demande, je dis à l'autre gars que, moi aussi, j'aimerais bien essayer d'en fumer une. Quelques minutes plus tard, assis sur une chaise, je me sentais vraiment étourdi et, de cette sensation nouvelle, je commençai dès lors à fumer de façon régulière. Aujourd'hui, en écrivant ces lignes, malheureusement, je fume encore…

Petite réflexion :

Au Canada, la Loi stipule qu'il est interdit de donner ou de vendre des produits issus du tabac à un jeune de moins de seize ans. Aujourd'hui, en 1999, la Loi est encore plus sévère et stipule cette même interdiction jusqu'à l'âge de dix-huit ans.

Au centre de transition, les éducateurs, ayant des diplômes universitaires ou collégiaux ont pour mandat de remplacer nos parents. De faire la continuité de notre éducation et ils sont rémunérés pour le faire.

Qu'ont-ils fait devant ma demande de tabac ? N'ont-ils pas vu qu'à mon arrivée et jusqu'à cette demande, que je n'avais jamais fumé de cigarettes?…. Aucun ne s'est donné la peine de me parler au sujet des dangers du tabac et surtout de sa dépendance, aucun. C'était peut-être plus facile de me lancer simplement un paquet de tabac. Si chaque professionnel pouvait comprendre une fois pour toutes, qu'une simple et toute petite intervention de leur part puisse faire toute la différence et même la différence sur une vie entière…, peut être qu'aujourd'hui, en 1999, ça irait beaucoup mieux…

Mes chèr(e) s « professionnel (le) s » de tous les domaines que vous puissiez être, n'oubliez jamais que : « derrière chaque décision, il y aura toujours deux êtres humains ». Ne l'oubliez jamais, s.v.p.

Vers la toute fin de l'été, ils ont organisé une excursion. Je suis parti avec d'autres, dans une petite camionnette et ainsi, nous allions faire le tour de l'Île d'Orléans à bicyclette. Nous sommes partis pour quelques jours accompagnés de deux éducateurs.

L'Île d'Orléans, l'île aux trésors ; quelle différence, l'aventure était encore au rendez-vous. À bicyclette, comme jadis en bateau, nous avons visité l'Île de fond en comble ; les fermes, les endroits de villégiature, il y avait beaucoup d'anciennes bâtisses.

Décidément, j'étais encore dans mon élément, dans ma passion, dans un autre rêve. Ce fut un beau voyage, non je n'oublierai jamais et j'y retournerai dans cette île, je vous jure que j'y retournerai…

Celui qui avait inventé l'école avait du même coup fait mourir les rêves, la douce quiétude, on chassait les fées à coups de crayons et de livres. Si la réalité était plus douce, plus roucoulante, j'aurais été d'accord. Mais dans une classe froide, vide, sans couleurs où les bancs durs de bois, même pas rembourrés, nous accueillent comme des morceaux de glace à faire fondre d'ennui.

Les grandes personnes ont le tour de nous ramener dans « leurs réalités »...

Septembre 1975, quatorze ans…

C'est ainsi que j'ai repris le chemin des classes, dans une école secondaire de cinq étages sur la rue Sauvé près de St — Laurent. L'ancien directeur, « zazou », était responsable du secondaire III à V. Ma directrice était une ancienne grosse sœur convertie en civil, la belle affaire. Comme si changer de déguisement change une personne…, certes non. Elle était gentille, souriante, dévouée pourvu que nous restions sages comme des images.

En très peu de temps, elle a appris à me connaître et j'avais appris par la même occasion à découvrir son bureau, son immense bureau. Dès le début des classes, m'étant très bien reposé durant les vacances, toute mon énergie n'était concentrée que dans un seul but…, faire tout ce qui était interdit de faire. J'étais plus libre puisque nous avions notre propre horaire et nous circulions d'une classe à l'autre, donc beaucoup moins surveillés. Dans une grande école existent des milliers de recoins pour faire nos mauvais coups…

Il était interdit de prendre l'ascenseur, il était réservé au personnel et à tous ceux qui connaissaient le truc de la faire fonctionner sans la clé ; donc, je ne prenais jamais l'escalier. Lorsque l'ascenseur s'arrêtait à un étage où un membre du personnel l'attendait, nous continuions tout bonnement notre chemin en bloquant la porte. Que de plaisir à entendre les divers commentaires émis par les membres du personnel si hautement qualifié!

Au cour d'art plastique, l'institutrice rêvait de figer mon vilain caractère à l'aide d'une colle magique. Elle était constamment sur mon dos, sur mes talons, plus difficile avec moi que les autres, comme pour m'user avec le temps. Sachant déjà que le Père Noël ne passerait jamais dans l'école, durant une belle journée ensoleillée d'automne, quand les rayons de soleil réchauffent pour la toute dernière fois tendrement les objets, j'entrepris dans la matinée de m'approprier d'un gallon de colle contact qui, à l'abri des regards, bien caché, attendait d'être utilisé de façon plus constructive que d'être déposé maladroitement sur ces quelques feuilles subtiles qui aillent, après une sommaire évaluation visuelle pour fins de note et de rendement, à la poubelle.

Ne m'étant pas présenté au cours de l'après-midi, alors que les studieux élèves accompagnés de leurs braves professeurs changeaient le monde pour les quelques minutes de leurs cours, moi je déversais soigneusement, délicatement cette fameuse colle contact sur le pare-brise de l'automobile de l'institutrice d'arts plastiques. Ayant toujours fait confiance à la nature et à ses bienfaits, j'étais sûr que le soleil radieux finirait mon œuvre, la compléterait. En effet, durant cette même semaine, l'institutrice, après avoir remplacé son pare-brise, était d'une gentillesse toute maternelle avec moi. Dans un laps de temps à peine écoulé, mes notes avaient fait un bond extraordinaire, mes dessins, selon elle, représentaient un génie jusqu'alors ignoré de tous. Léonard de Vinci pouvait quasiment se r'habiller, j'avais la liberté de laisser libre cours à mon imagination et mes travaux étaient toujours bien appréciés. C'est fou comme l'évaluation faite par une personne peut changer au fil des événements.

Une journée, le professeur de mathématiques tomba très malade et dut s'absenter pour le reste de l'année scolaire. Durant quelques jours, nous avions été relevés du cours, et peu après, un nouveau professeur fit son apparition… J'entre tout bonnement dans la classe, la tête remplie de projets, semi — lunatique comme à l'habitude, rêvant à je ne sais quoi, lorsque je pris conscience que celui qui était devant la classe n'était nul autre que mon ancien professeur de biologie; on m'aurait donné un million et j'aurais été moins heureux. Je flottais, j'étais heureux, j'avais de la difficulté à demeurer en place et après ce premier cours, le professeur est venu me voir pour me demander de faire semblant que je ne le connaissais pas pour ne pas créer d'injustice envers les autres, pour ne pas que je passe pour son

« chouchou ». Je crois que c'est l'un des rares cours que j'aimais bien. Pour les quelques fois dans ma vie, j'étudiais très soigneusement les mathématiques et, par la même occasion, les notes étaient très bonnes. Je l'aimais tellement que, même s'il avait donné des cours d'arabe ou de chinois, j'aurais fini par réussir.

Il n'y avait pas que ce cours-là ; il y en avait d'autres plus farfelus comme celui de la catéchèse : on expliquait la vie de JÉSUS et de son PÈRE, tout ce qu'il avait subi, comme pour essayer de nous le faire revivre. Non merci, moi j'avais déjà eu ma dose d'émotions étant plus jeune et je n'avais surtout pas besoin davantage d'exemples. Dans mon agitation, la vie était déjà assez difficile comme ça.

Dans mon cours d'anglais, le professeur nous faisait apprendre par cœur les paroles de la chanson IMAGINE de JOHN LENNON. C'était bien, un monde meilleur, je crois qu'il affectionnait cette chanson depuis trop longtemps parce que, lorsqu'il remettait le disque pour l'énième fois, c'était juste si on n'entendait pas chuchoter « l'air » du côté B, à l'envers du disque. Après trois mois, on savait du bout de nos doigts les accords de la chanson à force de la chanter. C'était peut-être ça la nouvelle pédagogie…, de répétition. Faut dire que j'aimais mieux chanter qu'écrire et que, dans la classe, « ma petite voix d'orphelin à la voix d'or » ne se faisait pas trop entendre parmi le groupe…

D'une certaine journée, en début d'après-midi, je ne sais pour quelle raison, la directrice m'avait retenu à son bureau pour quelques minutes et, par après, entrant dans la classe d'un pas allègre, le professeur me demanda la raison de mon retard et je lui annonçai que c'était la grosse sœur qui m'avait retenu à son bureau et ce, assez fort pour que tout le monde m'entende bien.

Le professeur, ne pouvant plus se contrôler devant ma franchise d'adolescent mal lèché, empoigna de ses deux mains mon chandail pour m'entraîner dans le corridor pour ensuite m'accoler (terme plus professionnel que « garrocher ») au mur en m'avertissant de ne plus jamais redire ces paroles. Heureusement, au même moment, le curé du collège, posté dans le fond du corridor entrait tout bonnement dans le bureau de la sœur directrice. Malgré ma conduite, son réflexe n'était plus ou moins qu'une agression physique à ma personne. Il avait perdu le contrôle de lui-même et, voyant que le curé avait vu toute la scène, devant le ridicule de celle-ci, il lâcha prise. Moi, je n'ai eu que le réflexe de courir vers le bureau de la sœur directrice et au même instant, le curé conclut à la sœur directrice que si les professeurs nous malmenaient ainsi, c'était tout à fait normal que nous réagissions et ce, à notre manière. La sœur directrice était dans l'embarras et promit de s'en occuper mais que le collège devrait néanmoins être plus sévère envers nous.
Que de bavardages inutiles et beaucoup de mots pour meubler le temps, quelques syllabes pour arrondir les secondes, faut quand même se trouver une passion diront les quelques sages…
Mais j'ai eu quand même droit à un congé pour le reste de l'après-midi, le temps de remettre de l'ordre à mes vêtements et

dans mes idées, je m'étais fait un peu brasser la cage…

Au collège, le directeur du module me fit venir à son bureau, histoire de m'expliquer que l'école c'était sérieux…, et que, si je continuais à agir ainsi, il m'enlèverait certains privilèges, ne voulant surtout pas attendre que l'école me mette dehors, bref, quelques menaces que j'avais déjà entendues quelque part. Me faire venir à son bureau pour me dire de telles choses ou bien parler tout seul dans son bureau revenait au même. Moi, je le regardais parce qu'il n'y avait pas de fenêtres, ni de rideaux. Il aurait enregistré son discours sur un magnétophone et j'aurais aussi bien pu l'écouter dans l'autobus, ça aurait fait pareil.
« Lorsque le vent se lève, l'air passe toujours… »
Mais, ça devenait de plus en plus sérieux car un certain mardi soir, à la réunion des parents de l'école, ceux-ci ont demandé que les garçons du collège aillent ailleurs. On ne voulait plus de nous. Nous n'étions que de mauvais exemples. Dès le lendemain, au début de la matinée, ayant eu vent de l'affaire, les garçons du collège ne voulant pas s'en laisser imposer, un certain soulèvement commençait et les directeurs des modules du collège durent se présenter pour expliquer les correctifs qu'ils allaient mettre en œuvre sinon, l'école ne voudrait plus de nous.

De cette soirée mémorable au collège, une grande réunion fut organisée avec nous tous à l'auditorium. On allait serrer les cordes aux plus récalcitrants, finis les avertissements. Le directeur général du collège était très sérieux, l'affaire était maintenant devenue trop grave. Quelques activités furent suspendues dans l'immédiat pour mieux nous convaincre. L'état-major était sur un pied de guerre, ça se voyait.
Faut dire que ça changeait de l'ordinaire ce genre de soirée, enfin de l'action partout entre les murs, ça amène un certain

« sentiment », quoi de mieux qu'une bonne guerre pour changer la routine. « Quand le toit coule et que la bonne femme gueule partout dans la maison, généralement on est bien content de sortir dehors à la pluie battante pour ainsi y faire les quelques réparations urgentes…, non! »

La pluie battante…, oui et ce, dès le lendemain à l'école. Dans la matinée, j'avais trouvé l'endroit idéal pour prononcer mon discours. Il faut dire que, quelques jours auparavant, j'avais visualisé le numéro de téléphone qui émettait les divers messages de communication partout dans l'école. À l'heure du dîner, m'étant caché dans un petit local, je pris le combiné et d'une voix tout innocente, j'ai entrepris mon plaidoyer en notre faveur, traitant d'un même coup la directrice de « grosse sœur de couvent ». Toute l'école avait entendu mon appel de détresse, d'injustice et de clémence contre l'autorité scolaire et peu après l'élocution de mon message rempli d'émotions, un gardien de sécurité m'ayant aperçu dans le corridor, m'amena illico presto, directement dans le bureau de la sœur directrice. Celle-ci me signifia sèchement que ma conduite allait à l'encontre du bon fonctionnement de l'école et m'informa par la même occasion que mon directeur de module était en route pour venir me chercher. J'étais suspendu de l'école pour quelques jours.

J'attendais nerveusement l'arrivée de mon directeur de module et en même temps, je prenais peu à peu conscience de mon geste, de mon comportement et surtout du message de la veille dans l'auditorium du collège. Soudainement, j'avais très chaud, je savais que j'étais fait, mais qu'est-ce qui pouvait bien m'attendre? Je savais aussi que j'allais être cité en exemple, soit la première tête à tomber dans le collège.
Après de longues minutes d'attente, d'où tu as le temps pour la première fois de ta vie de te demander si tu as une carie pour

aller enfin chez le dentiste, si   ton linge te fait encore ou si l'ameublement du bureau cadre bien avec la personne qui y loge. Au pire aller, tu te demandes tout simplement ce que tu fais là, pourquoi tu n'es pas ailleurs, tu remets en question ton existence, ta vie et tu appréhendes la mort, la pendaison, la chaise électrique… Bref, j'en menais vraiment pas large. Regardant à l'extérieur, pour voir si les oiseaux volaient encore, tout semblait normal mais, encore une fois, je me demandais pourquoi ? Pourquoi moi? Maudit destin.

Enfin, le directeur du module arriva, c'était quasiment une bénédiction, l'attente était devenue insoutenable. La directrice lui expliqua ce que j'avais fait et du même coup lui annonça ma suspension de l'école pour quelques jours.

Arrivé au collège, dans le bureau du directeur du module, y faisait pas chaud. Hors de lui, le directeur gesticulait comme un perroquet. Dans ses diverses mimiques, il en perdait des plumes. Ressemblant plus à un lion en cage, je priais le bon Dieu pour qu'il se calme un peu. Frappant à grands coups de poing sur son bureau, je suppliais tous les saints pour qu'il reste derrière son bureau qui semblait diminuer à mesure que le temps passait.

Finalement, après avoir fait sa crise de grande personne sérieuse, il m'annonça d'une voix remplie d'émotions, la larme presque à l'œil, qu'il n'avait pas le choix, que c'était plus dans mon intérêt de faire ce qu'il aurait dû faire depuis un certain temps, soit de me donner une bonne fessée sur les fesses. J'me disais que dans le fond qu'il avait bien raison, croyant que ce n'était que quelques mots de plus. Mais, se levant de sa chaise, il m'empoigna, baissa mon pantalon pour me donner la fessée. Une vraie, dans la plus pure tradition, celle qui marque. Avec la douleur, je n'avais pas le choix d'y croire. Il était bâti le directeur, je vous jure. Après cette mémorable fessée, en me lâchant, il me dit de quitter son bureau sur-le-champ en espérant que ça m'avait fait du bien.

Arrivé au salon en pleurant, en gueulant, les éducateurs sachant que j'allais littéralement « sauter » d'une seconde à l'autre, s'empressaient de m'entourer…, mais j'avais été assez vite pour prendre une chaise, la lancer, pour ensuite sortir du module en courant. L'éducateur qui courrait après moi était celui qui donnait des cours de guitare et il était vraiment très correct. Arrivé au sous-sol, il cria que lui ne courrerait pas éternelle — ment après moi. Prenant conscience du ridicule de la si — tuation, j'arrêtai malgré moi pour aller le rejoindre. Cette fois-ci, je savais que j'avais eu tort sur toute la ligne et que la course ne pouvait durer ainsi.

Durant les quelques jours de mon congé forcé, je m'étais calmé, comme si les émotions du passé me faisaient prendre conscience des bévues que j'avais faites et peut-être que, quelque part, j'avais été trop loin, beaucoup trop loin…

De retour à l'école la semaine suivante, j'étais devenu plus studieux. Laissant les causes sans espoir de côté, je faisais ma petite affaire et, lentement, la routine finit par avoir raison de mon impulsivité.

De cette routine, j'ai fini par m'apercevoir qu'une fille me regardait beaucoup plus que les autres mais, malheureusement, un autre garçon la regardait aussi.

Pour trancher l'affaire, elle nous annonça qu'elle allait sortir avec celui qui l'embrasserait le mieux. Ce n'était qu'une raison pour éloigner l'autre qui voulait la conquérir puisque je n'étais qu'à mes nouvelles armes. Comment voulez-vous passer pour un vieux routier avec des pneus neufs? Elle annonça à l'autre garçon que c'était moi le nouvel élu, j'avais maintenant une belle blonde.

Finis les mauvais coups, les engueulades, les défis avec les autres. Maintenant, ce que j'avais le plus à l'esprit était d'économiser assez de temps pour être avec ma bien-aimée.

Elle était jolie, effrontée et fonceuse. Connaissant mieux la vie de couple que moi, qui était plus un jeune loup éloigné de la meute depuis assez longtemps, genre solitaire, j'aimais bien ce changement de vie.

Beaucoup plus calme, romantique, moins nerveux, je me laissais guider à travers le temps qui était devenu soudainement plus clair, sans nuages, sans orages ni ouragans. Finalement, peut-être que le bon Dieu avait créé la femme pour calmer l'homme, peut-être…

Un après-midi où l'on avait congé à cause de la grève des professeurs, au lieu d'entrer au collège comme mes camarades, j'opté plutôt pour passer ce bel après-midi ensoleillé d'automne avec ma tendre moitié. Se promenant main dans la main, nous ne vivions que pour nous deux. Très difficile d'expliquer cette sensation de bien-être. De ce que je me rappelle, c'était beaucoup plus intense que de promener son chien même s'il fait partie de la famille depuis longtemps. C'était différent.

Pour prouver son amour envers moi, elle se faufilait dans l'autobus sans payer et me remettait ainsi son billet. Dans l'école, c'était toujours elle qui m'attendait après les cours. Une vraie garce ; effrontée, fonceuse, qui aimait le risque et qui m'aimait. Elle savait prendre l'initiative… À mon image quoi! Il est très rare que l'on rencontre une personne qui nous ressemble beaucoup.

De retour au collège vers seize heures, c'était encore le directeur du module qui m'attendait à son bureau. Mais, cette fois-ci, après mes explications, il fut beaucoup moins sévère à mon endroit. Peut-être parce qu'il ne pouvait faire grand-chose devant l'amour et que lui aussi à une certaine époque...

Pour la période des Fêtes, on m'annonça que j'allais demeurer chez une dame qui habitait en banlieue, au sud de Montréal. Bon, pourquoi pas, ça allait faire changement, non...

Le voyage était quand même assez long. Je prenais l'autobus jusqu'au métro Jarry pour ensuite me rendre au métro Longueuil d'où l'autobus de la rive-sud partait, ça prenait environ deux heures trente. J'y ai passé une fin de semaine d'essai avant d'y retourner pour la période des Fêtes.

Cette dame dans le début de la quarantaine habitait seule dans un très grand logement et elle avait comme métier : cartomancienne, voyeuse, boule de cristal, tireuse au tarot, etc. Un petit salon près de l'entrée servait de bureau pour recevoir sa clientèle. Semi-rêveur et lunatique comme toujours, j'aimais bien le décor et l'atmosphère de cet endroit qui évoquait beaucoup le Moyen Âge des sorcières. Le tout était très feutré et rempli d'objets bizarres.

Moi, je passais la journée à jouer avec les voisins dans la cour et à écouter de la musique munie des écouteurs dans le salon. J'étais très bien, je me sentais un peu comme Ali-Baba dans sa caverne. Je crois que cet endroit me faisait beaucoup de bien, me calmait davantage.

Après la période des Fêtes, j'y allais à toutes les fins de semaine. Je me sentais un peu comme le gars qui de temps en temps va rejoindre sa maîtresse qui prend grand soin de lui, le temps qu'il récupère car, elle me faisait de copieux repas, une belle chambre m'attendait pour mes nuits de sommeil et elle me laissait vivre, rêver. Étant d'une gentillesse remarquable, elle n'avait jamais rien à me reprocher.

« On gueule après sa femme et l'on donne des fleurs à sa maîtresse ». Moi, j'étais encore assez tannant au collège et à l'école mais je devenais une image la fin de semaine venue. Faut bien que le guerrier se repose quelque part.

À l'école, j'étais plus tranquille parce que j'avais une blonde et que, maintenant, je faisais mes coups à l'extérieur. C'était moins risqué, dès lors je fis connaissance de « l'école buissonnière ». Soit celle de ne pas se présenter aux cours, mais plutôt d'aller où bon me semble. Derrière la cour d'école, il y avait un chemin de fer et plus loin, un cimetière d'autobus.

Quoi de plus défoulant que de prendre un bâton pour briser ce qui reste d'intact des vieux autobus. Les vitres, les sièges, bref, comme dans les bons films où le gars explose et brise tout. Bien meilleure thérapie que celle de se coucher chez le psychologue et d'émettre en consonnes et en voyelles, de ce que l'on rêve de faire, la thérapie par l'acte et l'action, y a rien de meilleur, je vous jure.

Et ce train qui passait allègrement chaque jour pour la même destination, toujours par le même parcours. L'un de mes amis et moi avons eu l'idée de peut-être changer la monotonie et la destination du train. Près du viaduc, il y avait une grosse manette avec un petit cadenas rouillé. En peu de gestes, le cadenas vola en éclats et nous changions l'aiguilleur vers une sortie qui se dirigeait dans le cimetière d'autobus. Bien cachés dans les buissons, devant toute logique du chemin de fer, un train finit toujours par arriver, mais, voyant la vitesse qu'il filait, mathématiquement parlant, on se demandait s'il aurait le temps de s'arrêter avant d'arriver à la clôture. Pas le temps de voir puisque nous avions pris nos jambes à notre cou pour s'enfuir et ce n'est qu'au loin et tant mieux, qu'on a vu qu'il avait eu le temps de s'arrêter. Cette fois-ci, on avait eu très peur, c'est peut-être ça l'école de la vie, tu apprends beaucoup plus vite les mathématiques que dans une classe.

Toujours à propos des mathématiques, quel poids tend un corps dans l'accélération glissante des rues hivernales (Einstein) ? Faut dire que, dans l'esprit d'une économie substantielle de l'aide gouvernementale, au lieu de monter dans l'autobus, nous nous accrochions sur le pare-chocs de l'autobus pour nous rendre à l'école. Pas fous les chauffeurs d'autobus. Lorsque arrivé à l'arrêt, qu'une trentaine d'adolescents attendent l'autobus, qu'un seul y monte et que le reste disparaît soudainement et, qu'en plus l'autobus à moitié vide éprouve de la difficulté à avancer, c'était comme si (4 — 5 = -1), alors le chauffeur d'autobus descendait en…

Après un certain temps, seuls les plus braves prenaient ce mode de transport et ça rapportait puisque ma petite amie aussi ne payait pas trop souvent et à l'école, il existait un véritable marché noir pour la vente à rabais des billets d'autobus. Faut vivre et lorsque les temps sont durs, tous les coups sont permis.

Au collège, la vie avançait tout doucement, je faisais plus attention. On me connaissait mieux maintenant et, moi, je m'étais habitué à la routine, la fin de l'hiver s'annonçait lentement.

Tous les dimanches soir, on allait à la piscine. C'était l'activité qui clôturait la fin de semaine. À une certaine période, j'étais plus souvent dans les douches que dans la piscine. Faut dire que la grosseur des pénis des hommes qui se tenaient dans les douches m'impressionnait beaucoup, un peu comme une jeune fille qui regarderait les gros seins des dames, elle qui n'en a pas encore. Les hommes qui demeuraient sous les douches étaient continuellement en érection et ils s'amusaient comme bon leur semblait avec leurs gros machins. Peut-être qu'ils savaient aussi que le dimanche soir, les garçons du collège allaient se baigner, peut-être…

L'un d'eux, âgé d'environ trente ans, un certain dimanche soir, m'a laissé son adresse et son numéro de téléphone au cas où, s'est-il empressé de me dire, au cas où…

Quelque temps plus tard, un certain après-midi d'école où je n'avais pas le goût de me présenter au cour, j'ai pris l'autobus pour me rendre chez lui mais il était absent. Ne voulant pas entrer au collège, je l'ai attendu jusqu'à son retour, soit vers 17 h. À son arrivée, il fut un peu surpris de ma présence et s'empressa de me faire entrer dans son appartement. Après le souper, il me dit que peut-être qu'il pourrait m'adopter pourvu qu'il se trouve une blonde, mais que pour le moment il n'en avait pas. Par la suite, il m'invita à prendre un bain en me disant que je pourrais voir son machin de beaucoup plus près qu'à la piscine. J'acceptai par curiosité…

Voulant demeurer chez lui pour toujours, il me fit comprendre que c'était impossible et que maintenant, malgré l'heure tardive, j'étais mieux d'entrer au collège avec la promesse de ne rien dire de notre rencontre. Ce que je fis!

L'hiver finissait et le temps de la Pâques était arrivé. Un dimanche après-midi, un éducateur est venu me chercher pour me dire que j'avais de la visite qui m'attendait à l'entrée principale. De la visite…, mais qui pouvait ainsi venir me voir. Arrivé dans l'entrée principale, j'aperçus la famille Bouchard, mon ancienne mère qui avait un petit bébé dans les bras. Elle me dit que, pour le bébé, elle pouvait maintenant en avoir et qu'elle en attendait même un deuxième.

La visite fut de courte durée mais je me suis toujours demandé pour quelle véritable raison ils étaient venus me voir, ça faisait quand même presque trois ans et ils étaient   depuis assez longtemps disparus de mon esprit, de ma mémoire.

Les fins de semaine, je m'entendais très bien avec les voisins de la dame qui me gardait. Je jouais toujours avec leur garçon qui était juste un peu plus jeune que moi et cette famille m'aimait beaucoup. Aux vacances de Pâques, le père de famille m'annonça que, si j'étais d'accord, il commencerait les démarches pour qu'il puisse me garder, que j'aille habiter avec eux. Ça ferait un grand frère à Jules et du même coup, je n'aurais plus besoin de rester au collège, j'allais à nouveau habiter dans une vraie famille. Je leur ai dit que, pour moi, j'étais bien d'accord, que ce serait peut-être mieux ainsi.

Après un certain temps, j'allais toujours les week-ends chez la dame. Elle m'annonça qu'à la fin de l'école, la famille Gagnon était pour me garder, que les services sociaux étaient d'accord. J'étais bien content et faut dire que la vie au collège, après deux ans, devenait de plus en plus monotone. Donc, l'année scolaire finit par se terminer et une autre aventure allait commencer pour le début de l'été. J'allais quitter le collège définitivement.

Comme tous les amours d'adolescents ont une fin, à l'école, je pris mon effrontée dans mes bras en lui promettant qu'un jour, nos chemins allaient sûrement se croiser, si le destin le permettait. Je l'aimais beaucoup et je savais qu'avant que je rencontre une telle fille, il en passerait de l'eau sous le moulin, on se ressemblait tellement, on était vraiment faits l'un pour l'autre, le même caractère de défi, d'aventure, une vraie marginale comme moi…, sniff.

1976

Histoire et société

— *Émeutes raciales à Soweto en Afrique du Sud.*

— *Réunification des deux Viêt-Nam.*

— *Olympiques de Montréal. Les pays africains les boycottent.*

Culture et médias

Luc Plamondon propose son opéra rock Starmania.

— *Ici au Québec, la fête Nationale du 24 juin se fêtait sur le Mont-Royal ; petite montagne située près du centre-ville. Ils ont changé de lieu avant les Olympiques de Montréal en 1976 parce que la montagne avait été littéralement saccagée par les fêtards. Saccager une belle montagne démontre l'insouciance de cette génération et dire qu'aujourd'hui celle-ci nous…*

— *L'empire des sens de N. Oshima*

Taxi driver de M. Scorsese montre la folie potentielle d'un homme encore libre dans une certaine Amérique.

Fin juin 1976, quinze ans…

Je fis une entrée plutôt discrète dans la famille Gagnon qui m'accueillit chaleureusement. Le père de famille ne travaillait plus depuis quelques années puisqu'il était cardiaque et qu'il fallait qu'il économise ses efforts. Dans cette famille, il y avait trois enfants, un jeune garçon d'environ six ans, une fille de neuf ans et Jules qui avait onze ans. Moi, j'étais le plus vieux et initialement, on m'avait pris pour que Jules ait enfin un grand frère à peu près de son âge.

Dès le début du mois de juillet, la famille déménagea sur la rue principale tout près des magasins. Dans les petites villes, il y a toujours une espèce de grande rue qui devient, pour les gens, le principal lieu de rassemblement.

Nous avions déménagé dans un bloc où il y avait quatre logements. Le propriétaire avait un gros garage dans le côté gauche de la cour qui lui servait d'entreprise. Il construisait des fosses septiques pour les chalets des environs. Étant donné que l'autre génération profitait bien du nouveau régime gouvernemental élaboré à la fin des années soixante, qui n'avait pas son chalet à la campagne en plus de sa maison ou de son appartement à la ville; bref, le propriétaire roulait sur l'or avec ses fosses septiques, peut-être qu'il faut avoir les deux pieds dans la…, pour se faire beaucoup d'argent…

Je passais mes grandes journées à jouer dans la cour avec Jules et le fils du propriétaire qui se prenait pour le nombril du monde parce que son père avait une grosse voiture et qu'il était le propriétaire de ma chambre à coucher. À part de son défaut de snobisme, il était un bon camarade.

Le soir venu, nous allions nous promener dans le parc et, fait remarquant, les grandes personnes avaient le droit d'y boire de la bière. Dès le couché du soleil, la brasserie du coin déménageait illico presto dans le parc. Il y avait plein de voitures stationnées sur le bord de la rivière, sur le gazon. Le lendemain, au petit matin, le parc ressemblait plus à un dépotoir de bouteilles vides où le gazon ne pouvait refléter que le brun des bouteilles vides.

Passant mes grandes journées à me regarder le nombril et à voir si je n'avais pas un poil de plus sur le corps, papa Gagnon, tanné de s'enfarger dans les bouteilles de bière vides lors de ses nombreuses promenades dans le parc, eut l'idée brillante que moi et Jules, nous pourrions peut-être les ramasser pour nous faire de l'argent de poche. Une réunion suivit son idée et nous tombions tous d'accord du fait que moi et Jules nous allions ramasser les bouteilles vides et papa allait s'occuper de les transporter à la brasserie locale. Pour ce qui est des profits, nous allions les diviser en trois parties égales.

Dès le lendemain soir, avec nos petits carrosses d'épicerie sur deux roues, nous ramassions des bouteilles. Une semaine plus tard, nous avions plus de bouteilles vides que l'ensemble des dépanneurs du coin et nous avions même été obligés d'aller chercher des caisses vides à la compagnie de bière. Notre entreprise allait enfin connaître le fruit de ses labeurs. Nous avions obtenu presque cent dollars pour cette première livraison, somme beaucoup plus faramineuse que nous nous en attendions. Donc, devant ce succès, papa Gagnon décida de mieux s'organiser et nous avions ramené une bonne centaine de caisses vides à la maison. Celles-ci étaient demeurées dans le « trailer » en attendant d'être remplies. Le commerce allait bon train et, au bout de deux semaines, j'ai pu acheter ma première radiocassette.

De cette même période, au cinéma du coin, il y avait pour affiche le film « Bugsi Malone » et un soir de début de semaine où c'était tranquille dans le parc, j'ai été voir le film.

Fantastique, j'en suis ressorti bouche bée, complètement abasourdi. Imaginez, un paquet d'enfants de mon âge jouant à la pègre, dans des bars clandestins où ils vendaient de la liqueur illégalement, où les règlements de compte se réglaient à l'aide de grosses mitraillettes qui lançaient des tartes à la crème fouettée, le tout virtuellement bien filmé.

C'était du sérieux et, en plus, la blonde de Bugsi Malone était d'une beauté explosive. Dès le lendemain soir, j'y suis retourné avec mon enregistreuse pour enregistrer le son du film au complet, histoire de ré écouter les répliques qui allaient plus ou moins marquer mon été.

Le rêve quoi, se promener en voiture avec des mitraillettes qui lancent des tartelettes à la crème fouettée et de belles filles assises sur la banquette arrière, quoi de mieux…

Papa Gagnon avait beaucoup d'idées de commerce et un beau matin, il est revenu de l'autre ville, qui se situait de l'autre côté de la rivière pour nous annoncer qu'il avait loué un garage abandonné et qu'il était pour commencer à faire de l'élevage de lapins et cela, en plus de notre commerce de bouteilles, je vous jure que l'horaire allait être assez chargé.

Une lapinière et pourquoi pas, moi j'aimais bien les lapins et c'est ainsi que commença mon apprentissage. Ayant déjà vécu sur une ferme, les animaux m'étaient familiers.

À tous les après-midi, nous allions à la lapinière où nous construisions les cages à lapin et, du même coup, un poulailler fut érigé dans le coin du garage. Quelques jours plus tard, les premiers lapins firent leur apparition et très rapidement la famille allait grandir jusqu'au nombre de deux cents.

Faut dire que les lapins sont plutôt vites en affaire. Après quelques minutes d'accouplement et un mois de gestation, une femelle pouvait avoir de cinq à dix petits et elle pouvait avoir de quatre à cinq portées par année, histoire de ne pas trop la brûler. Moi, je faisais tout dans la lapinière. Lorsque les lapins étaient devenus assez gros, environ dix à quinze livres, ils passaient dans l'autre pièce où papa Gagnon enlevait leurs habits de fourrure. Les pattes étaient gardées dans un grand sac pour être vendues à une compagnie qui en faisait des porte-clés porte-bonheur. Espérons que les gens qui les achetaient auraient plus de chance que les lapins ; soit de finir leur vie dans une assiette et dans le fond d'une poche ou d'une bourse ; la malchance des autres rend peut-être…

Au parc, nous étions maintenant plusieurs garçons à ramasser les bouteilles vides, une vive concurrence s'était développée et tous les coups étaient permis. Quelquefois, il y avait presque des bagarres pour une bouteille, même le fils du riche propriétaire en ramassait, mais cette mode ne dura qu'une semaine ou deux puisque c'est seulement les plus coriaces qui sont demeurés.

Un premier été vraiment rempli et le début de septembre annonça le retour à l'école.

Une grosse polyvalente très moderne m'attendait. J'étais maintenant rendu en secondaire deux. Comme à l'autre école secondaire, nous avions un horaire bien personnel pour chacun et nous nous promenions d'une classe à l'autre. Les cours n'étaient pas trop chargés et nous avions assez de temps pour relaxer à la cafétéria ou au salon des étudiants.

À un moment donné, je me suis aperçu que les casiers du gymnase où les étudiants mettaient leurs vêtements n'étaient pas tous barrés. Donc, à l'heure du midi, durant que certains dînaient et que d'autres pratiquaient un sport au « gym », moi j'ouvrais les portes de casiers où il n'y avait pas de cadenas et je faisais les poches. Activités très lucratives puisque, quelquefois, j'allais me chercher ainsi cinquante à soixante dollars en seulement une vingtaine de minutes. Assez payant, beaucoup plus que de livrer les journaux. Ce passe-temps n'avait duré qu'environ deux mois, car après un certain temps, les locaux furent surveillés en permanence par un gardien à cause du nombre élevé de vols.

Moi, pour ma part, j'avais quand même mis assez d'argent de côté pour quelque temps, donc j'ai pu prendre congé en attendant que les choses se tassent d'elles-mêmes.

Au début d'octobre, la polyvalente organisa une vente de tablettes de chocolat pour les activités spéciales. Celui qui en vendrait le plus aurait droit à une très grosse chaîne stéréo. Celle-ci était en montre dans le grand salon des étudiants et jouait à longueur de journée. Moi, je m'étais mis dans la tête de l'avoir, j'aimais tellement la musique mais le défi était de taille. Nous étions environ mille étudiants dans cette polyvalente et tous rêvaient comme moi de l'avoir.

À la maison, papa Gagnon fit une réunion spéciale et c'était décidé que tous allaient vendre du chocolat pour que je puisse avoir cette fameuse chaîne stéréo. Moi, je n'avais qu'à accompagner mon plus jeune frère et ma petite sœur à la vente. Eux, ils allaient dans les tavernes, les restaurants et, du fait de leur âge, six et neuf ans, qui n'oserait pas les encourager? Moi, je ramenais deux à trois caisses de chocolat à la maison par jour, c'était énorme par rapport aux autres élèves. Au bout de deux semaines, nous avions vendu environ une quarantaine de caisses de chocolat et mon plus proche rival à l'école en avait une vingtaine de vendue.

Du même coup, j'avais provoqué une erreur dans les enveloppes d'argent que je remettais de temps en temps à la secrétaire qui s'occupait de l'organisation de la vente. Étant donné que j'étais jusqu'à maintenant le meilleur vendeur et que j'avais toujours ramené la totalité de l'argent, la secrétaire conclut que   c'était peut-être elle qui s'était trompée dans le décompte de l'argent et des enveloppes. J'avais empoché soixante-douze dollars, soit l'équivalent du prix d'une caisse de chocolat. Devant ma droiture exemplaire et, surtout, la quantité de mes ventes, j'avais été blanchi de toutes suspections. Non mais, faut bien récompenser quelque peu le travail en cours…, non!

À l'école, étant très retiré des groupes, plutôt de nature solitaire, peu de personnes savaient que c'était moi qui allait gagner le gros lot et, à la journée de remise des prix dans la grande cafétéria, j'attendais anxieusement que l'on nomme mon nom. Naturellement, le plus gros prix fut annoncé en tout dernier lieu mais je savais. Fier, très fier d'être le meilleur, l'illustre exemple de détermination, d'effort, maintenant on allait me reconnaître partout, j'allais être leur référence pour quelque temps, travaillant toujours dans l'ombre de tous, j'allais être maintenant connu. Que de délices, d'aller chercher le gros lot devant tout ce monde qui avait peut-être rêvé l'avoir, mais les rêves ne se réalisent que par l'effort. Et hop, tiens-toi et c'est moi qui l'ai, bonjour.

Infailliblement, quelque temps après, je m'étais fait une petite amie. La gloire sera toujours une référence, un atout de plus; quelquefois, ça peut même servir dans les relations entre les gens. Faut dire que cette fille me connaissait un peu puisqu'elle se tenait avec notre petit groupe qui n'était composé que de six personnes : trois filles et trois garçons. À l'heure du dîner, tous les jours, nous allions dans le petit bois, histoire de se connaître un peu plus. On passait de longues minutes à s'embrasser, à se regarder..., de plus près, à rêver comme si quelque part cette fameuse bulle; increvable.

Vous connaissez le délire de l'imaginaire ; durant quelques minutes rien n'existe, rien n'est important. L'âme flotte comme un nuage à la dérive de l'émotion suspendue devant un regard brillant, envoûtant, enveloppant et magique. Le temps passe naturellement beaucoup trop vite et à la course, nous regagnions la polyvalente pour nos cours de l'après-midi.

Maudite polyvalente, maudits cours et j'en passe. Le rêve vécu n'est que de courte durée, comme la vie qui passe aussi vite qu'une étoile filante dans le ciel. Faut le vivre pleinement et en profiter quoique les gens en disent...

Quelquefois, papa Gagnon, en cachette, comptait mes dépenses de la semaine selon ce qu'il avait remarqué et pouvait difficilement expliquer et me faire expliquer l'excédent de dépenses par rapport à mon argent de poche d'autant plus, qu'il me fournissait mes cigarettes quotidiennes. Je lui expliquais tout bonnement qu'il n'avait pas été à l'école assez longtemps pour ainsi compter mes dépenses et, qu'en plus, quelques semaines auparavant, je m'étais trouvé un emploi dans un petit magasin général qui vendait un peu n'importe quoi pas trop cher. Moi, je plaçais les divers articles sur les tablettes. Le propriétaire, étant un immigrant, me donna un jus d'orange à ma pause café et quelques maigres dollars pour ma journée de travail mais, lorsque tu as quatorze ans, quelques dollars deviennent rapidement une vraie fortune puisque tu n'as rien à payer pour vivre. Faut dire aussi que le jus d'orange que le propriétaire me donnait, je ne l'aimais pas tellement, une drôle de marque, un drôle de goût, je le buvais de force..., maudite politesse.

Dès le début du mois de novembre, je m'étais trouvé un autre emploi, soit celui d'amuseur public dans un magasin de jouets. Je m'occupais du comptoir de farces et attrapes. J'ai obtenu ce travail à cause de ma persévérance puisque j'y allais à tous les jours pour voir les trains électriques, les voitures de course et j'emmenais toujours beaucoup d'amis, des références   ; donc, après un certain temps, le propriétaire trouva peut-être plus lucratif que je me retrouve derrière le comptoir pour ses affaires que devant. Faut dire qu'à un certain moment donné, la moitié de sa recette provenait des ventes que je faisais. Devant mon enthousiasme, ma gaieté, mon sens des affaires, j'aurais pu vendre des jouets à un couple qui pensait peut-être un jour faire des enfants, ça vendait pas mal, d'autant plus que le temps des Fêtes approchait à grands pas.

Le propriétaire faisait beaucoup de profits et moi aussi, faut pas être égoïste. J'empochais environ dix pour cent des ventes en cachette en plus de mon salaire régulier. Les bons vendeurs, ça se paie. Je ne voulais pas le voler mais simplement me récompenser, me motiver à vendre plus et ça marchait très bien. Imaginez la figure de papa Gagnon lorsqu'il comptait mes dépenses par rapport à mes revenus. J'étais dans le rouge, mais du bon côté.

Le pool, ça se paie, la liqueur aussi ainsi que les petites gâteries de la vie. Pour mon âge, je roulais sur l'or en cachette. L'appât du gain peut parfois aller loin, très loin…

Un soir, en sortant de la salle de pool, un garçon beaucoup plus âgé que moi, que je connaissais de vue, me demanda si j'avais le goût de me faire plus d'argent de poche, en ne faisant strictement rien que de me laisser faire. Me laisser faire? Je ne comprenais pas trop trop, mais j'acceptai son offre. Il retourna avec moi à la salle de pool pour téléphoner à un monsieur, « un vieux monsieur   » qu'il s'est empressé de me dire pour me rassurer. Quelques minutes plus tard, celui-ci arriva en voiture pour nous amener chez lui.

Arrivé chez lui, le garçon resta dans la cuisine durant que le vieux monsieur me faisait une fellation au salon. Moi, je n'avais qu'à regarder quelques revues de femmes. N'ayant jamais joui de ma vie, ce n'est que quelque temps plus tard, la troisième ou la quatrième fois que j'ai enfin joui. Je m'en souviens très bien puisque mes yeux ont failli sortir de ma tête tellement que j'avais joui fort et c'était la toute première fois.

J'appelais ce vieux monsieur environ une fois par semaine, soit la journée où j'avais le moins d'argent dans mes poches. Lui, il me donnait dix dollars à chaque fois que j'allais chez lui; pour l'époque, c'était beaucoup.

Et oui, un vieux Monsieur dans la soixantaine qui ne s'était jamais marié et qui avait été, selon moi, « aux jeunes » depuis pas mal de temps déjà, peut-être depuis le tout début de sa vie… Dans le fond, c'était peut-être mieux que d'essayer de tripoter une fille à l'école et, qu'à cause de son âge, elle finirait tôt ou tard par repousser ma main trop…, ou bien de me masturber quatre à cinq fois par jour puisque, à quatorze ans, c'est l'âge où l'on fait ça partout, on en use des couvertures.

Mes journées et mes soirées étaient bien remplies et le temps passait très vite, assez vite pour que les vacances de Noël s'annoncent.
Pour les vacances, moi je travaillais à temps plein au magasin de jouets et quelques soirs par semaine j'appelais mon vieux, histoire de me tranquilliser.

À la maison, de façon générale, c'était très vieux jeu, genre des années soixante. Papa Gagnon était le patron de la maison, maman Gagnon faisait le ménage et la cuisine, elle était toujours d'accord avec ce que disait papa Gagnon. Elle prenait les rênes de la maison durant son absence et lui disait tout dès son retour. Moi, j'avais ma petite discothèque personnelle au sous-sol, histoire de respirer un peu et de faire mes devoirs en toute tranquillité. Mais, de façon générale, j'étais très bien traité et bien nourri.

Durant l'hiver, je n'allais que le samedi à la lapinière puisque, durant la semaine, j'allais à l'école. Le soir, un cousin de la famille venait toujours faire son tour avec sa blonde, il avait environ vingt-cinq ans. Ce cousin travaillait dans une compagnie de fer et il était bien payé. Chaque semaine, il s'achetait quelque chose de nouveau et l'emmenait à la maison pour nous le montrer. Aux Fêtes, il avait acheté un ski-doo et, à quelques reprises, le soir, il m'amenait faire des tours. J'avais un peu peur puisqu'il conduisait comme un vrai fou, toujours à haute vitesse. Je me disais que s'il fallait que l'on fasse une débarque…, bref.

Le frère de maman Gagnon venait lui aussi avec sa femme quelques fois par semaine. Il était alcoolique et ne travaillait pas. Du genre quarantaine bedonnant, pas plus intelligent qu'une veilleuse, il était plus comique à voir qu'autre chose. Plus il buvait, plus il gueulait contre le système, contre tout. Parfois, lorsqu'il buvait trop et criait trop fort, papa Gagnon le mettait dehors. Sa femme, genre de brunette mince dans le début de la quarantaine, encore belle, quelquefois, le soir au lit, je rêvais qu'elle m'appartient, soumise à mes moindres désirs… Les rêves sont toujours plus douillets sous de chaudes couvertures qu'à l'arrêt d'autobus, à une température de moins trente, non? Drôle d'âge, drôle de monde.

C'est l'époque où tu pourrais quasiment mettre la chèvre du voisin pour te soulager. Même les vieilles dames deviennent regardables.

C'est à croire que le cerveau nous joue des tours à cause des hormones. Soit dit en passant, la théorie des boutons vs la masturbation devient nulle puisque je n'avais pas un seul bouton sur la figure et je passais mes temps libres à me…

Le temps des Fêtes avait passé quand même assez vite. À la polyvalente, je n'étais plus le diable d'antan, j'écoutais et j'étudiais bien, peut-être parce que, le soir, je mettais mon énergie ailleurs. J'avais même arrêté de sortir avec la fille que j'avais rencontrée après la vente de chocolat.

Ma vie ressemblait plus à un grand cadran bien huilé et faut dire que je ne travaillais plus au magasin de jouets puisque le temps des Fêtes était passé.

J'allais faire mon tour de temps en temps parce que le patron, âgé dans le début de la trentaine m'avait dit que lui et son épouse pensaient peut-être à me prendre dans leur famille puisqu'il n'avait pas encore d'enfant et que j'étais un garçon débrouillard, gentil et intelligent. D'après moi, il avait bien raison.

Le travailleur social venait de temps en temps me voir, faire son tour, me demandant si tout allait bien, si j'étais bien traité, bien nourri. Lorsqu'il venait me voir, il m'amenait toujours au restaurant.

Un après-midi, dans son automobile, le regardant bien comme il faut, surtout de la figure, je lui dis tout bonnement qu'il ressemblait à un singe à cause de la forme de sa mâchoire. Le pauvre, il ne savait plus où se placer dans l'auto, très mal à l'aise devant ma franchise d'adolescent, j'avais peut-être raison dans le fond, il ressemblait un peu à « zazou », le directeur de mon ancienne école, mais en plus jeune.

L'hiver finit par passer, par finir, et les rayons de soleil réchauffaient lentement, assez pour que l'épaisseur de la neige diminue au même rythme que ma concentration à l'école ; franchement, j'avais bien hâte que l'école finisse. À moins d'être ébéniste, la forme de la chaise, de sa hauteur, de sa largeur et de son confort ne m'emballait plus et, de savoir, si le modèle allait bien avec le pupitre posé devant moi, c'était une question dont je n'osais même plus me poser.

J'étudiais pour la dernière fois, je me motivais pour pouvoir passer les examens du ministère pour ainsi finir mon secondaire deux.

1977

Histoire et société

— La Libye se proclame république populaire socialiste arabe.

— Adoption à Québec de la Loi 101 qui affirme la primauté du français dans les milieux de travail et dans l'affichage. Les anglophones réagissent et se regroupent sous la bannière de L'Alliance Québec et contestent la loi devant les tribunaux.

— Création de la société Via-Rail.

Culture et médias

— Mort d'Elvis Presley.

— Chacun rencontre la personne du divorce de demain. Tous se « mettent » à l'ouvrage et bientôt, à l'arrivée des films si magiques de science-fiction et arrive aussi le petit « sens »….

— George Lucas réalise La Guerre des Étoiles.

Été 1977, seize ans…

Enfin, l'été arriva et les vacances aussi. J'étais bien content. Au tout début de cet été, je passais la plus grande partie de mon temps avec un copain de la polyvalente. Une espèce de savant entremêlé d'une grande intelligence, il ne lui manquait que les lunettes très épaisses pour bien feutrer dans le portrait. Son père avait un entrepôt et il faisait comme métier, celui de mouleur. Très payant et très rare, de ce qu'il me disait. Pour fabriquer une pièce, quelle qu'elle soit; en plastique, en vitre, en métal ou en aluminium, ça prend un moule et un mouleur. Les véritables mouleurs sont des artistes de la précision. Il m'avait même offert de travailler à son atelier pour apprendre ce métier d'antan. Mieux que l'école me disait-il. Si tu veux bien gagner ta vie, tu pourrais apprendre. Témoignant de la grandeur de son atelier et de sa maison et, ne travaillant qu'à sa vitesse; c'était certes très intéressant. Je savais qu'il s'agissait d'un bon métier mais, je venais de finir l'école et j'avais le goût de bien profiter de mon été que de le passer dans son atelier.

Son fils avait le sous-sol entier de la maison juste pour lui. Il avait son bureau de travail, sa chaîne stéréo et même sa table de pool. Faut dire qu'il était fils unique. Donc, dans son laboratoire au sous-sol, on faisait des recherches en chimie, en biologie, on étudiait la matière tout en écoutant la musique d'Harmonium. Je me voyais déjà dans le futur avec mon propre laboratoire, ma propre musique. Je crois qu'en toute honnêteté, j'étais plus genre chercheur, savant dans la nuit des temps à essayer de repousser quelques théories venant de trop loin dans le temps et l'espace où seuls les sages avaient accès, loin dans de trop hautes montagnes perdues dans les nuages… nuages… nuages. Seule la passion rend les hommes heureux, seule la passion.

Durant cet été, Elvis est mort; pour moi, ça ne me disait pas grand chose mais toute la population était sous l'effet du choc, beaucoup de filles pleuraient. Je n'ai gardé de souvenirs que de la chanson enregistrée à l'aide de ma radiocassette, une chanson de Diane Dufresne qui s'appelait « Chanson pour Elvis » qui passait environ cent fois par jour à la radio.

Au magasin de jouets, mon ancien patron m'avait rappelé au travail à cause d'une braderie que les marchands organisaient juste avant la Saint Jean-Baptiste. Durant une semaine, je m'étais retrouvé sur le trottoir avec mon comptoir de farces et attrapes. Ça change du laboratoire de recherche mais entre la folie et le génie, il n'y a qu'une ligne et c'est peut-être là, assis, que plusieurs se retrouvent et que je me retrouve, peut-être…

Là, j'étais très heureux de renouer avec ce genre de vie. Tous les copains de l'école secondaire m'ont reconnu assez rapidement et, une fois encore, aux yeux des autres, j'étais privilégié. Cette semaine spéciale où la grande rue avait été fermée pour l'occasion avait fini avec un grand spectacle de Robert Charlebois. J'étais bien heureux puisque j'avais été tout près de la scène durant son spectacle, je voyais tout. Papa Gagnon nous avait dit à moi et à Jules que, dès la fin du spectacle, il était pour arriver avec deux carrosses pour que l'on puisse ramasser les millions de bouteilles vides laissées.

De cette soirée, on ne s'était couché qu'aux petites heures du matin. Je crois que nous avions ramassé une bonne centaine de dollars de bouteilles; une soirée très payante pour nous.

À la fête du Canada, nous avions fait la même chose avec moins de succès car c'était beaucoup moins fêté que la fête des Québécois. Bref, l'été s'annonçait bien jusqu'au matin où…

Les parents, les grandes personnes sont de véritables spécialistes pour briser la magie, les rêves d'enfants, même leurs passions. Papa Gagnon m'avait averti que, beau mes recherches dans le fond des méandres du temps, ainsi que les bouteilles vides, étant donné qu'il y avait beaucoup trop de concurrence, qu'il me faudrait trouver un emploi qui rapporte de l'argent. Maudit argent, ça tue les hommes, les rêves et les passions et sans lui dire, j'avais quand même mon petit vieux le soir, c'était suffisant pour mon argent de poche…, non?

Bref, papa Gagnon me dit qu'à tous les matins, un autobus partait avec des jeunes de mon âge pour la ferme. Qu'ils étaient payés à la journée et que, demain, au petit matin, j'en serais tout simplement du nombre.

Maudite vie, j'étais pourtant bien, peut-être trop.

Le réveil finit par sonner et par me sonner dès six heures du matin. Je me dirigeai au stationnement d'où partait l'autobus. J'avais découvert qu'il faisait encore assez froid à cette heure matinale et naturellement, je remettais encore une fois ma vie en question. La fameuse question du « pourquoi moi » et le bon Dieu là dedans où était-il?

Arrivé à la ferme, j'ai vite compris que nous n'étions là que pour enlever à quatre pattes les mauvaises herbes du champs. Il faisait très froid et j'avais les mains qui craquaient mais quelques heures plus tard, j'avais tellement chaud que j'aurais pu travailler nu comme un ver et ça ne m'aurait pas plus dérangé que ça. Au dîner, nous fîmes une pause d'environ une heure, question que l'on survive des chauds rayons du soleil. C'était comme dans le désert où, la nuit il fait très froid et le jour tu crèves de chaleur. Naturellement, aux yeux des fermiers, on n'allait jamais assez vite, comme s'il fallait courir.

Y en avait toujours un comique, un finfin qui, pour se penser meilleur que les autres, pour avoir l'éloge du fermier allait beaucoup plus vite que l'ensemble et il devenait pour le fermier, celui que l'on devait rattraper.

Pensant à l'esclavage, je me rappelais pourtant avoir bien lu à l'école que le tout avait été aboli depuis pas mal de temps. Peut-être qu'on nous avait oubliés quelque part.

Arrivé à la maison avec mon maigre douze dollars, mes genoux en feu, tout égratignés, je me disais que ça n'avait pas de sens mais papa Gagnon me dit, sourire en coin, que c'était ça la vie, gagner sa vie. Pourtant moi, j'avais une tout autre théorie dans ma tête et beaucoup plus jouissante que celle de la ferme. J'ai quand même passé environ un mois et demi à me promener cinq jours par semaine dans ces fermes. Les seuls jours de congé à part des fins de semaine étaient les jours de pluie. Pour ces journées, je les passais soit au centre commercial ou dans ma discothèque au sous-sol. Les fins de semaine, j'allais à la lapinière pour me changer les idées. Mais ma vie en général, je la trouvais plutôt plate à cause de ces grandes journées passées à la ferme, maudite ferme.

Juste en face de notre maison, avait déménagé, au début du mois de juillet, une famille ainsi que leur fille qui était de mon âge, aux longs cheveux noirs. Elle commençait à faire battre mon cœur plus rapidement que la normale mais, papa Gagnon m'avait bien averti de ne pas lui parler, de ne pas me tenir avec elle parce que, selon lui, elle était de mauvaise famille, mal élevée, se couchant plutôt tard et s'habillant de façon trop osée, une fille à ne pas fréquenter… Pour moi, ce n'était plus ou moins que le contraire et toutes les raisons que papa Gagnon évoquait étaient les qualités dont je recherchais le plus chez une fille.

Un peu comme mon « effrontée » que j'avais tant aimée à l'école secondaire de Montréal.

Lorsqu'elle me regardait de l'autre côté de la rue avec ses beaux yeux tout bruns, je flottais et papa Gagnon s'en doutait très bien, trop bien; m'avertissant encore quelques fois, histoire de rafraîchir ma mémoire.

Tous les soirs, j'allais dans le parc quelques heures et, un soir, j'ai remarqué que ma petite voisine faisait pareil. Après une bonne semaine de ce manège, très loin dans le parc, à l'abri des regards, elle est enfin venue me rejoindre et lui disant aussitôt que nous ne pouvions mettre au grand jour notre amour réciproque car, elle m'annonça qu'elle aussi, sa famille lui avait défendu de me fréquenter, de me parler, un peu pour les mêmes raisons.

Qui peut empêcher deux cœurs de s'aimer? Personne, non, personne. Comme deux aimants indissociables, nous avons décidé qu'envers et contre tous, nous allions nous voir et qu'il faudrait nous lapider pour mettre fin à notre union.

Tous les soirs, on se donnait rendez-vous à la même heure, au même endroit et on passait des heures à se regarder dans les yeux sans rien dire, sans même se toucher. Quelques semaines plus tard, on passait encore des heures et des heures mais cette fois-ci, à s'embrasser tendrement, délicatement.

Maudit qu'elle était belle avec ses beaux longs cheveux longs, doux, brillants et ses yeux bruns ronds. On ne se parlait presque jamais, seuls les regards suffisaient…

Septembre 1977, seize ans…

Et l'école qui allait recommencer, je me disais que même les chaises en bois dur de la classe allaient être plus confortables que d'être à genoux dans un champ de cultivateur, et dire que j'avais continué d'y aller chez les cultivateurs, seulement le samedi où l'on ramassait plutôt les légumes de fin de saison et je vous jure qu'au mois d'octobre, il faisait très froid sur les terres. De cette façon, j'aimais beaucoup mieux l'école, beaucoup plus que les années précédentes. Même lorsque tu n'as pas le goût ou que tu es fatigué, tu peux faire semblant d'écouter mais, au travail, tu ne peux faire semblant de travailler. C'est peut-être ça la vraie vie…

Les soirs de semaine, j'allais jouer au pool avec mon ami ou bien, j'appelais mon petit vieux pour avoir de l'argent. Un soir, n'ayant pas grand-chose à faire, avec mon copain, je ne sais pour quelle raison, sans doute parce que nous trouvions que les cigarettes coûtaient trop cher, et peut-être par goût de défi, nous avions décidé d'aller au petit magasin général où j'avais déjà travaillé, celui qui appartenait à l'immigré au jus d'orange, pour ainsi essayer de s'approprier de quelques cartons de cigarettes. Connaissant bien le magasin, j'optais pour y entrer par le sous — sol. Après avoir défoncé une très petite porte, je me suis rendu compte que le sous-sol ressemblait beaucoup plus à un entrepôt d'avant-guerre où les articles étaient, ni plus ni moins, étendus un peu partout en pêle-mêle. Avec ma lampe de poche, je cherchais frénétiquement l'escalier et enfin, après avoir escaladé celui-ci, je fis mon apparition près de la caisse située au centre du magasin. Ça faisait tout drôle de voir les gens déambuler sur le trottoir, pensant que le magasin est désert et que, toi, dans le noir, lentement, tu t'appropris de quelques menus objets. C'étaient les cigarettes qui m'intéressait. Allant dans le sous-sol pour aller chercher deux caisses vides, j'informai mon copain que tout était « OK », que j'avais réussi et qu'il n'y avait pas de danger. M'empressant de remplir les deux boîtes de carton de cigarettes, j'avais hâte de partir de ces lieux. Quelques minutes plus tard, je sortis à l'extérieur avec les deux caisses de cigarettes, très heureux de pouvoir respirer librement l'air frais puisque j'avais eu chaud et j'étais un peu nerveux. Mon copain n'en revenait pas. Deux caisses de cigarettes juste pour nous, de quoi fumer pour au moins un an? Nous avons décidé, d'un accord commun, de passer près de la rivière, à l'arrière des maisons, loin des regards curieux. Il y avait un petit chemin entre la rivière et un gros entrepôt. C'était l'endroit où les gens pêchaient le jour.

Arrivé presque en face de ma maison, juste à côté de celle de ma bien-aimée, je regardai si Jules et d'autres voisins n'étaient pas à l'extérieur, dans la cour arrière. J'optais pour aller chercher d'abord les clés du sous-sol, prétextant un travail d'école à finir pour pouvoir entrer mes caisses de cigarettes. Quelques minutes plus tard, je remis les clés à papa Gagnon pour lui dire que j'allais faire mon travail plus tard et je suis retourné jouer au pool avec mon copain, les caisses de cigarettes étant bien cachées en-dessous de ma table de travail dans le sous-sol…

Vers les neuf heures, d'un pas allègre, dégagé et confiant, je rentrais tout bonnement à la maison. J'entre dans la cuisine par la cour arrière et surprise, les deux caisses de cigarettes étaient bien installées devant papa Gagnon sur la table de cuisine. Le frère de maman Gagnon, le bedonnant alcoolique, semblait tout fier de la découverte.

Papa Gagnon me demanda ma version en me disant qu'il allait être obligé d'appeler la police et que, du même coup, je ne pouvais plus faire partie de la famille à cause des plus jeunes. Maman Gagnon pleurait à chaudes larmes, protégeant ses deux plus jeunes enfants comme si j'étais un meurtrier. La belle affaire, tant de remue-ménage pour quelques caisses de cigarettes. La police m'amena au poste pour y passer la nuit et dès le lendemain matin, le travailleur social est venu me chercher pour me ramener à Montréal.

J'avais beaucoup de peine et je regrettais mon geste. D'autant plus que je n'avais pas pu revoir pour une dernière fois ma tendre aimée et que, dans le fond, j'étais assez bien dans cette famille, peut-être parce qu'un autre chemin m'attendait, une autre vie, une autre aventure…, puzzle.

Novembre 1977, seize ans…

Je reconnaissais l'endroit puisque j'y avais déjà séjourné un été durant. Quoi de nouveau? Quoi de neuf? Je n'allais plus à l'école et les jeunes de mon âge travaillaient plutôt dans des restaurants comme laveurs de vaisselle ou livreurs à bicyclette dans divers dépanneurs du centre-ville. Finis les rêves, il fallait que je me trouve un emploi comme les autres, disaient les éducateurs. Le temps était plutôt maussade et gris. Il pleuvait souvent et l'hiver qui s'annonçait déjà très difficile.

Début novembre, le travailleur social me dit qu'il avait contacté la famille Bouchard et qu'elle était prête à me recevoir à toutes les fins de semaine ; question que je réintègre graduellement la famille.

Entre-temps, je m'étais présenté devant le juge de la Cour de la Protection de la Jeunesse ; étant donné que, maintenant, je résidais à Montréal, le dossier fut tout simplement fermé.

L'horaire du centre ressemblait à tous les centres d'hébergements sauf, que le matin, pas question de rester couché, il fallait que je parte à l'extérieur pour me trouver un emploi.

Il n'y avait que le curé du centre qui était vraiment humain. Imaginez un curé de rue, habillé en jeans avec un veston de cuir ; vraiment différent des autres curés. L'habit ne fait pas le moine puisque ce curé de rue connaissait vraiment nos problèmes. Il savait que nous étions tous des orphelins, que la vie avait déjà été trop difficile pour nous, que nous avions erré de famille en famille, de collège en collège. La plupart de nous, nous avions été maintes et maintes fois abusés sexuellement, battus et j'en passe mais par chance, le bon Dieu réussit toujours à envoyer quelqu'un pour nous secourir, nous comprendre sans nous juger. Il nous donnait des conseils vraiment précieux de son expérience acquise et non ceux que les éducateurs avaient appris à l'université dans des grands livres théoriques.

Bref, il était le seul personnage qui, dès son arrivée, plusieurs allaient voir en courant pour lui parler. Ce qui n'était pas le cas des éducateurs diplômés…

Je passais mes journées à errer dans les rues du centre-ville, faisant semblant de me chercher du travail. Je me demande encore qu'est-ce qui me poussait ainsi à être encore capable de marcher droit devant moi, seul au monde, seul dans ce monde à seize ans. S'il m'avait au moins offert d'aller à l'école ou d'apprendre un métier, mais de travailler comme un nègre au salaire minimum…

Une bonne journée, dans le Dunkin Donuts du centre-ville, je fis la rencontre d'un monsieur dans la trentaine, lequel, pour quelques dollars, tripotait mon petit corps à l'extérieur, derrière un entrepôt abandonné du centre-ville. Je n'aimais pas ça mais, pour augmenter mon argent de poche, j'étais prêt à me sacrifier. Me promettant mer et monde, il me dit que, pour les Fêtes, il allait s'acheter un « Winnebago » pour ainsi m'amener en voyage, qu'il me laisserait même conduire si je le voulais. Enfin, me suis dis-je, c'était l'occasion ou jamais de partir pour une autre aventure, un autre monde, de sortir de la roue infernale du centre. Il me promettait de m'amener partout. M'annonçant que son départ était pour s'effectuer le trente et un décembre au matin, il me proposa de le rejoindre à cette date dans ce même Dunkin Donuts. Pour ma part, j'étais déjà d'accord, je ne voulais pour rien au monde rater cette chance de partir en voyage, partir pour de bon.

Une semaine avant de partir chez la famille Bouchard pour le temps des Fêtes, je l'ai revu pour une toute dernière fois, et d'un accord commun, nous étions pour nous revoir le trente et un décembre au centre-ville.

Chez la famille Bouchard, j'ai reçu des cadeaux comme les autres pour Noël et j'avais passé le plus gros de mon temps à jouer dehors avec mes frères.

J'avais très hâte que la date fatidique arrive. Je savais que la famille allait être inquiète, qu'elle allait me chercher et me faire rechercher mais il fallait que je change de vie, repartir à l'aventure, l'inconnu quoi.

Le matin du départ, en cachette au sous-sol, j'avais préparé un petit sac de linge et, regardant l'horaire des autobus, je savais que, dans quelques heures, j'allais être complètement libre ; finis les centres d'accueil, la famille, la recherche d'emploi. J'allais être enfin libre de décider de ma vie. Si jamais le monsieur n'était pas au rendez-vous, je m'étais quand même gardé de l'argent pour un retour possible car on ne sait jamais et devant une telle éventualité, je n'avais qu'à me trouver un prétexte de mon absence.

J'avais tout préparé et, passant par la cuisine, je dis à maman Bouchard que j'allais prendre une marche à l'extérieur, qu'il faisait beau, qu'il fallait que je « prenne l'air »...

À l'extérieur, je marchais d'un pas très rapide, je ne voulais surtout pas rater l'autobus de Laval. Pour m'y rendre et en même temps, pour payer moins cher, je devais traverser le pont du chemin de fer, et de l'autre côté de la rivière, l'autobus coûtait un dollar de moins. C'était beaucoup lorsque tu as seulement un maigre dix dollars en poche. Dans l'autobus, je me voyais déjà, conduisant le Winnebago à la découverte du monde, enfin libre.

Là, c'est vrai que la vie allait être plus belle, le rêve… quoi! Je ne pouvais m'empêcher de penser qu'au soir venu, maman et papa allaient être très inquiets, que mes frères allaient sûrement partir à ma recherche dans le domaine mais je me disais que je n'avais d'autre choix que de partir. Ainsi va la vie…

Mes chers parents, je pars je vous aime mais je pars

vous n'aurez plus d'enfant ce soir je ne m'enfuis pas, je vole comprenez bien, je vole

sans fumée, sans alcool je vole, je vole…

Sardou l'avait chanté, beaucoup l'ont vécu et d'autres encore le vivront. Telle est la vie : savoir partir tout simplement.

J'avais franchement très hâte d'arriver au centre-ville, voir s'il était bien au rendez-vous ou si ce n'était qu'une blague car, avec le temps et l'expérience, j'avais appris à me méfier des grandes personnes.

Arrivé enfin au centre-ville, il m'attendait et j'étais très soulagé de le voir. Il me dit que nous nous rendions par le train en Ontario.

Enfin, l'aventure commençait pour de vrai. Le monsieur prenait bien soin de moi ; arrivé dans le train, il m'offrit quelques sandwichs et une grosse liqueur. Il me dit plus tard qu'arrivés en Ontario, on était pour coucher dans un motel et que le lendemain matin, nous étions pour poursuivre le chemin en autobus.

Moi, c'était la première fois que je prenais le train et je m'amusais à compter les poteaux qui suivaient le côté des rails. À la fin de la journée, le soleil se couchait très lentement, de couleur orange, c'était très beau mais je commençais à avoir hâte d'arriver, comme si…

Il avait loué une chambre dans un beau motel et m'avait même donné la permission de boire un peu d'alcool qui était dans le petit frigidaire. Ayant pris une douche ensemble, pour fin de la soirée, il avait joué avec mon corps. Moi, je n'avais qu'à me laisser faire et c'était tout, si ça pouvait lui faire plaisir. Tant qu'il ne me forcerait pas à lui faire quelque chose, ça ne me dérangeait pas trop.

Le lendemain matin, après avoir copieusement déjeuné au restaurant, on s'est rendu au terminus d'autobus comme promis pour continuer le voyage. Il m'expliqua dans l'autobus que, pour parvenir à Toronto, il devait se rendre au préalable dans une petite ville pour prendre l'argent que quelqu'un lui devait. Le voyage fut de courte durée, environ une heure et arrivés au terminus, il m'expliqua que lui, il devait aller dans une très petite ville pas trop loin et, moi, je devais l'attendre dans le terminus. Je ne devais pas avoir peur puisqu'il était bien arrivé au rendez-vous la veille, tel que promis, qu'il avait été très correct et que je n'avais pas besoin de m'inquiéter, qu'il reviendrait avant la tombée du soleil. Il me laissa dix dollars pour le dîner et monta dans un autre autobus.

Moi, dans mon fort intérieur, j'espérais qu'il revienne, sinon mon aventure allait être de courte durée mais j'avais confiance puisque, comme il l'avait si bien dit, jusqu'à maintenant, il avait été correct avec moi.

Assis dans le terminus, j'attendais en observant les gens, les voyageurs, je me sentais très seul en cette première journée de l'année mais l'aventure a toujours un certain prix.

Pour le dîner, je me suis rendu au McDonald pas trop loin et je suis revenu assez vite, espérant n'avoir pas manqué son retour. L'attente était très longue et maintenant l'heure du souper approchait. J'attendais car je n'avais pas trop le choix, je ne pouvais pas trop m'éloigner « au cas où ». Chaque fois qu'un autobus arrivait, je me levais pour voir et maintenant que le soleil s'était couché, je commençais à douter de sa parole et je me demandais maintenant qu'est-ce que je ferais s'il ne revenait pas, mais je n'osais pas y croire encore.

Maintenant qu'il était environ neuf heures du soir, je savais qu'il m'avait abandonné, maudit niaiseux, encore des promesses et j'étais tombé dans le panneau. Moi qui avait déserté la maison, la belle affaire et en plus, à l'autre bout du pays. Y'a vraiment des jours. Comme si j'avais pas assez de problèmes, je remarquai à la longue qu'une vieille dame, dans la soixantaine, me regardait beaucoup plus que l'ensemble des personnes encore présentes. Vêtue d'un vieux manteau de fourrure brun et maquillée de façon extravagante, je me disais que c'était ma fatigue qui me jouait des tours. Je la regardai à quelques reprises quand, soudainement, elle me fit un clin d'œil. Non, je ne rêvais pas puisqu'elle m'en fit d'autres quelques minutes plus tard. Après un certain temps, elle a même bougé les lèvres en sortant sa langue pour me faire comprendre ce que je savais déjà.

Se levant, elle me fit un signe discret de la main pour que je la suive. À l'extérieur, je la suivais au loin et je me disais que ça me ferait bien une place pour dormir et, qu'en plus, je n'avais jamais encore vu une dame toute nue et encore moins, fait l'amour. Ça serait peut-être mieux qu'avec les hommes, non? Elle entra rapidement dans un immeuble d'habitation et juste avant de fermer la porte, me fit comme un signe d'attendre. J'arpentais nerveusement la rue. Passant à plusieurs reprises devant l'entrée d'où elle était entrée, regardant les fenêtres, je ne voyais aucun signe de vie de cette dame et je pensais pendant ce temps à toutes ces histoires de sorcières qui, après avoir abusé de leurs victimes, les enterrent tout simplement. Elle était peut — être une vieille sorcière et j'étais déjà assez dans le pétrin comme ça; pourquoi m'embarquer davantage? Décision prise rapidement, je décidai de retourner au terminus d'autobus, vaut mieux être là vivant, qu'être ailleurs et de risquer sa vie.

De retour au terminus d'autobus, je m'informai de l'heure de la fermeture, s'il y avait fermeture et naturellement, mon monsieur n'était pas de retour. Je savais maintenant que le terminus fermait à une heure du matin, j'attendais encore jusqu'à ce que le monsieur de la caisse me demande en anglais quelque chose. Je ne pouvais pas lui répondre puisque, moi, je ne parlais que le français. Quelques minutes plus tard, deux policiers m'approchèrent pour me poser encore des questions en anglais, je ne comprenais rien mais lorsqu'ils m'ont fait signe de les suivre, j'étais très content, je me sentais un peu moins seul au monde, quelqu'un s'occuperait enfin de moi, quelqu'un…

Au poste de police, ceux-ci m'offrirent un bon chocolat chaud avec quelques beignets. Vous pouvez penser ce que vous voulez à propos « des policiers vs les beignets » mais, moi, j'ai trouvé que c'étaient les meilleurs. Quelques minutes plus tard, un policier s'approcha de moi, mais celui-ci parlait très bien le français. J'étais soulagé et, nerveusement, je lui contai mon histoire. Après quelques appels téléphoniques, il me dit que des policiers du Québec allaient venir me chercher dès le lendemain matin. J'ai dormi profondément dans l'une de leurs cellules, ce n'était pas le luxe, mais lorsqu'on est si fatigué…

Au lendemain matin, après le petit déjeuner, deux policiers de la Sûreté du Québec arrivèrent au poste de police. Enfin, me suis-je dit, j'allais retourner à la maison, mais quelle maison? Dans l'auto de police, sur l'autoroute, on roulait vite, très vite. Moi, je regardais le paysage qui se déroulait lentement sous mes yeux. Seulement des plaines remplies de neige, beaucoup de neige. Le voyage était monotone et me semblait très long.
J'avais hâte d'arriver, mais arriver où?
Je demande tout bonnement aux policiers, à quelle place qu'ils m'amenaient. Ils me répondirent que ce ne serait sûrement pas à la maison mais dans un centre d'hébergement

pour jeunes de mon âge. Les policiers parlèrent très peu et à un moment donné, une auto de patrouille de la police de l'Ontario fit signe au conducteur de se tasser parce qu'ils allaient trop vite. Le policier sortit son écusson de la Sûreté du Québec et par magie, l'auto des policiers de l'Ontario disparut. Je me disais que ce serait vraiment pratique pour moi d'avoir un tel écusson, mais pratique pourquoi?

Je pensais beaucoup plus à l'endroit qui m'attendait. Pour le dîner, nous fîmes un arrêt au restaurant et j'avais droit de choisir ce qui me convenait. Les policiers parlaient du temps des Fêtes passées avec leurs enfants, la famille. Je me disais que si mes parents ne m'avaient pas abandonné à ma naissance, peut-être que, moi aussi, je serais assis devant un foyer tout chaud dans un certain salon et que, moi aussi, je jouerais avec mes jouets. Maudite vie, quand tu pars mal et ce, dès le début, faut que tu t'arranges, faut que tu te débrouilles. Mais pourquoi moi, pourquoi ? Toujours cette maudite question qui revient sans cesse et jamais de réponse…, puzzle.

1978

Histoire et société

— *Élection du pape Jean-Paul II.*

— *Suicide collectif des membres de la secte de Jim Jones en Guyane.*

— *En Grande-Bretagne, conception du premier bébé-éprouvette.*

— *Création de L'Office des personnes handicapées du Québec.*

Culture et médias

Le disco bat son plein…

Famille

Avec notre petit « sens », on flotte littéralement dans l'espace, si petit, si magique. Finies les sorties, les beuveries, le trippage de culotte. Maintenant la vie est sérieuse et les nouvelles règles aussi…, voyez plutôt comment l'homo-boomers changera les règlements selon son besoin…

— Interdit maintenant de boire de l'alcool et naturellement de consommer de la drogue dans les airs de villégiature quels qu'ils soient.

— Interdit de circuler dans un parc après 23h00.

— Interdit de modifier le moteur de sa voiture, de faire dépasser les pneus de la carrosserie et d'avoir une voiture d'un angle* trop prononcé *. *Là, je parle du même angle arrière des filles de l'époque, soit trop relevé.

— La vitesse sur les autoroutes, sur les routes et naturellement dans les quartiers domiciliaires est nettement en décroissance.

— *Proliférations des « stops » ou « arrêt » si vous préférez, ainsi que des feux de circulation. Maintenant, il y a plus de pousse-pousse que de « joints » qui circulent dans la ville.*

— *Le « sens » civique commence à émerger lentement des têtes folles de l'époque.*

— *Les syndicats solidifient les liens d'emploi de tous (comme la colle « Crazy-Gloo »), pour être sûrs de la permanence des emplois.*

— *Les syndicats rehaussent les cotisations de retraite des employés et employeurs, au cas « où ».*

Janvier 1978, seize ans…

Vers la fin de l'après-midi, j'arrivai à destination, j'aperçus enfin la maison d'hébergement. Un petit centre au mur de briques brunes, plutôt moderne. C'était féérique puisque le centre, situé à la campagne, près de la forêt, était recouvert de neige. C'était très beau, comme sur une carte postale.

À l'arrivée, un éducateur me donna de quoi pour faire mon lit, prendre une bonne douche et me désigna une chambre.

Dans le centre, il n'y avait que deux éducateurs en service. Faut dire qu'il n'y avait pas beaucoup de jeunes, sans doute, partis dans quelques familles pour le temps des Fêtes. Je passais mes journées à jouer au ping-pong, au pool, au ballon dans le gymnase. Le temps était plutôt long et je n'avais pas le droit de sortir à l'extérieur. Sans doute avaient-ils peur que je me sauve encore. Je me sentais comme sur une autre planète, prisonnier d'un château. J'étais quand même bien. Ils me donnaient suffisamment de tabac avec du papier pour que je puisse fumer. J'avais quand même assez hâte de savoir qu'est-ce qui arriverait avec moi. Les éducateurs et les éducatrices étaient très gentils avec nous, ils nous aidaient à meubler nos longues journées. Quelques jours plus tard, un beau matin, toujours le matin pour ce genre de chose, ils m'annoncèrent que j'allais être transféré dans un autre centre beaucoup plus gros, près de Montréal. Et hop! on déménage encore, puzzle…

CARTIER

Janvier 1978, seize ans…

Gros centre, très gros centre ressemblant plus à une prison pour jeunes qu'à un collège. Dans chaque module, il y avait une grande salle située dans le milieu, salle de la grosseur d'un gymnase et de chaque côté, il y avait des chambres ressemblant beaucoup plus à des cellules. Toutes les portes pouvaient se barrer. Il y avait des gardiens de sécurité un peu partout. Je ne pouvais aller nulle part dans le centre. Dans le module, au centre, il y avait quelques tables de jeux et d'autres pour manger, une T.V. située dans les airs.

Dehors, chaque module avait sa propre cour et celle-ci était entourée d'une clôture très haute dont le bout était trop pointu pour que l'on ne puisse pas s'évader, une vraie prison pour jeunes, voilà mon nouveau monde!

Dès le lendemain, mon travailleur social est venu me voir pour me dire que j'allais être ici pour un mois ou deux; le temps que j'aie une place au Mont Saint-Antoine. Un autre collège où je pourrais peut-être apprendre un métier. Du moins, retourner à l'école. Après son départ, je m'informais de ce centre auprès des autres jeunes qui me dirent que c'était un centre « dur », très dur. Ils mettaient les jeunes bandits dans cet endroit. C'était l'un des derniers centres où les jeunes pouvaient aller; après cela, c'était Bordeaux, prison pour les plus de dix-huit ans.

Mais moi, je n'avais rien fait de mal pour me retrouver dans cette prison. Je n'avais pas volé. Alors, pourquoi me retrouver avec un gang de voleurs, de bandits ? Je n'avais surtout pas besoin d'une telle école pour continuer ma vie.

Après quelques jours, je pouvais avoir accès aux activités du centre. Enfin pouvoir me promener à l'intérieur. Je m'étais inscrit à l'activité d'artisanat, de peinture. J'avais toujours été

147

attiré par les arts en général. À l'atelier de cuir, j'avais commencé l'élaboration d'un chapeau de Cow-boy en cuir, jevoulais par la suite faire la ceinture, les bottes et finir par le manteau. Changer de déguisement…, quoi!

Le soir, on jouait au hockey à la patinoire qui se situait dans le milieu du centre. L'ensemble des bâtisses faisait un « o » et, au centre, dans le milieu des murs, il y avait une patinoire. Avec de grosses lumières qui éclairaient le soir, la patinoire ressemblait à celle du forum. J'avais une très bonne paire de patins, genre nouvelle vogue, celle qui était rigide.

C'était très bien, je ne patinais plus sur la bottine et j'avançais beaucoup plus vite. Quelques soirs par semaine, j'allais ainsi jouer au hockey.

Je m'étais habitué assez rapidement à ce genre de vie institutionnalisée, faut dire que j'avais déjà été dans de multiples collèges. Je trouvais ici la vie facile, on était très bien, pourvu que l'on demeure tranquille, on n'avait pas le choix de toute manière; tout était barré et les risques de fugue étaient presque impossibles. Autour de moi, les autres jeunes étaient beaucoup plus évolués ; eux, ils connaissaient la vraie vie, le vol, les évasions, la drogue, les discothèques et naturellement les filles. Pour ma part, je n'étais encore qu'un enfant d'école à côté d'eux; de toute façon, ça ne me préoccupait guère.

Je faisais plutôt ma petite affaire mais il ne fallait pas venir m'écœurer, je crois que ça se voyait dans ma figure. J'étais plutôt à l'écart comme d'habitude.

Quelquefois, j'en voyais un piquer sa crise, tout casser. Mais ça ne donnait pas grand-chose puisqu'ils allaient automatiquement au trou pour quelques jours. Parfois, il fallait plusieurs gardiens pour maîtriser un jeune.

Facile à comprendre : plus tu cries et plus ils te tapent dessus et tu perds en même temps tous tes privilèges. Valait mieux rester tranquille et avoir la paix, la sainte paix. Même une simple veilleuse pouvait comprendre cela mais…

Le travailleur social venait me voir de temps en temps pour m'encourager, pour ne pas que j'explose avec le temps. Il disait qu'il faisait des pieds et des mains pour que je sois transféré le plus rapidement possible. Je me disais en moi-même qu'il n'avait qu'à se servir de sa tête…, non!

Le temps passait très lentement et, moi, je participais au maximum d'activités, question de meubler le temps, car on allait pas à l'école.

Dans ma petite chambre dotée d'une porte en métal, j'avais collé quelques photos sur les murs. Fallait bien que je la décore, c'était un peu mon chez-nous, ma maison, ma pauvre petite maison.

Une journée, au cours du mois de février, le travailleur social est venu me chercher pour m'amener enfin au Mont Saint — Antoine.

J'étais très content mais je savais que changer d'endroit ne changerait pas une personne. Combien de temps j'allais tenir aux jeux, aux jeux de leur société, combien de temps?

Février 1978, seize ans…

Très grand centre, situé près du pont-tunnel Hippolyte Lafontaine, près de Saint-Jean-de-Dieu, un centre pour les psychiatrisé(e) s, les fous.

Le devant du centre était une grosse bâtisse très vieille, genre de couvent de frères avec une coupole au-dessus comme les anciens hôpitaux, les vieilles églises bref, de tout ce qui est ancien et provenait d'une certaine époque, d'une certaine génération, la génération de Dieu.

À l'arrière de l'ancienne bâtisse se trouvaient une vingtaine de modules ressemblant à des maisons assez grandes, construites sur deux étages. Un peu comme dans les films de guerre, dans les camps des nazis où les prisonniers habitaient dans de petites maisons toutes bien alignées. C'était pratiquement pareil sauf qu'il n'y avait pas de grande clôture qui entourait le centre. Devant chaque « module-maison », il y avait une patinoire extérieure qu'il fallait déblayer ensemble chaque fois qu'il neigeait. La nourriture se faisait dans l'ancienne bâtisse et était amenée dans chaque module à l'aide de chariots.

À l'intérieur de chaque « module-maison », au premier, il y avait au centre le poste des éducateurs, à une extrémité, la grande salle à manger et à l'autre, le salon.

Au deuxième, il y avait les chambres et les douches. De ma chambre, je pouvais voir la patinoire. J'avais une belle chambre, de beaux rideaux étaient installés à la fenêtre qui allaient avec la couverture de mon lit. Enfin, ici, ils savaient coordonner l'ensemble, ça faisait chambrette d'hôtel et c'était assez beau.

Le jour, je n'allais pas à l'école parce qu'ils m'avaient dit que c'était trop tard. On était rendu à la fin du mois de février et je n'allais pas cadrer avec les autres mais chacun avait une responsabilité ménagère. L'éducateur me dit que ce qu'il y avait de libre comme travail, c'était le petit entrepôt où ils mettaient tous les produits et les articles ménagers accessibles aux autres par l'entremise du responsable de l'entrepôt.

J'acceptai volontiers cette responsabilité. Enfin, j'allais avoir une vraie tâche, mon petit entrepôt. Dès le lendemain matin, je fis un ménage complet du local. Un vrai ménage ; les murs, le plafond, le plancher. Par après, tout le matériel trop usé fut jeté et remplacé par du neuf et dorénavant, nul n'aurait accès à l'entrepôt. Fallait avoir un certain contrôle non…

L'éducateur était très surpris et en même temps, très fier de ma prise de décision. C'était moi qui allait m'occuper de l'entrepôt. Je n'étais pas n'importe qui, lui dis-je. Finies les folies bergères, fallait de l'ordre. Je m'occupais moi-même d'aller à l'ancienne bâtisse pour faire le plein d'articles qui s'épuisaient avec le temps. J'aimais bien mon emploi et, en plus, il n'y avait que moi qui avais les clés.

Quelques activités étaient offertes et, à tous les soirs, on jouait au hockey. À quelques reprises, on se rendait, le groupe au complet, à l'aréna qui se situait juste à côté du centre, pour jouer au hockey. Pourquoi se rendre à l'aréna lorsqu'on avait une patinoire juste en face, à quelques pieds du module ? Pourquoi une aréna lorsqu'on habite au Canada ? Y'a pas d'hiver ? Fait-il trop chaud ? Certes non, puisque au milieu de l'hiver, la température baisse toujours aux alentours de moins dix à moins vingt degrés Celsius. Peut-être que ça faisait l'affaire d'une certaine génération de construire et de construire davantage, ça créait de l'emploi et il fallait encore une fois, de nombreuses personnes pour s'en occuper, pour l'entretenir, non! Vous direz plus tard à votre cher garçon ou à votre petite fille étouffé par l'impôt et la dette, que c'était juste pour eux que vous avez construit tant d'arénas (pour ne prendre que cet exemple) et, qu'en plus, ils en ont profité et qu'aujourd'hui, ils n'ont qu'à fermer leurs grandes gueules et à payer leurs impôts comme tout le monde. Ce qu'ils ont fait, l'autre génération, ils l'ont fait pour leurs enfants, faut surtout ne pas l'oublier…

Bref, ridiculement, on se rendait à l'aréna pour patiner. J'en ris encore ; quelquefois, je n'y allais même pas, je patinais dehors tout simplement…, à quelques pieds de ma chambre.

Le décor des murs du module était blanc, d'un blanc ennuyant, désolant ; sans magie, ni couleur, d'une tristesse écarlate. Étant moi-même bon dessinateur et peintre, je demandai la permission aux éducateurs de peinturer sur le mur de la salle de télévision « Lucky Luke » avec son cheval en grandeur nature. À ma grande surprise, ils acceptèrent. Oui, ça allait mettre plus de couleurs dans le module. Deux semaines plus tard, mon projet se termina. Une œuvre, oui, car, plus jeune, je passais de grandes journées à dessiner tous les héros des bandes dessinées. Passant par Obélix, Spirou, Gaston Lagaffe et j'en passe. J'espère que même aujourd'hui, mon dessin est demeuré sur le mur. Il faudrait bien que j'aille voir un de ces jours.

Quelquefois, des sorties de groupe étaient organisées pour aller au cinéma, au centre-ville, dans des parcs, etc. La vie roulait tout doucement.

Mon voisin de chambre me dit une journée, qu'il était pas mal écœuré d'être au centre et qu'un bon matin, il allait lever les feutres. Qu'il allait partir pour de bon, faire sa vie.

Un certain soir, il m'a demandé si j'avais déjà été dans une discothèque. Une discothèque ? lui dis-je. Non, jamais. Je ne savais même pas ce que c'était. Il m'invita à y aller en cachette et qu'on reviendrait au centre à la tombée de la nuit. Au pire aller, on allait perdre quelques avantages pour quelques jours et après, ce n'était pas la fin du monde.

Vers vingt heures, nous sommes partis prétextant une petite marche à l'extérieur et nous nous sommes rendus au métro situé juste à côté du centre. Enfin, la vraie vie allait commencer, le vrai dérapage. Il me fit, dans le métro, une description sommaire de la discothèque et, en même temps, m'annonça que tout le monde dansait, qu'il y avait plein de filles et plein de lumières. J'étais tellement énervé, qui fallait presque qu'il me retienne, qu'il m'attache. C'était un peu comme le gars qui sort d'un Goulag de la Russie et qui se retrouve dans un club à New York. Il ne sait plus où donner de la tête.

À l'entrée de la discothèque, j'en avais le souffle coupé. Devant moi, plein de jeunes filles dansaient de toutes les manières. Il y avait plein de lumières. C'était comme si une partie de moi-même revivait et se reconnaissait. Ça faisait quand même assez longtemps que je n'avais pas vu de filles de mon âge. Très longtemps, trop longtemps et cette musique, très forte mais aussi très bonne. « Ouap », me suis-je dit ; c'était mon monde, le genre de vie que j'aimerais et dire qu'il y en avait qui venaient ici tous les soirs. Fallait que ça change dans ma vie et vite. Je prenais conscience que, moi, j'existais comme un enfant et que, d'autres, se la roulait pas mal. Là, je venais de m'apercevoir que j'avais arrêté de vivre depuis pas mal de temps. Puzzle allait s'éclater pour de vrai, je vous jure. Le centre, j'allais te le balancer assez loin, merci.

J'ai dansé, dansé, dansé et encore dansé. Je suis resté jusqu'à la fermeture. Entre-temps, j'étais sorti de la discothèque pour boire quelques gorgées de bière que mon ami m'a offertes mais je n'avais vraiment pas aimé. Aux petites heures du matin, nous avons fait notre entrée au module. Naturellement, un discours des plus laborieux avec en plus des menaces d'expulsion pour

Cartier nous attendait de la part de l'éducateur. On avait ainsi sorti la grosse artillerie, histoire de nous faire peur. Non, pour ma part, je savais que la roue de la société, j'allais tôt ou tard la quitter pour de bon.

L'hiver tirait à sa fin et on m'annonça que j'étais pour commencer à aller à l'école. J'allais apprendre un métier, le métier de mon choix. J'avais choisi celui d'électricien. Le professeur était très gentil, dans la cinquantaine, il semblait habitué à des jeunes comme nous, des voyous quoi…

Un matin, dans l'atelier, j'étais pris, tout mêlé dans un paquet de fils, rien n'allait et le professeur en plus, me dit d'un air…, que je n'avais qu'à me débrouiller seul… Me débrouiller seul, mais, certainement, bien sûr que je pouvais me débrouiller seul. Me dirigeant vers la sortie, j'empoignai mon manteau et je quittai sur-le-champ l'atelier.

Me débrouiller seul. Y vont voir de quel bois que je me chauffe. Fini le centre, fini le cirque, les éducateurs, le petit niaiseux modèle, le modèle niaiseux, fini. À partir d'aujourd'hui, oh oui, j'allais me débrouiller tout seul et pour le reste de ma vie…, merci. Me dirigeant vers le métro, j'avais toujours sur moi quelques tickets et un peu d'argent au cas où, au cas où…

LIBERTÉ

Avril 1978, seize ans…

Arrivé dans le métro, je me suis dit que la meilleure place où je pouvais aller pour peut-être revoir des garçons du collège était le centre-ville. J'aurais peut-être une chance d'en rencontrer un. Mais, dans ma tête, c'était bien fini les collèges. J'allais dorénavant parvenir à mes besoins seuls. J'avais assez d'expérience et j'étais assez vieux pour faire face à la musique, à la vie.

Descendant au métro Berri-De-Montigny près du grand terminus d'autobus, j'optai pour la rue Sainte-Catherine. Je marchais lentement, très lentement. Regardant les gens, les magasins, le temps était encore froid, le ciel était tout gris. Maudite belle journée pour recommencer à neuf dans la vie, comme si le décor…

Je marchais et arrivé en face d'un très gros centre commercial avec quelques tours de bureau, je décidai d'y entrer, question de me réchauffer et d'y boire un bon café. Au sous-sol, il y avait plein de petits casse-croûtes.

Prenant un beignet avec un café, j'eus la surprise de ma vie de voir apparaître devant ma table le garçon qui m'avait fait découvrir la discothèque. D'un air amusé, il me demanda ce que je faisais là…, et le collège?

Lui racontant mon aventure, je lui demandai en finissant à quelle place qu'il habitait, puisqu'il s'était sauvé du centre depuis déjà pas mal de temps. Il me dit qu'il demeurait sur la rue Saint-Denis tout près du métro Sherbrooke avec des amis plus âgés.
Mais comment fais-tu pour vivre?, lui demandai-je.
— Je fais la rue, je fais des clients.

Facile, très facile, tu n'as qu'à te pointer dans la salle de bains du Complexe Desjardins situé au sous-sol, tu fais semblant d'uriner et automatiquement, un homme va s'approcher de toi et fera semblant à son tour… Si tu t'aperçois qu'il est en érection, alors c'est un client potentiel. Tu n'as qu'à le suivre dès qu'il part et il va t'aborder un peu plus loin, tu n'as qu'à fixer ton prix. Vingt dollars est le prix habituel, après ça, ça dépend de ce que tu fais, de ce qu'il te demande.

Si tu attrapes un gars qui est gêné, mal à l'aise, pas trop habitué, tu lui demandes plus cher, mais fais toujours attention à ceux que tu pognes, y en ont qui sont pas corrects, qui te forcent à faire des choses et qui paient à moitié ou pas du tout. Fais très attention…

Moi, je ne choisis que des messieurs en habit. Généralement, ils paient bien et ils sont toujours pressés. Soit qu'ils t'amènent dans leur voiture ou dans un petit motel.

Pas trop rose mais assez payant. Plus payant que de laver la vaisselle dans un petit restaurant à quinze dollars par jour. Si tu arrives à faire trois à quatre clients par jour, ça te donne une moyenne de trois cents dollars par semaine. Assez pour bien vivre et te payer un appartement.

Je n'osais pas lui avouer que j'avais déjà eu un petit vieux durant un an, dans mon enfance mais, j'étais quand même prêt à sacrifier mon corps pour une bonne cause ; soit la mienne, ma survie et je ne voulais surtout pas revenir au centre.

Il m'invita chez lui pour cette première soirée de liberté et il me promit que, pour le lendemain, il était pour me présenter un client facile…, pour que j'apprenne. Je pourrais habiter chez lui pour la semaine mais, après, que je devrais partir, me débrouiller tout seul.

Le lendemain matin, je savais comment bien m'occuper d'un client. Il m'avait bien fait jouir et m'avait tout dit de la prostitution. Maintenant, je pouvais fort bien me débrouiller. Il m'avait trouvé très beau car, en dépit de mon âge, j'avais seize ans, je n'avais presque pas de poils sur le corps, ni sur la figure et c'était ce que les hommes préféraient le plus, un garçon sans poils. Je paraissais plus jeune que mon âge, j'étais pour « pogner » c'est sûr…

Après avoir déjeuné au restaurant, mon copain téléphone à un monsieur pour lui demander s'il aimerait avoir un nouveau jeune, sans aucune expérience. Répondant oui à l'offre, j'allait avoir ma première expérience dans le milieu de l'après-midi.

Mon copain, durant ce temps alla au Complexe Desjardins pour faire de nouveaux clients. Moi, je n'avais qu'à me présenter chez le monsieur et faire strictement ce que mon copain m'avait dit de faire; soit d'uriner dans sa bouche durant que lui était pour se masturber. J'avais de la misère à croire que cela était possible, vraiment possible. Je me disais que le monde était fou, complètement capoté…, mais pour l'argent que ça me donnait   ; soit vingt-cinq dollars pour quelques minutes, une aubaine. Revenant au Complexe Desjardins par le métro, le monsieur avait été très gentil et m'avait donné rendez-vous pour la semaine prochaine. J'avais mon premier vingt-cinq dollars en poche, ça commençait bien, ça équivalait à une semaine de loyer dans une belle grande chambre.

Arrivé au Complexe Desjardins, je me suis pointé dans les toilettes du sous-sol et comme m'avait si bien dit mon copain, dès que je suis entré, un monsieur s'est approché de moi et, me faisant un signe discret, je l'ai suivi jusqu'à sa voiture. Moi, je jouais au petit nouveau sans expérience, ce que les messieurs aimaient bien et en même temps, ils n'osaient rien me demander. Ils s'amusaient avec mon corps et une fois qu'ils avaient joui, ils me payaient et je partais.

Maintenant, il me fallait partir car les vieux de la place où j'habitais me demandaient vingt dollars par jour pour pouvoir demeurer là. C'était énorme et je voulais surtout garder mon autonomie, pas question d'habiter avec quelqu'un. Samedi matin, je m'empressais d'acheter « La Presse » pour pouvoir me louer une chambre. Ma première place à moi, mon véritable chez nous.

J'ai loué la première chambre que j'avais visitée sur la rue Beaubien, tout près du métro. Cette chambre de grandeur moyenne était assez spacieuse. Un grand lit double au centre, un petit poêle, un gros frigidaire, une garde-robe, un bureau triple pour mettre mes vêtements et pour finir le tout, une t. v.

Ce n'était pas le luxe mais j'étais chez moi, dans ma maison. Enfin, la paix, la sainte paix. Sur moi, il me restait environ trois cents dollars, soit l'équivalent de deux semaines de salaire normal, donc, il ne me restait plus qu'à m'habiller, à m'acheter des jeans serrés, de beaux gilets et un beau manteau de printemps. Il y avait aussi une petite épicerie à faire et un peu de vaisselle à acheter.

Je me rappellerai toujours de cette première chambre car elle était le début d'une autonomie. T'as pas grand-chose mais tu as une demeure bien à toi, comme tout le monde.

Dès lors, à chaque jour, après avoir déjeuné au restaurant du coin, j'allais au Complexe Desjardins faire des clients et le soir, je revenais chez moi vers dix-huit heures, toujours un peu plus riche. Contrairement aux autres, je ne sortais pas, je ne jouais pas dans les machines à boules, ni au pool. Je ne buvais pas de bière et je ne fumais pas de drogue donc j'accumulais mon argent. Je n'osais pas ouvrir de compte de banque de peur qu'il me retrace ainsi et, de toute façon, je n'avais même pas de carte d'identité sur moi. Je cachais mon argent dans mon manteau, dans une petite place secrète. Je n'osai pas le laisser dans ma chambre car j'avais trop peur d'être volé ou défoncé durant mon absence.

Un soir, prenant un café au restaurant du coin, un gros monsieur, gardien de sécurité m'invita chez lui pour écouter le hockey mais la soirée de hockey se termina plutôt dans son lit. Avec le temps, j'ai vite appris qu'il ne fallait surtout pas se fier à l'apparence des gens, que n'importe qui pouvait aimer les petits garçons, avoir ce penchant.

Après quelques semaines de métier, étant donné que j'étais genre très propre, méticuleux, que j'avais un beau corps, que j'en prenais grand soin et que je faisais pareil avec ma clientèle, j'avais des clients très réguliers, toujours les mêmes que j'avais choisis méticuleusement. Il y avait l'argent, mais pas avec n'importe qui. Je choisissais ceux qui avaient de la classe, je me disais que si je choisissais de bons clients, il y aurait moins de danger pour les maladies et je serais aussi bien payé.

Dans ma clientèle régulière se trouvait un avocat, un homme d'affaires qui gérait des motels, un comptable, des gens de bureau, un gars qui travaillait pour les chemins de fer…, j'avais aussi un pilote d'avions.

Clientèle très régulière et, pour ma part, je n'étais plus obligé de perdre un temps fou à me promener dans les toilettes du Complexe Desjardins.

Je me suis toujours demandé comment ils pouvaient faire de telles choses, d'avoir une véritable vie double : soit d'aimer les petits garçons tout en étant marié et ayant eux-mêmes des enfants. Je me disais : si leurs épouses savaient, se doutaient de ce que leurs maris étaient en train de faire, c'était énorme et sans calculer le risque. Le risque de tout perdre pour une tendance sexuelle.

Comment faisaient-ils pour regarder leurs épouses dans les yeux en leur disant qu'ils les aimaient ainsi que leurs enfants? Comment?

Vie double. On ne connaît jamais une personne complètement même si ça fait dix ou vingt ans que l'on vit avec elle. La vie n'est qu'un jeu, une pièce de théâtre.

Quelques-uns me parlaient de leurs enfants ayant le même âge que moi. À en faire vomir. C'était écœurant, je trouvais cela écœurant. Mais je me trouvais bien chanceux à mon âge de comprendre ainsi la vie, puisque dans les écoles et dans les universités, ils ne t'enseignent pas qu'une telle chose peut-être possible. Tu l'apprends avec la vie. Mais quelquefois, ça peut te coûter dix à vingt ans de ta propre vie, que tu essaies d'effacer de ta conscience, de ta mémoire. D'effacer un mari qui t'écœure parce que tu as appris d'une manière ou d'une autre son penchant, soit parce qu'il aime les petits gars, l'alcool, les danseuses ou bien qu'il avait une maîtresse depuis cinq à dix ans. Et, là, tu te retrouves bien seul dans la vie, à tout recommencer à zéro comme si rien n'était, comme si rien ne s'était passé. La vie n'est qu'un jeu, une grande pièce de théâtre. Chacun joue plusieurs rôles et rien n'est jamais acquis pour de bon…, jamais.

Par chance, moi je savais cela malgré mes seize ans, j'en avais pris pleinement conscience. J'embarquais dans le jeu seulement pour l'argent, le maudit argent qui corrompt tant de gens…, maudit argent…, maudit vice…, ainsi va la vie.

Avec le temps, j'avais acquis aussi des clients faciles, très gênés, mal à l'aise avec pleins de complexes. J'en avais un qui habitait et travaillait à Laval dans un petit restaurant, il s'appelait Léopold.

Chaque dimanche après-midi, je passais ma journée avec lui. Il m'amenait au restaurant et au cinéma. Naturellement, la journée se finissait dans mon lit pour quelques minutes, mais il payait très bien et je pouvais lui demander ce que je voulais. Genre de gars que tu plumes très lentement.

Lorsque je n'avais pas beaucoup d'argent, je descendais au restaurant où il travaillait et je lui demandais une certaine somme d'argent. Lui, de son côté, il se sentait toujours obligé de répondre à mes demandes. Incapable de s'imposer, le genre de gars qui est sur la terre que pour subir...

Au tout début de l'été, ma chambre étant devenue trop petite, je déménageais dans un deux pièces sur la rue St-Zotique, pas trop loin de ma chambre. Le propriétaire habitait avec sa femme et sa fille au premier étage du même bloc.

J'habitais au troisième étage et au deuxième habitait « la bottine ». Vieil homme que j'avais surnommé ainsi parce qu'il avait une chaussure plus haute que l'autre d'environ huit pouces, en bois. Lorsqu'il marchait, ça faisait « boum-boum ». Un peu à l'image des films de pirates. Je me disais que, s'il y avait une inondation, lui, il serait sauvé par sa bottine qui flotterait. Parfois, il essayait de m'attirer chez lui sous divers prétextes mais, avec mon expérience des humains, y en était pas question..., encore un vieux cochon en...

En face du bloc appartement, il y avait un dépanneur et la fille qui y travaillait le soir aimait bien la musique, « ma » musique.

Qu'est-ce que les hommes ne feraient pas pour plaire ? Je mettais mes deux haut-parleurs dans la fenêtre. Elle devenait complètement folle sur le trottoir..., sa mère aussi, habitant au troisième étage juste en face de ma fenêtre.

Elle sortait à tous coups sur son balcon pour gueuler en italien je ne sais trop quoi. Bref, ça mettait de la vie dans le quartier, un peu comme dans les bons vieux films, dans les bons vieux pays.

Vers le début de l'été, voyant les autres jeunes avec de belles mobylettes toutes neuves, je demandai à Léopold de m'en acheter une. Pourquoi pas, il fallait bien qu'il me gâte…, non? Moi, je prenais toujours bien soin de son corps. Il avait beaucoup hésité, mais, après une bonne semaine de négociation très serrée, il finit par me l'acheter. Juste avant ma fête, mes dix-sept ans, j'étais très content. Ainsi, l'été commençait très bien.

J'avais téléphoné à la famille Bouchard pour leur demander si je pouvais venir la fin de semaine pour voir mes frères.
Maman Bouchard n'ayant jamais refusé mon adhésion à la famille accepta.

Avec tout l'argent que je me faisais, j'avais dit à maman Bouchard que je travaillais dans un supermarché à Montréal. J'ai aussi, à la même époque, téléphoné à mon travailleur social pour lui dire que j'étais toujours en vie, que j'avais un bel appartement et un bon travail mais que je voulais aussi garder ma liberté, ne plus revenir dans des collèges et que je voulais retourner à l'école dès le mois de septembre. Il accepta après une brève enquête et une visite chez moi. Il me dit par la même occasion, que le chèque que les familles recevaient pour me garder à tous les mois, il pourrait me le donner à une seule condition : que j'aille à l'école dès septembre et que je lui montre mon inscription et mes bulletins.

Voyant que je me débrouillais très bien, que j'avais un bel appartement et de la nourriture dans le frigidaire, il était d'accord pour que je poursuive ainsi ma vie. Lors de sa visite, il m'a donné toutes mes affaires que les services sociaux avaient gardées ainsi que mes cartes d'identité. Maintenant j'étais libre, autonome et légal. Si les grandes personnes peuvent avoir une double vie, je pouvais moi aussi en avoir une. Je menais la belle vie, je profitais bien de l'été et j'avais toujours ma clientèle bien régulière…, quoi de mieux.

Pour passer le temps, je bricolais des jeux de lumières qui suivaient le rythme de la musique. J'avais toujours deux ou trois montages en cours. Le propriétaire regardait mes petits projets d'un œil plutôt inquiet, de peur qu'un jour ou l'autre, je fasse sauter tout le bloc. Ce qui devait arriver, arriva : l'un de ces jours, un soir alors que j'achevais un jeu de lumières, j'avais fermé la boîte de métal sans me soucier du « ground » et, à l'instant où je l'ai branché dans la prise, tous les plombs du bloc ont sauté. Prenant mon balai pour mettre à la hâte dans la garde — robe tout ce qu'il y avait par terre, j'étais sûr que le propriétaire monterait en quatrième vitesse à mon appartement. M'étant déshabillé en toute vitesse, il frappa à la porte quelques instants plus tard.

Me levant très lentement et pour plus de crédibilité à la scène suivante, au même instant que j'ai ouvert ma porte d'entrée, les yeux à moitié fermés, je cherchais l'interrupteur de ma main et en allumant celui-ci, je lui dis d'un air étonné qu'il n'y avait plus de lumière. Me répondant « non » sèchement, je lui demandai la raison ! Me disant qu'il était monté pour justement avoir cette réponse…, il s'excusa d'avoir pensé que c'était moi et tourna les talons à la recherche du coupable. Moi, je l'avais échappé belle…, ouf!

Ouap, l'été s'annonçait vraiment trépidant. J'avais ma petite discothèque dans mon appartement, un studio d'écoute et d'enregistrement était installé dans le coin, près de la fenêtre. Mais, malgré cette fenêtre toujours grande ouverte, maudit qu'il faisait chaud là-dedans. Cherchant une solution à cette canicule exceptionnelle, j'ouvris les pages du catalogue « Distribution aux consommateurs ». Magasin où on achète des articles au comptoir par catalogue. Regardant les quelques pages qui montraient les piscines, je me disais que ça serait trop beau…, et pourquoi pas!

Une piscine installée dans ma cuisine, possible puisque ma cuisine avait au moins quinze pieds de large et il y avait le lavabo dans le coin. La cuisine était assez grande pour que j'installe une piscine de neuf pieds de diamètre, non?

Revenant du magasin en taxi avec une grosse boîte, je priais le bon Dieu pour que le propriétaire soit absent ou bien qu'il ne s'aperçoive pas de mon arrivée. D'autant plus que, sur la boîte, l'immense boîte, il y avait d'inscrit « piscine montable pour toute la famille »…, quelle famille?

Le montage fut assez rapide à effectuer et, d'après mon étude de faisabilité, en faisant couler le robinet d'eau toutes les nuits, je pouvais ainsi maintenir une qualité d'eau raisonnable. Un autre tuyau sortait l'eau du fond de la piscine par pression.

Quelle sensation d'avoir sa piscine chez soi, au troisième étage lorsque, dehors, il fait environ cent cinq degrés. Si les gens riches avaient leur piscine dans leur cour, moi, plus pauvre, je pouvais sûrement avoir la mienne dans ma cuisine, non…

Pour les vacances du mois de juillet, le propriétaire ayant un chalet d'été en face du lac Champlain m'invita à y passer une semaine. Un défi très intéressant pour moi qui voulais tester ma mobylette. Un voyage de deux cents milles dans un endroit où je n'étais jamais allé, un vrai défi. Partant un vendredi matin, bien sûr que je suis arrivé à bon port. Il a été très surpris de me voir arriver avec mon sac à dos en mobylette. Jamais il n'aurait cru…, avait-il dit. Sa femme et sa fille étaient présentes. Ils demeuraient dans une maison mobile et je m'installai avec eux pour la semaine. Le propriétaire avait aussi un gros bateau à moteur. J'ai passé la semaine à faire du bateau, à me reposer et à visiter les environs avec la fille du propriétaire. Étant donné qu'elle était âgée dans la vingtaine et que moi, je n'avais que dix-sept ans, je n'osais lui avouer que…, bref, je regardais ailleurs, maudite vie…

Durant la deuxième fin de semaine, un party avec une discothèque mobile fut organisé pour le samedi soir. De cette soirée, j'ai pu danser mon premier « slow » avec une belle fille de mon âge, un amour de fin de semaine, sans plus.

Revenu à Montréal, lentement, à l'aide de ma mobylette, je parcourais le quartier, les rues de la ville. À toutes les fins de semaine, le samedi, j'allai revoir la famille Bouchard, les liens se resserraient un peu plus. Mon frère René avait lui aussi une moto et, parfois, il se rendait jusqu'à mon appartement.

Au cinéma, le film « Saturday Night Fever » battait son plein et moi, pour mieux apprendre la danse, j'étais allé voir son film dix-neuf fois et à chaque fois, j'étais encore émerveillé, ébloui. De ce fait, je commençais quelques soirs par semaine à aller au Lime-Light, c'était la discothèque de l'époque. Je faisais mon petit « spectacle » chaque fois que j'y allais. J'avais acheté le même habit blanc que le danseur portait dans le film et j'avais demandé à mon coiffeur du coin, un Italien, de me faire la même coupe que « John Travolta ». Je faisais fureur au Lime-Light et je n'avais même pas encore dix-huit ans, âge légal pour entrer. Étant donné que j'avais une vie sexuelle bien remplie, les filles ne m'intéressaient pas beaucoup car, contrairement à une prostituée qui peut faire semblant de vouloir, de jouir, moi, je devais être en érection et jouir, je ne pouvais pas faire semblant. Donc, les soirs, moi je sortais pour danser, sans plus.

Ce fut vraiment un été de musique, de même que pour le marchand de disques sur la rue St-Hubert qui commençait à faire des affaires d'or avec moi puisque, à chaque semaine, j'y achetais une dizaine de quarante-cinq tours. La musique était ma

166

passion, tellement que j'avais quasiment un studio de production chez moi. Je passais des nuits entières à téléphoner au signal de l'animateur de la station CKVL de Laval. Chaque fois que je gagnais, je pouvais parler avec lui sur la tribune téléphonique, moi de mon côté, j'enregistrais le tout. Le prix final était rien de moins qu'un juke-box. Je ne l'ai jamais gagné mais, il y avait toute la magie de vivre, le rêve musical ; cette fameuse musique qui fait battre ton cœur un peu plus vite, un peu plus fort. Celle qui te fait vivre, rêver.

Au début du mois d'août, j'avais aussi renouvelé quelque peu ma clientèle. Dans cette nouveauté, j'avais un client dans la soixantaine qui était arpenteur, son ami de toujours était professeur à l'Université McGill en comptabilité ou quelque chose dans les finances et il avait son propre jeune qui était étudiant. Eux, ils étaient très gentils, ils m'invitaient toujours dans de bons restaurants, dans de beaux bars ou discothèques. Au cours du mois d'août, ils m'avaient même invité au chalet du professeur qui se situait en Ontario tout près de la réserve faunique. J'y ai passé une bonne semaine à me reposer, me faire bronzer tout nu sur des rochers perdus parmi les milliers de rivières de la réserve. J'avais aussi appris à faire du ski nautique. Le professeur était bien correct ; jamais il n'aurait osé me toucher puisque j'étais le jeune de l'arpenteur.

L'épouse de l'arpenteur savait que son mari était aux jeunes mais elle le laissait faire, peut-être à cause de l'âge, qu'il était trop tard pour elle de refaire sa vie…, peut-être, enfin. J'ai passé de belles vacances et je ne garde d'eux que de bons souvenirs.

Toujours de cet été-là, un soir que je regardais un bon film dans un cinéma, je sursautai lorsque le voisin toucha ma chaussure avec son talon. Dès la sortie du film, sur le trottoir, mon étrange voisin m'invita à prendre un café. Dans le début de la trentaine, il travaillait dans le centre-ville dans les ordinateurs et il habitait avec son frère en appartement. Il me prétexta qu'il n'avait pas beaucoup d'amis et qu'il s'en cherchait. Je crois plutôt qu'il se cherchait, ayant découvert une certaine tendance en lui. Moi, je le voyais venir avec ses grands sabots mais je jouais plus au petit gars qui ne comprenait pas grand-chose.

C'est seulement après quelques mois, qu'il s'était enfin décidé de me dire qu'il m'aimait bien. Moi, pendant ce temps je jouais le jeu et lui, il m'invitait toujours au restaurant, au cinéma. Quelquefois, il m'achetait du linge à son goût qu'il voulait que je porte.

C'est quand même assez drôle de jouer le jeu contraire, de faire la « pute ». Quelquefois, je me voyais à travers ces innombrables femmes qui se font payer beaucoup de choses par un gars. Il faut être vraiment « vache » pour faire cela. Excusez mesdames mais c'est vrai. De faire languir un homme quelques mois pour jouer le jeu, c'est vrai que ça procure un certain charme « d'antan » mais ça fait…, d'autant plus que, de toute façon, tout le monde sait où ça se termine tôt ou tard…, non. J'étais un jeune homme et, pour quelques mois, j'avais joué à renverser les rôles. En toute franchise, j'aime mieux être un homme et d'attendre que d'être celle… Bref, beaucoup d'explications pour vous dire simplement que d'un sens ou de l'autre, je commençais à connaître plutôt très bien la musique de la sexualité humaine.

Certains soirs au restaurant du centre ville près de la rue St — Laurent, vers la fin de la nuit, j'écoutais les filles de rue qui parlaient de la vie…, de cet avocat qui dormait à présent dans les bras de son épouse ou de cet homme, de l'âge de mon grand-père qui, prétextant une certaine promenade…

« Les singes ont tous du poil et les hommes ont tous une queue, voilà la vraie vie ». Le sexe n'a pas d'âge et surtout aucune profession. Il n'a jamais été à l'école, il est mal élevé et ne fait qu'à sa tête malgré tous les acquis de son propriétaire. C'est à se demander s'il ne faudrait pas demander des explications au bon Dieu…

Vers la fin du mois d'août, j'avais pris la décision de me retirer un peu de la prostitution. Le Complexe Desjardins commençait à me tanner et j'avais quand même ma clientèle régulière. Je voyais Léopold à toutes les semaines et lui, il me payait très bien en plus de mon chèque que les services sociaux m'envoyaient. C'était suffisant pour bien vivre.

Le mois de septembre s'amena et j'ai dû commencer l'école comme tout le monde. Je me suis inscrit en secondaire trois. Les événements de l'année précédente ont fait que je n'étais presque pas allé à l'école alors, je n'avais pas le choix, je doublais d'année.

À l'école, je me tenais tranquille parce que je n'avais plus grand-chose à prouver, j'étais libre et sans parents. Après quelques semaines, je m'étais fait quelques amis et amies. Des personnes qui demeuraient tout près de chez moi.

Je me tenais avec deux filles. L'une d'elles était plus proche de moi, un peu ma confidente mais on ne sortait pas ensemble. Elle habitait avec sa mère qui était divorcée; une maman dans la trentaine très gentille, très cool. Nous passions presque toutes nos soirées ensemble jusqu'au jour où…

Novembre 1978, dix-sept ans…

Vers le début du mois de novembre, sans raison apparente, j'avais décidé de déménager près de la famille Bouchard.

J'habitais un deux et demi situé dans un sous-sol. Je prenais l'autobus à tous les matins pour me rendre à la polyvalente et je revenais le soir à la maison. Léopold venait me voir chez moi à tous les dimanches, jour du Seigneur.

Quelques temps plus tard, je m'étais inscrit dans les cadets. Faut dire que ma sœur Dominique, mon frère René et mon frère Jean en faisait partie depuis un an et moi, j'y étais allé à quelques reprises le vendredi soir. Je m'étais inscrit pour les filles qu'il y avait là-bas. On formait une bonne « gang » et on organisait toujours des « parties » le samedi soir dans différentes demeures lorsque les parents étaient absents. J'amenais ma discothèque mobile à chaque samedi soir ; c'est moi qui organisait la musique. Ayant une grosse chaîne stéréo et une bonne collection de disques, j'étais en mesure d'organiser de bonnes soirées. Naturellement, le disquaire fera toujours l'envie de quelques filles. C'était ma place et leur place à mes côtés. J'avais toujours une fille près de moi. Que voulez-vous de plus? Mais, on ne faisait rien de mal que de s'embrasser. Quelquefois, la soirée se terminait par un jeu de bouteilles. Celui et celle que la bouteille visait devaient s'embrasser. Voilà comment l'on prend de l'expérience…

L'un de mes amis aimait bien une certaine fille, moi aussi. Toujours fonceur comme à l'habitude, un soir, je m'approchai de cette fille, dans l'escalier du centre des cadets et je lui dis que c'était ou moi ou mon « copain ». La semaine suivante, elle m'annonça que ça serait moi l'élu. Faut être vraiment « vache » pour faire ça à l'un de ses amis, mais lorsque tu aimes une fille, y a plus d'amis, y a plus personne et tous les coups sont permis. Quelques semaines plus tard, sa mère ayant appris que j'habitais seul en appartement, défendit à sa fille de me revoir. Moi, j'ai appelé sa mère pour expliquer ma situation, car j'aimais bien sa fille, mais celle-ci refusa mes arguments et me défendit par la même occasion de revoir sa fille. Comme si les grandes personnes avaient le droit de briser ainsi l'amour.

Qui sont-ils pour juger ? Pour défendre à leurs enfants d'aimer quelqu'un   ? Comment les ont-ils faits leurs propres enfants? Je n'ai jamais aimé les grandes personnes qui prennent la vie trop au sérieux, ils brisent les rêves parce qu'ils subissent eux-mêmes la vie.

Lorsque l'on fait des enfants, il faut s'attendre qu'ils partiront tôt ou tard, car ils ne vous appartiennent pas et ne vous ont jamais appartenu. C'est ainsi la magie de la naissance ; on fait un enfant qui partira tôt ou tard. Cet enfant ne vous a jamais appartenu car, dès sa naissance, lors de sa première respiration, il devenait déjà un peu plus autonome.

Vous ne voulez pas que vos enfants fassent les mêmes erreurs que vous mais malheureusement, même dans les meilleures universités, malgré tout l'enseignement dispensé et les mises en garde, il faut vivre chacun nos expériences. C'est la vie. Tous les garçons de la terre se feront « pogner » tôt ou tard le pantalon dans une clôture. C'est comme ça et c'est inscrit dans le grand livre de la vie.

Psychologiquement parlant, lorsque l'on défend à un enfant de faire quelque chose, c'est peut-être que quelque part, il y a un certain temps, une certaine époque, on aurait aimé faire la même chose…, non?

Plaidoyer de l'amour? Bref, j'étais très choqué par l'attitude de sa mère, j'aimais tellement sa fille…

J'avais toujours ma mobylette et, dans l'espoir que celle-ci aille plus vite, j'avais enlevé le silencieux. La seule chose que ça a donné de plus, c'est que le monde dehors avait l'impression qu'une grosse Harley-Davidson s'amenait et c'était moi, avec ma petite mobylette jaune, qui arrivait dans le décor. Dès lors, j'avais décidé d'entrer ma mobylette dans le salon dans l'espoir d'en faire une moto de course. Selon mes calculs si, à la roue arrière, je changeais l'anneau denté de la chaîne pour une plus petite, normalement, la roue effectuait plus de tours pour la même longueur de chaîne.

Toujours d'après mes calculs par rapport aux dents de l'anneau, la nouvelle que je posais en avait à moitié moins que l'autre, donc, j'étais supposé de doubler la vitesse de ma mobylette. Les départs seraient moins rapides mais, pour les grandes distances, ça irait beaucoup plus vite.

Pour ne pas tacher mon tapis de salon, j'avais décidé de faire le travail dans mon bain. L'huile et tout le reste se nettoieraient mieux. Après quelques soirs de lourds travaux, la mobylette semblait prête pour le test final. Une fois sur la rue, celle-ci refusa de démarrer. Après plusieurs essais infructueux, je décidai de la ranger pour l'hiver. Quelques mois plus tard, j'ai « allumé » : si elle ne voulait pas démarrer, c'est tout simplement parce que la bougie était brûlée. Je me maudissais parce que j'aurais vraiment aimé faire le test final. Imaginez une mobylette qui file à 120 km/h.

De la mobylette, il fallait que quelque chose change ma vie, qu'il y ait du neuf. Et pourquoi pas une plus grosse chaîne stéréo avec des haut-parleurs gros comme dans les discothèques, pourquoi pas…, mais je n'avais pas beaucoup d'argent et si… Léopold arriva le dimanche comme à l'habitude chez moi et contrairement aux autres dimanches, je lui dis que, pour cette fois-ci, je voulais qu'il me paie en chèque. Je savais que son compte de banque était plein à craquer. Tombant dans le panneau, il me fit un chèque de vingt dollars que j'avais moi — même écrit. Sauf que les vingt dollars étaient inscrits en fin de ligne, il ne me restait qu'à inscrire mille huit cents juste avant les vingt dollars d'inscrits pour faire la fabuleuse somme de mille huit cent vingt dollars. Le tout était très bien fait, comme un professionnel.

Le lendemain, au lieu de me rendre à l'école, j'ai été à sa banque pour changer le chèque. Le directeur vérifia le chèque et moi, pour avoir son approbation, je lui dis que je lui avais vendu une grosse chaîne stéréo que j'allais m'acheter…, quelques heures plus tard, mais ça avait réussi.

J'étais allé chez Radio-Shack pour acheter des haut-parleurs et tout le « kit ». Le marchand de rénovation est venu me livrer deux feuilles de quatre par huit de « presswood » d'un pouce d'épaisseur. C'était pesant mais il fallait que ça soit solide. Dès lors, j'ai commencé la construction des haut-parleurs. Malheureusement, ils étaient trop gros pour les sortir de la maison. Je n'avais pas calculé ce petit détail mais ce n'était pas trop grave puisqu'ils étaient dans mon salon. Là, j'avais une vraie chaîne stéréo comme dans les discothèques. Les colonnes fonctionnaient bien mais pas assez fort à mon goût. Je me demandais bien quelle grosseur il fallait qu'elles aient pour fonctionner comme dans des discothèques d'autant plus que, dans mon esprit, plus les colonnes étaient grosses, plus elles étaient fortes. Pardonnez mon erreur de jeunesse mais il faut apprendre.

J'avais aussi collé du papier d'aluminium partout dans le salon, les murs et le plafond. Des lumières de Noël contournaient les meubles et ceux-ci suivaient le rythme de la musique. Maintenant que mon projet était fini, j'avais ma propre discothèque chez moi.

N'étant pas allé à l'école de la semaine, le directeur m'avait appelé. Prétextant une grosse grippe, je lui avais promis que, dès le lundi suivant, j'allais être assis de nouveau dans une classe.

Jeudi soir, vers les vingt heures, Léopold arriva illico presto devant mon bloc appartement.

Ayant fermé les lumières depuis dix-huit heures, je me doutais bien qu'il allait venir puisqu'à tous les jeudis soir, il allait à la banque déposer sa paie et mettre ainsi son précieux livret à jour. Il sonnait, sonnait et gueulait. Moi, dans le noir de mon appartement, fumant une cigarette, j'avais hâte qu'il reparte pour écouter encore les nouveaux disques que j'avais acheté. Il finit par partir.

Le lendemain, il me téléphona chez moi et il ne voulait que ravoir son argent. Je l'ai menacé de tout dire à sa sœur de nos relations. Ayant une peur bleue de sa sœur, il laissa tomber l'affaire et me laissa tomber. Moi, ça ne me dérangeait pas trop puisqu'il me restait encore beaucoup de son argent et j'avais, dès le début de chaque mois, le chèque des services sociaux. Donc, j'arrivais très bien.

Je passai la période des Fêtes avec la famille Bouchard. Il y avait toujours beaucoup de monde puisqu'ils étaient nombreux dans la famille. Du côté de maman Bouchard, ils étaient douze frères et soeurs. Du côté de papa Bouchard, je crois qu'ils étaient six ou sept. Ça faisait pas mal de monde dans la maison pour le temps des Fêtes. D'autant plus que maman Bouchard aimait bien recevoir et faire de la « popote ». Il y avait toujours beaucoup de nourriture sur la table, dans le frigidaire. On aurait été la dernière famille à manquer de nourriture. C'était l'un des bons côtés de la famille. Tous aimaient faire de copieux repas. Toutes mes tantes ne pouvaient s'empêcher d'aider maman Bouchard, de mettre la main à la pâte, c'était la tradition…

Début de janvier, le petit train-train quotidien s'installa graduellement. Le jour, j'allais à l'école ; le soir, je jouais aux cartes avec mes amis entouré de quelques filles comme à l'habitude. Le vendredi soir, j'allais aux cadets et le samedi soir, nous avions nos petites soirées quelque part, chez quelqu'un. Moi, je m'occupais de la musique. Quelques fois, je m'en occupais avec l'un de mes amis qui avait lui aussi une très grosse chaîne stéréo…, les années musique, quoi.

Après les Fêtes, c'était une période assez difficile pour tout le monde. Il fait très froid, le soleil se couche très tôt et tout le monde attend que l'hiver finisse. L'hiver, c'est plaisant à Noël, lorsque le temps n'est pas trop froid et que de gros flocons tombent très lentement dehors. Qu'il y a plein de lumières de couleur allumées dans de gros sapins. Mais après, la magie s'envole jusqu'au mois de mars où le temps plus doux commence à réchauffer le moral des personnes. Et après, après…, l'été, les vacances, la liberté.

Drôle de pays…, dès que les premiers flocons de neige tombent, tous se précipitent dehors pour pelleter même si l'on sait que le lendemain, ça sera fondu de toute manière. Après quelques mois à l'abri au foyer, à l'abri des temps trop froids, dès qu'une certaine chaleur de printemps arrive, tous se précipitent dehors, sur le trottoir, sur les terrasses, etc. Un peu comme si tout le monde revivait deux fois par année et à chaque année, la même magie qui recommence comme si la mémoire avait d'ores et déjà oublié. Mais je n'aimerais pas cependant vivre dans un pays chaud. Le Père Noël en costume de bain avec des palmiers verts…, connaît pas.

À chaque saison, tout le monde se plaint du temps; fait trop chaud, fait trop froid, il vente trop, y a pas de vent. Il pleut trop ou pas assez mais chaque saison a son charme et par chance, nous en avons quatre et pour le bien de tous, elles finissent toujours tôt ou tard à faire place pour une nouvelle saison.

Vers la fin du printemps, je décidai de revenir à Montréal pour me rapprocher du centre-ville et en même temps, me refaire une clientèle en attendant ma nouvelle vie dans l'armée. L'automne passé, j'avais commencé à faire des démarches pour entrer dans l'armée. Ayant quelques années d'expérience dans les cadets, je me disais que je pourrais réussir. À l'entrevue, moi, je voulais m'enrôler dans l'armée pour apprendre un métier mais vu que je n'avais pas beaucoup de scolarité, à peine un secondaire trois, l'enrôleur me suggéra plutôt d'embarquer comme fantassin. « Embarquer » était plutôt le mot mais je me disais que ça serait peut-être mieux que de faire la rue. Fallait quand même que je commence à penser à mon avenir.

Je déménageais donc, sur la rue St-Hubert, non loin du métro Henri-Bourassa. En seulement vingt minutes, je pouvais me retrouver au Complexe Desjardins. C'était très pratique et j'habitais quasiment en banlieue de Montréal tout près d'un grand parc.
À l'aide de mon calepin, je retrouvais mes anciens clients réguliers et allant au Complexe Desjardins, je m'en trouvais d'autres.

Pour les deux derniers mois de liberté avant que j'entre officiellement dans l'armée, il n'y avait que la musique qui pouvait encore me soutenir, me faire vivre car la vie n'était pas toujours rose. Je crois que c'est comme ça dans tous les métiers. Y'a toujours un côté plus fastidieux, plus plat. Moi, je tenais le coup car je savais que, pour très bientôt, une nouvelle aventure commencerait. Un nouveau défi, enfin, de nouveaux défis…

Pour les dernières trois semaines de liberté, je déménageais chez maman Bouchard qui accepta de me loger en attendant…, en attendant ce qu'elle-même ne croyait pas ou osait croire. Elle me disait toujours qu'elle le croirait lorsque j'aurais bel et bien un habit sur le dos, qu'entre-temps…

Entre-temps, moi, je prenais de véritables vacances, je profitais du soleil pour reprendre des forces avant la grande aventure.

Arrivé à ce fatidique dimanche matin de début de juin, lentement, je faisais mes valises, j'avais dit mon « adieu » à tout le monde, à tout ce beau monde et je partais en direction de Montréal pour ensuite me diriger vers la base militaire qui se situait à St-Jean d'Iberville. Arrivé là-bas en fin d'après-midi, j'avais parcouru la ville en me rappelant des souvenirs avec la famille Gagnon, du passé, de mon passé… Puzzle.

Histoire et société

— *Révolution islamique en Iran : le Shah abdique et Khomeiny prend le pouvoir.*

— *Second choc pétrolier.*

— *Accord du Camp David entre Israël et l'Égypte. L'Égypte est dénoncée par d'autres pays arabes pour avoir signé ce traité de paix avec Israël.*

— *Au Québec, mise en service de la centrale hydro-électrique LG 2 à la Baie-James.*

— Adoption de la loi sur la Protection de la jeunesse. (On protège déjà nos petits sens). Il est trop tard pour PUZZLE, le mal est déjà fait…, dommage !

Culture et médias

— *Anne-Claire Poirier réalise Mourir à tue-tête.*

— *Mise au point du premier baladeur qui sera lancé l'année suivante par Sony.*

— *Le mariage de Maria Braun de Woody Allen*

— *Woody Allen se déguise en spermatozoïde dans le film «intérieur».…*

52nd Annual Academy Awards® - 1979

*Signifies the Winner

Picture :

*KRAMER VS. KRAMER (Columbia) Producer : Stanley R. Jaffe

ALL THAT JAZZ (20th Century Fox) Producer : Robert Alan Aurthur

APOCALYPSE NOW (UA) Producers : Francis Ford Coppola ; Fred- Apocalypse Now devient Palme d'Or.

Famille

— *Elle commence à sortir des pleurs de l'enfant, commence à sortir de la maison, commence à sortir tout court. On va au cinéma regarder le ravage des jeunes familles qui commencent.*

KRAMER VS KRAMERS* démontre que la magie est maintenant terminée. La lune de miel aussi... L'Université forme des avocats comme jamais l'histoire nous en a enseigné. Les pots se cassent, les enfants aussi. On place nos parents dans des centres d'accueil. On place nos enfants dans des garderies. On n'a plus le temps de s'occuper des autres, on s'occupe de soi-même, ce que l'on fait depuis l'adolescence...

Juin 1979. dix-sept ans…

Vers dix-huit heures, je me dirigeai d'un pas allègre vers la base. Je regardais au loin le soleil si radieux, de cette liberté que j'allais bientôt perdre mais je me disais que, dans le fond, je n'avais pas le choix, qu'il fallait bien que je prouve à maman Bouchard que j'étais capable de faire quelque chose de bien dans la vie, lui prouver une bonne fois pour toutes, lui clouer le « bec » quoi.

Un peu comme dans « Astérix le légionnaire », plus j'avançais vers la base et plus mon cœur battait fort, peut-être l'émotion de l'aventure…

Arrivé à la halte, j'ai regardé droit dans les yeux le M. P. en lui disant que oui, je faisais partie du groupe « des nouveaux », des nouvelles recrues. Lui glissant mon billet d'autorisation que le recruteur avait pris grand soin de m'élaborer l'importance, il me fit attendre dans un local adjacent à son bureau. Quelques minutes plus tard, un autre M.P. m'escorta jusqu'à l'entrée principale du bâtiment en me disant que mon groupe logeait au neuvième étage.

Comme bâtiment, ça ressemblait plus à un hôtel de luxe qu'à une simple baraque en bois qu'on a l'habitude de voir dans les bons films de guerre. Faut dire que ce complexe n'était ouvert que depuis environ un mois et qu'il avait coûté des millions de dollars aux contribuables, qu'il avait pas moins d'un quart de mille de long. Ultramoderne avec centre commercial, théâtre, banque, complexe sportif et tout le tralala… De quoi tenir occupés tous les hauts gradés du gratin!

Bien sûr qu'il fallait un tel complexe puisque l'armée canadienne détient la meilleure moyenne du monde entre le ratio soldats/gradés, un peu à l'image de cette société de services qui avait commencé à se développer à la fin des années soixante…, bref, passons.

Arrivé au neuvième étage, le caporal m'accueillit comme si j'arrivais chez grand-mère un dimanche après-midi pour savourer la tarte aux pommes. Il ne manquait que les fleurs. D'une gentillesse maternelle, il se fit un plaisir de me reconduire jusqu'à la place qui m'était assignée, puis me dit en me quittant que je pouvais, à mon gré, visiter le complexe en autant que je ne sorte pas de celui-ci. Je me sentais ni plus ni moins qu'en vacances… Mais pour combien de temps?

Vous connaissez le conte du petit chaperon rouge, moi aussi je le connaissais et je savais que c'était trop beau. Nous ressemblions plus à un groupe de personnes âgées en vacances pour qui on fait très attention au cas où…
Il y a eu aussi dans Astérix, ce petit groupe de lurons, qui « gaiement » allaient tout bonnement, avec sourires aux lèvres, se faire massacrer par les Romains.

De cette première soirée, j'avais rejoint un groupe pour qui, la plupart avaient déjà été quelques années dans les cadets et nous savions déjà que c'était trop beau, que la pluie, la tempête voire l'ouragan allait s'abattre. Ce n'était qu'une question de temps. D'autant plus que dans nos allègres promenades, tous les soldats qui nous croisaient avaient un certain sourire en coin, nous aussi mais…

Le lendemain matin, notre tendre maman est venue nous annoncer d'une voix presque maternelle que le petit soleil s'était à présent levé. Qu'il fallait faire pareil avec nos petits corps dodus d'adolescents mal léchés, qu'un somptueux déjeuner nous attendait et que nous avions un bon trente minutes pour nous rendre à la cafétéria…

Cette chère tendre maman mesurait environ deux mètres et pesait dans les cent kilos de muscles très bien répartis… Mais pour combien de temps cette chère maman resterait « maternelle », pour combien de temps?

À la cafétéria, j'engloutis mon premier déjeuner « d'homme » pour ensuite me rendre comme les autres chez le barbier. Peu après, chacun ressemblait à un petit juif sorti d'un camp allemand. Faut dire qu'on avait perdu beaucoup de plumes chez le barbier qui ne cessait de rigoler après chaque coupe… Imaginez « Zappa » déguisé en « Dalaï lama ». C'était tellement triste qu'il valait mieux en rire et nous savions tout de même que nous étions maintenant dans l'armée. Pour la fin de l'avant-midi et tout l'après-midi, nous avions appris tous les règlements internes de notre internat et de l'habillement qui y était inclus. Traînant ma lourde « malle » à travers le chemin ainsi que tous mes habits sur mes épaules, on ne cessait de se répéter « Embarquez-vous, disait-il, embarquez-vous… » Après le souper, notre « maman » est venue nous dire que pour cette deuxième soirée, nous étions libres comme des oiseaux, que nous pouvions « relaxer » de cette première journée « si dure » mais que, pour le lendemain matin, il faudrait se lever juste un peu plus vite et qu'il fallait être habillé en habit de combat. D'une voix de grand-mère maternelle, c'était juste s'il n'était pas venu nous couvrir tendrement pour nous souhaiter bonne nuit. Avant de fermer mes paupières, je pensais au lendemain matin, me disant que si le loup…

« Hôtel terminuuus, tout le monde débarque… » Effectivement, le lendemain matin, avant même que le pauvre soleil ne se lève, le sergent est arrivé en « gueulant » comme un lion : Tooooouuuuut le mooooonnnnnde debout. Vous avez cinq minutes pour être au garde-à-vous au rez-de-chaussée. Le caporal faisait le tour avec la même voix et rajoutant qu'après le cinq minutes, les retardataires avaient droit à cinquante push-ups. Je vous jure que l'on battait de l'aile. Les moins habitués se demandèrent soudainement s'ils n'étaient pas en plein conflit de guerre, quelques-uns riaient nerveusement, d'autres avaient même poussé l'audace jusqu'à dire au sergent d'aller se recoucher…

Après les cinq bonnes minutes ainsi écoulées, une tempête de neige souffla au neuvième étage en plein mois de juin puisque quelques imbéciles n'avaient même pas pris la peine de se retourner dans leur lit. Au garde-à-vous au rez-de-chaussée, je me disais qu'il va bien falloir une ambulance pour les retardataires, ayant vu la gueule du sergent. Seuls dans les bons films d'horreur que j'avais vu pareille gueule, même le loup en aurait perdu son dentier. Les derniers descendaient en courant, y'faisait pas chaud au neuvième…

Arrivé au rez-de-chaussée, le sergent nous annonça qu'il espérait que nous étions en bonne forme car nous allions demeurer au garde-à-vous pour un bon bout de temps puisque l'un de nous, un « finfin » avait employé le téléphone rouge, celui des extrêmes urgences pour appeler sa chère tendre maman et qu'il désirait simplement le plumer. Nous traitant de petites filles chaque fois que l'un d'entre nous tombait par terre de fatigue, il nous fit la petite histoire de la fin de certaines vacances en rajoutant que maintenant « c'était lui » qui allait remplacer notre « chère bienveillante maman »...

Après une bonne demie-heure au fixe, nous avions droit à un déjeuner ultra rapide car nous avions déjà un certain retard à rattraper, disait-il.

Arrivés au vendredi, nous étions tellement fatigués de ce nouveau régime de vie que nous nous endormions un peu partout, même en classe durant les cours. À plusieurs reprises, les professeurs haussaient le ton pour que tout notre beau monde se réveille.

En cette première semaine, nous avions appris le   rudiment des armes, de l'habillement, du fonctionnement d'une base militaire, des milliers de règlements en vigueur ainsi qu'un cours accéléré de premiers soins sans oublier notre gymnastique quotidienne ainsi que notre jogging matinal car pour la fin de l'entraînement, nous étions supposés être capables de parcourir dix milles en courant avec notre habit de combat et notre fusil à l'épaule.

Les plus braves et les plus gros en bavaient déjà. Quelques — uns avaient déjà «   sauté   » la clôture pour ainsi échapper au régime d'enfer qui régnait…

Faut dire que le congé de fin de semaine était bien mérité, nous étions déjà à moitié morts ou presque mais le sergent nous avait bien averti que pour le lundi matin, il allait encore être plus sévère.

Durant cette première fin de semaine, ayant dans ma grosse malle ma petite discothèque bien personnelle, soit un magnétophone et deux bons haut-parleurs avec environ une bonne centaine de cassettes, je pus vraiment relaxer à mon goût. Le neuvième étage s'étant soudainement transformé en club.
 De cette manière, je fus « l'une » des vedettes du peloton, faut être un peu différent pour se faire remarquer…, non?

Naturellement, la fin de semaine s'envola aussi rapidement que le vent du printemps et la deuxième semaine commençait avec encore plus de « stress » puisque le sergent nous avait dit que la première semaine n'était que du « gâteau », question de nous mettre dans la « game »...

Effectivement, la deuxième semaine fut infernale sans compter que la chambre à gaz nous attendait pour la troisième semaine. La chambre à gaz était un exercice semblable au « juif » ; il fallait en ressortir vivant après avoir effectué quelques exercices sans avoir de masque au bout du nez. Quelques-uns en sortaient avec l'aide d'autres camarades…, de couleur jaune, verte ou bleue… Bref, tout le monde craignait cette chambre à gaz.

Arrivés au vendredi, nous avions droit à quelques piqûres, question que l'on puisse survivre un peu partout sur cette pauvre planète, à la condition bien sûr de survivre à cet entraînement. L'une des piqûres dont je ne pourrais dire à quoi elle servait, mais notre pauvre bras qui l'avait reçue ne pouvait lever plus haut que l'épaule et ce, pour une période de quarante-huit heures. Les plus braves essayèrent de le lever, mais en vain car la douleur y devenait trop insupportable et, naturellement, ils nous avaient injecté cette drôle de piqûre seulement le vendredi, soit la veille de notre deuxième fin de semaine. Fallait bien que nous soyons fonctionnels lors des exercices…

J'avais téléphoné à maman Bouchard de la base militaire à frais virés et malgré mon appel, elle refusait toujours de croire que j'étais bel et bien dans l'armée. Je lui avais même dit de me rappeler s'il le fallait et elle refusait toujours de croire, de me croire. Me disant qu'elle attendrait que j'arrive à la maison avec mon habit…, comme si l'habit faisait le moine.

Je crois qu'elle refusait tout simplement de croire en tout ce que j'avais fait ou que j'aurais pu faire…, maudite jalousie ; regarde ce que j'aurais aimé faire, regarde le « petit crisse » ce qu'il réussit à faire…

Le sergent nous avait encore dit que, pour le début de la troisième semaine, lors de la fouille, il allait être encore plus sévère, qu'il ne tolérerait pas un pauvre faux pli sur nos habits, bref : qu'il allait repasser les coupables.

Dès le samedi après-midi, je me suis mis au boulot et, transportant ma montagne de linge à repasser, je me suis mis à la tâche.

Les planchers étaient tous en béton et les planches à repasser, suite à une étude de « l'auberge des hautes études commerciales » située à côté de l'université de Montréal, étaient toutes d'une qualité plus que douteuse versus les quelques pauvres petites économies qu'ils pouvaient aller chercher dans le mobilier : bref, la planche à repasser était vraiment « cheap » et je me demandais comment elle pouvait tenir ainsi sur ses deux pattes, par quel miracle…

Après avoir repassé ma deuxième chemise, respirant peut — être trop fort, ma planche à repasser fit la « planche » et mon fer se retrouva ainsi en mille miettes sur le plancher en béton. La belle affaire, me suis-je dit.

Bravant l'ascenseur jusqu'au centre commercial, je fis l'acquisition d'un autre fer pour ainsi éviter les menaces de « maman ».

Revenant sur le plancher des vaches, je continuai tout bonnement mon repassage au rythme de la musique disco lorsque, soudainement, mon pied frappa le fil du fer et sitôt fait, le fer se retrouva encore une fois sur le plancher de béton. Lentement, quelques larmes jaillirent de mes yeux si étonnés de ce dont ils avaient été témoins, je me suis dit que ce n'était pas vrai, je rêvais. Naturellement, les « camarades » riaient, se roulaient par terre. Pensant à mon pauvre compte de banque qui était déjà à sec, je fus obligé de « ramasser » mes dernières économies du fond de mes poches pour redescendre encore une fois au centre commercial pour faire l'acquisition d'un autre fer à repasser.

Parlant avec la vendeuse et ayant toujours été moi-même une grande couturière de carrière, je lui demandai le fer le moins cher, question qu'il soit chaud et qu'il fasse juste un peu de vapeur... Sourire en coin, la vendeuse m'avait quand même dit que c'était l'une de ses meilleures journées qu'elle ait eu pour la vente de cet article. Moi aussi, c'était bien la première fois que j'achetais deux fers à repasser et ce, la même journée. Jamais je n'avais acheté de fer de ma « crisse » de vie et voilà que maintenant, je magasinais comme « une vieille » pour acheter le fer le moins cher...

De retour au neuvième étage pour la énième fois, lentement, je continuai ma tâche, très lentement, de peur, de crainte bref, une vraie paranoïa. Tout allait trop bien lorsque, pour une raison inconnue, mon fer bascula par terre. Pendant quelques secondes, je ne voyais plus rien, comme sur une autre planète, mon cœur arrêta de battre. De retour sur la terre, ouvrant les yeux lentement, la vérité éclata devant mes yeux, le fer était brisé comme mon cœur; soit en mille morceaux. Naturellement, tous accoururent pour ne pas me prêter leur fer à repasser. J'étais maintenant seul avec ma personne, mon linge à moitié repassé et la menace du sergent.

D'un pas rapide, je me dirigeai vers mon armoire avec ma montagne de linge et je la foutais au fond de l'armoire en attendant la fin de ma vie.

Pour le reste de la fin de semaine, je fis semblant d'être en vacances. Voyant tout le monde travailler comme des bourreaux, je me disais qu'il valait mieux relaxer avant ma mort.

Arrivé au dimanche soir, un gars assez futé me dit que, pour le lendemain matin, je n'avais qu'à me présenter à l'infirmerie, dire que j'avais été malade durant la nuit et qu'automatiquement, je serais exempté pour la journée et du même fait, du sergent.

Le lendemain matin, après le déjeuner, je me rendis à l'infirmerie pour dire que j'avais eu, durant la nuit « d'effroyables crampes » et que j'étais encore « chanceux » d'être vivant pour lui dire de telles choses… Bref, j'obtiens mon papier de congé pour la journée. D'un pas alerte, je me dirigeai directement au bureau du sergent et, sans même cogner à sa porte, j'entrai d'un bond pour en ressortir aussi vite. Le sergent gueulait comme un « bœuf ». N'ayant pas frappé à sa porte et de m'avoir du même coup positionné au garde-à-vous devant celle — ci, il criait tellement fort que même le système d'aération fit un arrêt de quelques minutes ayant été remplacé par les poumons du sergent. Les autres gars n'en menaient pas large dans le couloir, d'autant plus qu'ils allaient le voir pour la même raison que moi, après moi…

Dans le bureau, le sergent ne fit qu'une « bouchée » de mon papier pour me dire que oui-oui, j'avais vraiment été malade toute la nuit, que je faisais bien pitié d'avoir perdu trois fers à repasser durant la fin de semaine, qu'il me passerait bien « son » propre fer mais que malheureusement, le sien était aussi en panne, que c'était bien donc maaaaalheuuuuureux pour mes pauvres petits os. Me disant du même coup d'aller choisir ma « pierre tombale » pour le lendemain, si mon linge n'était pas « soigneusement » repassé bref, il me donna même l'adresse d'un fleuriste…, avant de me souhaiter adieu.

Bon, j'avais quand même une dernière journée à vivre, plus un rond dans les poches avec un sergent qui allait me tuer le lendemain matin, que faire? Qu'auriez-vous fait?

Silencieusement, je préparais mon plan pour la fuite, ma fuite. Dommage mais cette fois-ci, je n'avais pas vraiment le choix. C'était ma vie qui en dépendait. Après le souper, juste avant que le soleil ne se couche, regardant pour une dernière fois les gars du neuvième étage et mon lit du même coup, je pris le chemin de l'ascenseur pour me rendre à l'extérieur. Je fis « semblant » de téléphoner dans la cabine téléphonique qui était située dans le fond du stationnement, tout près de la clôture et quelques minutes plus tard, je me dirigeai vers celle-ci. D'un bond, j'enjambais la clôture pour me retrouver dans la nature, libre et encore vivant.

Fin juin 1979, dix-sept ans...

Me rappelant mon ancien « vieux » qui habitait non loin de la base militaire, d'un pas rapide, je me dirigeai vers sa maison. Après avoir frappé à plusieurs reprises, d'un œil vigilant, il finit par ouvrir après m'avoir vaguement reconnu. Mais oui, se dit-il, c'était bien moi après quatre ans. Étant parti subitement à cause d'événements plutôt fumants, je n'avais pas pu lui dire adieu. Dans la cuisine, je lui racontai mes multiples aventures depuis mon départ soudain. Finissant par l'aventure du fer à repasser, le vieux convint avec moi que ce n'était peut-être pas ma place dans les forces, que ma route allât sûrement m'amener ailleurs. Le lendemain matin, il me conduisit au terminus d'autobus et me laissa quelques dollars pour que je retourne à Montréal.

Arrivé à Longueuil, prenant le métro pour Montréal, mon cœur battait très fort puisque j'avais une peur bleue de rencontrer un autre soldat ou un gradé en habit. Sachant qu'il était interdit de circuler dans le civil avec un habit de combat à moins d'être « en mission », n'importe quel gradé pouvait du même coup me demander ce que je faisais habillé ainsi. Les gens de la rue me regardaient « drôlement », comme si on était en temps de guerre. Je me rendis tout près du Complexe Desjardins et, circulant sur le trottoir, j'aperçus une pancarte annonçant « chambre à louer » sur Sainte-Catherine tout près de Jeanne-Mance.

D'un pas alerte, je gravis les marches qui m'amenèrent chez le propriétaire qui me loua quelques minutes plus tard une chambre grande comme une garde-robe pour vingt-cinq dollars par semaine. J'avais droit à une belle vue sur la rue Ste — Catherine et j'étais juste à côté du « Complexe Desjardins ».

À la fin de l'après-midi, j'appelai Léopold et je lui demandai de me rejoindre au Complexe Desjardins.

Me demandant pourquoi je n'étais pas à la base militaire, je lui répondis que c'était une surprise. Après son travail, nous nous retrouvions assis dans un restaurant, lui expliquant ce que j'avais fait, je le suppliais de m'habiller. Après avoir parcouru quelques magasins d'aubaines, j'avais enfin sur moi des vêtements comme tout le monde. Avant de le quitter, je lui demandai un peu d'argent pour que je puisse survivre.

Avant de rejoindre mon lit, je fis une promenade sur la Sainte-Catherine regardant les lumières au loin, je revoyais la base, me disant que oui, c'était bien fini pour moi et qu'il faudrait encore tout recommencer.

Le lendemain après-midi, je me dirigeai directement au Complexe Desjardins pour faire à nouveau des clients et me refaire du même coup une clientèle.

Je n'avais plus rien et je devais recommencer à neuf assez rapidement. Pour le métier, aucun problème puisque j'étais encore assez beau, sans poils et l'on pouvait me donner facilement quinze ans.

Pour fêter l'arrivée de mes dix-huit ans, je me suis rendu au club Super-Sexe dans le centre-ville. Léopold est venu me rejoindre vers vingt-deux heures. Même si ça faisait deux à trois ans que je fréquentais les clubs en toute quiétude, j'avais montré au « portier » mes cartes d'identité sans qu'il me les demande comme pour montrer que, là, j'étais vraiment légal mais qu'avant…

Après deux semaines de prostitution, je déménageais dans une autre chambre qui était un peu plus spacieuse que celle que j'avais.

Début, juillet 1979, dix-huit ans…

Ma nouvelle chambre que j'avais louée pour vingt-cinq dollars par semaine était beaucoup plus belle que mon ancien « garde-robe ». Une lucarne ressortait du mur et, ainsi, je pouvais admirer les voitures qui passaient sur le boulevard Dorchester. J'admirais du même coup l'emplacement des mains dans les voitures. Je vous jure que, dans les chaleurs d'été, les jupes étaient plutôt très relevées même que, quelquefois, j'en avais pour mon argent. Les gens ne se soucient guère de ce qu'ils font, pensant que leurs portières sont assez hautes mais, à vol d'oiseau, tu vois tout, vraiment tout, même les mains ailleurs que sur le volant…, et dire…

J'avais installé un bureau de travail avec une chaise dans ma lucarne. Quoi de mieux en déjeunant, de voir toute la ville s'animer. Le soir, c'était très beau, des milliers de lumières scintillaient de partout comme lorsque l'on regarde un arbre de Noël.

Pour la première fois de ma vie, j'avais peinturé mon petit appartement. Tout blanc avec les contours de portes et fenêtres d'un jaune moutarde. Ma chambre était la plus belle du bloc et mes voisins, tous des alcooliques invétérés trouvaient que j'avais un talent fou pour la décoration. Bref, j'avais une très belle demeure.

L'après-midi, j'allais voir mes clients et, à tous les soirs, je parcourais le centre-ville. Je regardais le monde déambuler sur les trottoirs et je ne me couchais jamais avant deux à trois heures du matin pour me relever seulement vers le midi.

Au dépanneur, près de chez moi, je fis la rencontre d'un travestit. Le regard envoûtant, elle ou il (choisissez ce que vous préférez) me demanda après quelques rencontres fortuites, de visiter son appartement. J'accepta par curiosité, pour mieux voir « leurs intérieurs fantasmatiques ».

En effet, il ou elle vivait dans une atmosphère plutôt très féminine d'autant plus, que son appartement était très vieillot. Le décor s'apparentait à une pièce de théâtre, un peu à l'image de leur vie. Finalement, j'avais eu la réponse à mon interrogation; un monde de déguisement perpétuel.

Faut quand même dire que malgré le déguisement, il ne joue qu'un rôle dans leur vie, leur propre rôle contrairement aux normaux qui…

Une bonne journée, le propriétaire me proposa de travailler dans son restaurant la nuit comme aide général pour quelques dollars. J'acceptai immédiatement l'offre puisque, ce que je voulais le plus au monde était de travailler comme tout le monde. C'est moins payant que de faire la rue mais c'est beaucoup plus valorisant. J'y travaillais environ deux à trois nuits par semaine. J'épluchais les patates dans le coin de la cuisine. Graduellement, le propriétaire me montra comment faire les repas rapides et aussi les petits déjeuners au matin. Vers le milieu de la nuit, je lavais le plancher du restaurant, de la salle de bains ainsi que celui de la cuisine. J'étais très content de ce modeste travail car je pouvais enfin dire au monde que je travaillais.

Un soir, un serveur du restaurant « Sélect » qui se situait au coin de Ste-Catherine et de St-Denis est venu dans le bloc pour chercher un ancien laveur de vaisselle qui avait déjà travaillé là. Étant donné qu'il avait déménagé, il me proposa cet emploi et, par le fait même, de commencer immédiatement. J'acceptai l'offre sur-le-champ et quelques minutes plus tard, je me retrouvais à travailler devant une grosse machine à laver la vaisselle. J'avais enfin mon premier emploi légal. J'y travaillais cinq soirs par semaine, je commençais vers les quatre heures de l'après-midi pour terminer à deux heures de la nuit.

Cet horaire me convenait parfaitement et je n'avais pas à laver autre chose que la vaisselle puisque, la nuit, un autre gars entrait pour nettoyer le restaurant. J'étais très content lorsque arriva la journée de la paie. J'avais ainsi mon premier chèque bien mérité.

Vers le mois de septembre, j'ai ramené chez moi dans un sac, quelques morceaux de vaisselle pour ainsi décorer ma chambre. Le gars de nuit m'ayant vu partir avec un petit sac avertit dès le lendemain matin la gérante, qui me mit immédiatement à la porte. Je lui avais avoué mon méfait et j'étais même prêt à lui ramener les quelques morceaux de vaisselle. Elle m'avait dit : « Que ça te serve de leçon pour ton avenir », qu'elle n'avait pas d'autre choix et ce, même si je travaillais toujours très bien.

Je me maudissais de mon action, pour quelques morceaux de vaisselle…, non.

Un autre chambreur demeurant dans le même bloc que moi me proposa quelques jours plus tard un emploi à l'hôtel Holiday Inn du centre-ville. L'une de ses connaissances travaillait de nuit à cet endroit, il était responsable de l'équipe de concierges et recherchait quelqu'un qui travaillait bien. L'emploi était de nettoyer les restaurants, les clubs ainsi que l'entrée principale et les toilettes de l'hôtel. Ayant accepté ma candidature à l'essai, j'étais responsable de la bonne propreté des toilettes des restaurants, des clubs et de l'entrée principale. Bref, je nettoyais les salles de bains. J'étais bien payé pour l'époque et je faisais toujours très bien mon travail.

Le temps passe très vite lorsque tu travailles et, dans le temps de le dire, nous étions déjà rendus à Noël. Comme à l'habitude, je me suis rendu chez la famille Bouchard.

J'avais dit à maman que je travaillais de nuit à l'hôtel. Je crois que cette fois-ci, elle m'a vraiment cru.

Début janvier, mon frère René est aussi venu habiter à la même place que moi dans une autre chambre. Lui, il travaillait comme ébéniste dans une compagnie à Laval.

Cette décennie se caractérisera par l'effondrement du bloc communiste après un dernier relent de Guerre froide. Le Moyen-Orient demeure un point chaud et l'idéologie conservatrice s'impose dans tous les pays occidentaux. Les sociétés riches font face à une crise sans précédent avec une augmentation sensible du chômage et de la pauvreté   ;. Au Québec, les nationalistes se réorganisent suite à leur défaite lors d'un premier référendum.

— Maintenant, la maison achetée à aubaine, subventionnée par l'état (environ 15   000,00 $) vaut la moitié du salaire* de chacun. Quelle économie non ?

** Salaire multiplié par cinq en dix ans à peine. Aujourd'hui en 1999, on calcule que, juste pour doubler le salaire actuel, il faudra seulement attendre **70 ans (soixante-dix ans, XVll ans, yos ans).***

Histoire et société
1980
— Accord de Gdansk et création du syndicat Solidarité.
— Début d'une guerre qui durera huit ans entre l'Iran et l'Irak.
— Ronald Reagan est élu président des USA.
— Le Québec tient son premier référendum. Le concept de souveraineté-association est rejeté par les Québécois.
Culture et médias
— Marguerite Yourcenar devient la première femme à siéger à l'Académie française.
— Boycott des Jeux Olympiques de Moscou par les pays occidentaux.
— Le cube Rubik occupe bien des mains autour du monde.
— John Lennon est assassiné devant son appartement.

Été 1980, dix-neuf ans…

L'hiver se termina lentement pour faire place à plus de chaleur. Maintenant que j'avais fait quelques économies et étant donné qu'un copain de travail avait acheté une grosse moto toute neuve, je me suis dit que moi aussi, je pouvais avoir la mienne. J'ai acheté une moto « de trail » de 70 cc semi — automatique. J'en prenais grand soin et, à tous les matins, lorsque je finissais de travailler, je me rendais au terrain de camping où mon frère Jean, de la famille Bouchard, travaillait comme sauveteur.

Je dormais à peine cinq à six heures l'après-midi, et le soir, je quittais l'endroit pour aller travailler.

Durant la même époque, quelquefois, j'allais faire un tour chez mon copain de travail, celui qui avait la grosse moto. Sa voisine qui était âgée de quatorze ans nous regardait nettoyer nos motos. Moi je la trouvais très belle, à mon goût.

Elle était assez grande, les cheveux courts à la garçonne, bref, je la regardais plus souvent qu'à mon tour. Rapidement, j'ai demandé à mon copain qui était cette fille; il m'a répondu qu'elle était une petite « niaiseuse » de quatorze ans. Quatorze ans, peut-être mais « niaiseuse » pas si sûr. Elle faisait plus mature que son âge et elle m'avait tombé dans l'œil, non…

J'allais voir mon copain de plus en plus souvent à cause de la voisine et un beau matin, je lui ai parlé. Ayant obtenu son numéro de téléphone, je lui avais promis de lui téléphoner l'un de ces jours. De fil en aiguille, avec le temps, elle est devenue ma blonde. Je l'aimais bien et, elle aussi, elle m'aimait bien. Sans rentrer dans les détails de la courtoisie, on se voyait assez souvent et durant le tout début de l'été, elle est même venue me voir au restaurant en bas de chez moi. Elle avait refusé de monter dans ma chambre, même juste pour la visiter par crainte de sa virginité, je la comprends…

On allait au cinéma, au restaurant, on faisait des promenades dans le parc et à quelques reprises, ses parents m'invitèrent pour le souper du dimanche. C'était une belle période de ma vie ; j'avais mon petit appartement, mon petit emploi, ma petite moto et ma petite blonde.

Parlant de moto, d'un après-midi du mois de juillet, moi qui avais l'habitude de bien prendre soin de ma moto durant mes journées de congé ; après l'avoir nettoyé au complet, changer l'huile et la bougie, j'allais l'essayer pour voir si elle roulerait mieux. Arrivé au coin de la rue de La Montagne et de Ste — Catherine, une grosse voiture d'homme d'affaires passa sur la rouge et moi, je passai par-dessus la voiture. Me relevant, j'aperçus deux motos qui allaient à la rencontre de l'automobiliste qui voulait fuir les lieux. Lorsqu'il est revenu sur les lieux de l'accident, je voulais le battre avec mon casque, j'étais très furieux; terme plus poli que d'être « en tabarnaque », « en crisse », j'avais l'feu. Les policiers m'ont retenu…, non mais en plus, il voulait se sauver. J'ai eu droit à un congé d'accident d'environ un mois mais je n'avais plus de moto.

Un mois après mon retour au travail, c'est aussi mon emploi que j'ai perdu parce qu'ils faisaient des coupures dans le personnel de nuit. Ayant été le dernier à entrer, je fus le premier à sortir. Bilan de cette fin d'été qui avait si bien commencé, je n'avais plus de moto et maintenant plus de travail. Mon frère aussi avait aussi perdu son travail.

Ce fut le début de la période noire. Moi et mon frère René, nous priions le bon Dieu pour qu'il nous trouve du travail…
L'un de mes anciens clients travaillant pour les sports, les activités récréatives à la Baie-James, me promit un emploi très bien rémunéré. Je lui avais remis ma demande d'emploi ainsi

que celle de mon frère René. Il m'avait promis que j'allais être appelé d'une semaine à l'autre, du moins, très bientôt. J'avais laissé dans la demande d'emploi, le numéro de téléphone de la famille Bouchard car je n'avais pas le téléphone à l'époque…, c'était un luxe, les temps étaient très durs, voyez-vous. Dès lors, aucune nouvelle, aucun signe.

Entre-temps, mon frère René et moi, nous nous étions trouvé un travail à Métropolitain Home Service; on allait cette fois-ci, laver les vitres des maisons. La compagnie nous donnait environ cinquante pour cent de la valeur des contrats, c'était très payant pourvu que tu sois seul à faire les contrats, sinon c'était la misère. Ne parlant pas l'anglais, je laissais mon frère appeler les clients lui-même mais je souriais toujours lorsqu'il annonçait le nom de la compagnie au téléphone ; Métropolitain Hooooommmmme Service. C'était vraiment très drôle de l'entendre. Chaque fois qu'il téléphonait, moi je me roulais par terre. Nous avions travaillé là seulement un mois parce que toutes nos économies servaient à payer le gaz de la voiture. Faut dire qu'il avait un gros Grand Prix avec un moteur de huit cylindres de 454 P.C. Ça buvait plus que la quantité de liquide que je pouvais boire en une journée.

Après avoir quitté cet emploi, mon frère déménagea dans le quartier St-Michel, ancien lieu que j'avais déjà habité étant beaucoup plus jeune, vous vous rappelez…

Pour ma part, j'avais commencé à refaire encore des clients pour survivre et au début du mois de…

Octobre 1980, dix-neuf ans…

De client en client, feuilletant le journal à tous les matins, regardant par le fait même la section des emplois, mes yeux se rivèrent sur l'annonce d'une compagnie qui vendait des encyclopédies. L'annonce affirmait un salaire au-dessus de la moyenne et les candidats n'avaient même pas besoin d'expérience; seulement un bon vouloir, de vouloir vendre, de vouloir s'en sortir et réussir…

Et pourquoi pas, me suis-je dit! pourquoi pas…

Dans l'après-midi, j'allais cogner aux portes de la compagnie. Après avoir rencontré un « chef d'équipe », celui-ci était prêt à m'inclure dans sa prochaine équipe qui allait partir dans quelques jours pour l'Est du Québec. Le voyage était payé et les frais de motel étaient pour être prélevés de notre première paie. Pour ma part, je n'avais qu'à apporter mes plus beaux habits et l'affaire était dans le sac…

Quelques jours plus tard, je partais avec la nouvelle équipe. Nous étions tous à nos premières armes dans la vente mais, heureusement, le chef d'équipe était un vieux routier qui nous montrait souvent sa grosse bague en « OR » indiquant des ventes d'au moins dix mille dollars en un seul mois. Disant que, s'il l'avait fait, nous étions tous capables de le faire…

Arrivé dans l'Est du Québec, à environ quatre cents milles de Montréal, demeurant dans un motel deux par chambre, la première journée fut consacrée à la formation. Comment vendre, présenter notre produit, susciter l'intérêt, émettre le privilège d'obtenir la « chose » et tout le tralala d'un bon « closer » de la vente.

Les premières journées furent terribles. Tous les soirs, nous revenions bredouilles sans aucune vente. Plus les jours passaient et plus le moral de la troupe baissait. Naturellement, à tous les après-midi, il y avait une session qui avait pour but de nous « charger à bloc » un peu à l'image du hockey, question de remettre la troupe sur la « glace ».

Après cinq jours de travail, un seul parmi nous avait réussi à vendre une encyclopédie complète. Les autres vendaient un livre ici par là et souvent le moins cher de la liste.

Moi, je me disais que là c'était bien vrai, que je m'étais fait embarquer dans une drôle de galère, sans aucun sou pour revenir chez moi, à l'autre bout de la province en plus, que faire? Que faire pour fermer la « trappe » du chef d'équipe super vendeur qui, à présent, nous engueulait sans arrêt en nous traitant de « lavette », de « petite-fille », etc. Que faire?

Me couchant tendrement sur mon oreiller accueillant, un plan émergeait de mon petit cerveau... Je n'avais qu'à créer de toutes pièces des ventes et ce, à tous les jours jusqu'à ce que l'on revienne à Montréal et, par la suite, je n'avais qu'à ne plus me présenter à cette maudite compagnie. Et voilà ce que j'allais faire.

Le lendemain soir, en faisant mes présentations, j'inscrivais sur mes feuilles tous les renseignements nécessaires pour la formulation de faux contrat. Par la suite, bien assis au restaurant du coin, je complétais les contrats en y inscrivant une fausse signature. Le même soir, j'avais complété deux contrats.

Arrivé au motel, je suis devenu l'exemple pour tous aux yeux du chef d'équipe, l'exemple à suivre, le baromètre de tous, etc. Le lendemain après-midi, j'ai même été obligé de mimer mes ventes. Après une deuxième soirée, j'avais « clos » encore une vente. Ce qui représentait trois encyclopédies complète de valeur de mille deux cents dollars chacune en deux jours...

Le troisième soir, je revenais encore avec deux ventes supplémentaires. Maintenant, le chef d'équipe jubilait, me traitait aux petits oignons. Les autres, de par mon illustre exemple réussissaient maintenant à vendre un peu plus, quelques-uns avaient vendu une encyclopédie complète et après une « bonne » semaine de vente intensive, j'avais à mon compte tout près de six mille dollars de vente d'effectués. Dans quelques jours, nous étions pour revenir à Montréal et moi, je commençais à avoir plutôt hâte de quitter cette compagnie avant que le « pot aux roses » ne soit découvert.

Le chef d'équipe ne cessait de dire qu'il avait hâte de voir passer les dix jours légaux de la cessation des contrats pour voir combien de mes contrats étaient pour passer puisque le consommateur avait tout de même dix jours pour annuler légalement son contrat.

Aux yeux de tous, j'étais le héros du voyage. Un bel habit sur le dos, une belle valise à la main et pas un rond en poche. Voilà ce que j'étais réellement; un pauvre connard en habit et le pire de cette histoire, c'est que pour tous les gens de l'entourage, dans les restaurants, les motels et sur la rue, nous étions des hommes d'affaires qui représentaient la réussite sociale, l'entrepreneurship idéal. Ceux qui foncent, qui savent où ils vont. Ceux que l'on regarde avec estime, bref, les gagnants, les champions, les fonceurs, ceux de la nouvelle race représentant les idéaux de la réussite : L'humain de l'an deux mille.

Pourtant, lorsque je prenais ma douche, mes mollets n'avaient pas grossi d'un pouce, j'avais pas plus de poils sur le corps et mes fesses étaient encore plates.

Que voulez-vous, l'humain après tant d'années sur la terre, se fie encore à l'apparence extérieure, à l'habit, à ce que peut dégager une personne encore gonflée à bloc d'optimisme et après… il se dégonfle pour revenir comme tous les autres, revenir à ce qu'il est en réalité; un humain parmi six milliards et demi, un point c'est tout.

Encore une fois, je m'étais pris à mon propre jeu en rêvant ici et là de ce que je n'étais même pas en mesure de représenter… La vie n'est pas un « Jeu de Société » où chacun se laisse pénétrer par un rôle, un simple rôle devenant par la suite, peu à peu à l'aide de quelques morceaux ramassés par-ci, par-là, un véritable « puzzle » monté de toutes pièces d'où l'on s'enrôle pour le reste de nos jours ou bien, jusqu'à ce que le

« puzzle » nous explose en pleine figure et ensuite…, l'on recommence, on recommence jusqu'à notre entrée dans l'au-delà.

Moi, je me promettais de ne plus jamais remettre un habit sur mon dos si ce n'est que pour une « soirée », une fête mais jamais plus au grand jamais, pour gagner ma vie.

Une semaine plus tard, je me présentais à la compagnie pour aller chercher mon dû…

Imbécile que j'étais… Arrivé au bureau du « chef d'équipe », celui-ci m'engueula comme le directeur du module du collège et comme le sergent dans l'armée. Je me tenais après la chaise pour ne pas tomber. Tous les gens des bureaux aux alentours entendaient la tempête s'abattre sur ma pauvre personne. Chèque de paie ! Le chef d'équipe se retenait pour ne pas me tuer. M'obligeant à le suivre jusqu'au bureau de la comptabilité, il me présentait à la directrice des ventes et m'obligeait du même coup à m'excuser auprès d'elle. Me figurant comme étant le spécialiste des « poteaux », des fausses ventes.

Oui, c'était vrai que j'étais coupable de fausses ventes mais à quatre cents milles de chez-moi, sans un sou en poche, on se faisait tout de même engueuler par une personne qui avait énormément de pouvoir et d'expérience, qui nous tenait par les « couilles ». Heureusement que, dans notre groupe, il y avait une fille.

Cependant, il m'avait quand même dit que j'avais encouragé les autres avec mes fausses ventes et que le voyage avait été quand même assez payant. Me remettant mon chèque de cent quarante dollars, il finit en me disant que la vente, ce n'était pas mon chemin. Pour une fois, j'étais du même avis que lui d'autant plus que ce mois de travail ne m'avait rapporté que quelques sous.

Début d'octobre 1980, dix-neuf ans…

Un après-midi alors que je nageais dans la misère noire, mon frère m'appela pour me dire qu'il avait commencé à travailler à l'aéroport de Dorval. Il faisait le ménage la nuit. C'était très payant. Il me dit que, si je voulais, je pouvais commencer dès la nuit prochaine.

Par la même occasion, il m'annonça que pour l'emploi à la Baie-James, la compagnie avait bel et bien téléphoné à la maison mais, maman Bouchard avait dit à ma sœur Dominique de dire qu'elle ne pouvait nous joindre parce qu'elle n'avait plus de nouvelles de nous. Cela a été confirmé par mon client qui, quelques mois plus tard, me demanda pourquoi je lui avais demandé un emploi si j'étais pour demeurer introuvable, qu'il avait lui-même téléphoné à la maison, que les billets d'avion étaient même prêts pour mon départ ainsi que celui de mon frère.

Là, j'étais vraiment en maudit. C'était pas correct. Je me disais qu'elle était jalouse de nous, de notre réussite possible. De toute façon, pour avoir fait ce qu'elle nous avait fait durant que l'on était petit, fallait pas trop trop qu'elle nous aime. Pour ma part, c'était fini la famille, la belle famille.

Maintenant que mes frères avaient quitté la maison, je n'avais plus d'affaire là. Je m'étais résolu de ne plus y aller… de toute façon, ça ne changeait pas grand-chose dans ma vie.

Pour l'emploi à l'aéroport, dès le lendemain, je me suis inscrit à la compagnie et étant donné que toutes les nuits, il manquait toujours une personne, j'ai commencé à travailler dès que je me suis présenté. Là-bas, on travaillait de vingt-trois heures à sept heures du matin. Nous étions une bonne centaine et nous faisions l'entretien de l'aéroport au grand complet. L'entretien des bureaux, de la tour de contrôle, des grands halls, partout, partout, partout.

Moi, j'avais une bonne vingtaine de salles de bains à nettoyer et j'aimais bien mon travail. Lorsque je sortais d'une salle de bains, elle était « propre », très propre même qu'aucun germe ne pouvait survivre après mon passage. J'avais toujours été un travailleur minutieux, méticuleux et, quel que soit le travail que je devais effectuer, il méritait toujours d'être bien fait. C'était l'une de mes plus belles qualités et même aujourd'hui, lorsque j'entreprend quelque chose, je ne le fais jamais à moitié. C'est tout ou rien, jamais à moitié.

Durant cette période, j'allais très souvent chez mon frère René qui habitait depuis peu avec une fille. Quelquefois, je couchais là, c'était plus pratique pour le transport puisque René avait une voiture. Lentement, nous revivions, nous remontions la côte comme on dit. La vie devenait plus viable, on travaillait et on sortait quelquefois dans les discothèques, on magasinait ensemble. Au travail, nous étions un petit groupe qui se tenait ensemble, demeurant tous dans le quartier St-Michel.

J'aimais bien mon travail et, en plus, pour pouvoir circuler dans l'aéroport, nous avions une carte d'identité avec photo. Je pouvais aller partout, lorsque mon travail était assez avancé, je visitais quelques recoins de l'aéroport. Le matin, je regardais les pilotes d'avion ainsi que les hôtesses de l'air arriver avec leurs beaux uniformes. Grand rêveur comme toujours, je contemplais les hôtesses : de vraies femmes matures, grandes, belles. Toujours souriantes, comme si la vie leur avait donné les plus beaux atouts… À quand mon tour? Peut-être pas pour demain car…

La compagnie avait perdu le contrat de l'aéroport et, d'un avis de deux semaines, nous étions mis à pied. Un mois avant Noël, ce n'était pas drôle. Là c'est vrai que, pour ce temps des

Fêtes, nous n'allions manger qu'une petite «   dindette   » trop maigre pour être vendue au prix régulier.

Les temps durs allaient revenir et j'étais très découragé. Mais que faire pour survivre à l'approche des Fêtes où tu vois tout le monde gaspiller son argent comme s'il avait une machine pour le faire?

Étant donné que la blonde de mon frère l'avait quitté à cause qu'il ne travaillait plus, j'étais toujours chez-lui. On essayait de se trouver un emploi mais c'était très difficile. À force de marcher dans le noir, tu développes aussi des idées noires, des idées très très noires…

Décembre 1980, dix-neuf ans…

Un soir que l'on se promenait en voiture dans le quartier, ne sachant pas trop trop quoi faire, nous décidions de descendre en banlieue de Montréal, dans une ville voisine près de chez maman Bouchard, juste pour faire un tour. J'étais avec mon frère René, Louis (un ami d'enfance) et un autre gars de l'emploi de l'aéroport qui demeurait tout près de chez mon frère. Après avoir joué plusieurs parties de pool, devant un café, nous décidions d'aller à l'ancienne école secondaire de mon frère, question de peut-être s'enrichir en substituant quelques objets de grande valeur. Il n'y avait pas de système d'alarme. On pourrait revenir à la maison avec plein de choses…, non.

Nous étions entrés très facilement dans l'école et mon frère se rendit directement dans la classe de biologie pour s'emparer d'un gros microscope électronique pour ensuite aller au local de musique. Les instruments de musique, certains avaient beaucoup de valeur. Bref, une heure plus tard, chacun avait les mains pleines d'objets de son goût allant du dactylo électrique jusqu'aux instruments de musique, des objets de toutes les valeurs possibles. L'automobile fut remplie à grande capacité et heureusement, l'un de nous s'était aussi approprié de quelques bouteilles d'alcool.

Arrivés à la maison, on se partageait le lot. On étaient étonnés de la facilité du vol. Du jour au lendemain, l'appartement était rempli d'articles divers de grande valeur. Nous étions bien contents de nos coups. Maintenant, il ne nous restait qu'à vendre le matériel à des personnes intéressées.

Moi et Louis, en parlant de choses et d'autres, étant donné que l'on ne travaillait plus, pourquoi ne pas partir aux États — Unis pour faire un voyage, découvrir autre chose et aussi fuir cet hiver qui serait aussi long que tous les autres. Moi, je connaissais plusieurs petits chemins qui menaient aux lignes, de l'autre côté de la frontière. Ayant déjà habité sur la rive-sud de Montréal, je connaissais très bien la région.

S'étant fixé une date au préalable, nous étions tombés d'accord du fait de prendre l'arme de poing de mon frère René, un revolver de départ, de prendre un taxi au métro Longueuil et en chemin, de voler le taxi ainsi que l'argent du chauffeur. De cette façon, nous étions pour avoir un véhicule pour se rendre tout près de la frontière. Je n'ai aucun souvenir de l'émergence de ce plan mais c'est ce que nous nous projetions de faire.

La journée fixée était un dimanche soir et nous avions préparé chacun un sac à dos avec quelques affaires, une trousse de survie, une carte, du fromage et des chocolats pour combattre le froid en attendant d'arriver à Miami.

Juste avant le départ, je pris l'arme de mon frère. Le plan était bien élaboré et vers six heures du soir, nous partions pour une drôle aventure…

Arrivés au métro Longueuil, nous sommes montés dans un taxi luxueux que nous avions choisi avec grand soin…

Louis était assis à l'arrière et moi à l'avant. Nous avions demandé au chauffeur de nous conduire dans une petite ville près de la frontière. En chemin, on parlait de hockey, de température, de choses diverses. Quelques kilomètres avant l'arrivée, je demandai au chauffeur de tourner sur une petite rue. Moi, je connaissais bien les environs et cette rue était assez tranquille. Prétextant une envie d'uriner, le chauffeur arrêta la voiture. Ce qui était déjà prévu dans le plan et nécessaire pour la réussite du vol. Après avoir fait semblant d'uriner, en remontant à l'avant, Louis avait déjà pointé son arme derrière la tête du chauffeur de taxi et immédiatement après que j'ai remonté dans le taxi, la bagarre éclata et le chauffeur de taxi, dans sa panique, démarra.

L'auto zigzagua à petite vitesse dans la neige et dans cette zizanie générale, j'ai crié à Louis de débarquer de la voiture et au même moment, je sautais de la voiture en marche avec mon sac à dos. L'auto continua son chemin en zigzaguant et en prenant plus de vitesse.

La belle affaire, dix heures du soir, dehors à moins vingt degrés, dans une campagne presque déserte et notre coup qui avait échoué…

Nous avons pris la direction du bois. J'avais toujours l'arme avec moi et je dit à Louis qu'il ne restait plus qu'à entrer dans une maison et à voler la voiture des occupants. Lentement, on entrait dans la forêt, à l'abri de la police qui allait bientôt être à notre recherche. Après trente-cinq minutes de marche, nous avons débouché sur une autre petite rue de campagne. On commençait à penser qu'il valait peut-être mieux nous rendre à la police, qu'on en avait fait assez comme ça et que, de toute façon, les lignes des États-Unis étaient encore à une bonne trentaine de milles. Nous étions à pied et recherchés par la police. Oui, valait mieux nous rendre, nous avions fait assez de gaffes comme ça d'autant plus que toutes les voitures de taxi de la région étaient sûrement à notre recherche et que, si eux autres nous attrapaient les premiers, nous serions sûrement pour en manger toute une car on savait déjà, qu'attaquer un chauffeur de taxi était très mal vu dans ce milieu.

Voyant une auto de police au loin, nous lui avons fait simplement signe pour qu'elle s'approche de nous. À l'approche de la voiture, j'avais lancé l'arme par terre pour qu'ils voient bien que nous n'étions plus armés. Les agents nous firent monter et arrivés au poste de police, ils nous ont dit que l'on avait été chanceux qu'ils nous trouvent avant les chauffeurs de taxi, sinon on aurait mangé une maudite bonne volée, toute une bonne, puisque tous les taxis de la région étaient déjà à notre recherche…, heureusement que l'on savait tout ça.

Après cette courte nuit à la prison, le lendemain matin, nous sommes passés devant le juge. N'ayant aucun dossier judiciaire, il nous avait libérés avec promesse de comparaître. Malheureusement pour nous, les policiers de Montréal avaient déjà passé dans nos appartements suite à la divulgation de nos adresses respectives et ce, nous l'avions appris seulement à notre retour à Montréal. Les enquêteurs avaient amené tout le matériel volé qui était chez mon frère, chez notre copain de travail et chez Louis. Le lendemain, moi et Louis nous fûmes embarqués par les enquêteurs de la police en marge des vols.

Mon frère René et le copain de travail étaient en tabar…, d'autant plus que nous n'avions rien dit de notre projet. C'était à cause de l'arme de mon frère qu'ils avaient fouillé partout. Maintenant, nous avions chacun un casier judiciaire, fallait passer à la Cour à des dates fixées après les Fêtes, nous n'avions plus de matériel à vendre, pas d'emploi. Bref, nous étions retournés à la case zéro avec beaucoup plus de problèmes qu'au départ.

Mon frère m'annonça qu'il ne pouvait plus me garder et que je n'avais qu'à retourner chez DENO'S, qu'il voulait tout recommencer à zéro, qu'il avait assez de problèmes comme ça.

De retour chez DENO'S, les affaires allaient encore plus mal puisque je lui devais environ deux mois de loyer et j'étais à une semaine avant Noël. Je me suis dit que, moi, seul, je réussirais à aller aux États-Unis par mes propres moyens et que, là-bas, je pourrais tout recommencer à neuf dans un nouveau pays. J'étais encore jeune, l'avenir était devant moi, je n'avais plus qu'à me décider et enfin partir.

Je préparai quelques bagages et un plan très précis. Je m'étais muni d'une carte de la région et sur celle-ci, je pouvais voir toutes les routes qui s'arrêtaient subitement, sûrement à cause de la frontière, me suis-je dit.

J'avais dit au propriétaire que j'allais le payer avant Noël, sachant d'avance que je ne serais même plus au Canada. Le matin du départ, je regardai pour une dernière fois mon appartement que j'aimais bien encore, mes disques, mes colonnes de son, ma chaîne stéréo.

La musique avait toujours été ma source d'adrénaline naturelle. Celle qui avait toujours suivi mes humeurs, c'était ma passion, mon véritable passe-temps mais il fallait partir pour de bon, pour toujours. Tourner une page, encore une page trop noircie par les événements, par ma maudite vie de fou. Cette fois-ci, c'était vrai, je partais pour un monde meilleur. La victoire est-elle dans la fuite?

Me rendant au métro de Longueuil, je montai dans l'autobus qui terminait son voyage tout près des douanes dans un très petit village. Je n'avais qu'un sac à dos et de chauds vêtements. Ce n'était pas la première fois que je partais ainsi et je savais que je réussirais mieux seul…, comme d'habitude.

Dehors, il faisait froid, nous étions rendus vers le vingt décembre. Par chance, il n'y avait pas de vent et aucune précipitation n'était annoncée pour les prochains jours. Arrivé au terminus, je regardais ce petit village qui ressemblait à tous ceux que l'on voit dans les films. Il n'y avait que quelques maisons, une petite église et un petit club genre motel avec des chambres à louer au deuxième. Me fiant à mon sens de l'orientation et à ma carte, rapidement, je traversai la clôture du dernier bâtiment pour ainsi me diriger vers les États-Unis. Il faisait très noir et je marchais lentement. La neige arrivait à mes genoux mais je me disais qu'à chaque pas, j'avançais et que j'approchais de mon but. Une bonne heure plus tard, complètement gelé, je me disais que non, j'avais mal calculé mon affaire et qu'il était peut-être préférable d'attendre le jour pour savoir au moins où j'allais. Sans retourner sur mes pas, je pris la direction de l'autre extrémité du village. Arrivé sur le chemin, je frappai à la porte de la première maison rencontrée. Un vieux monsieur me fit entrer pour quelques minutes. Lui expliquant que j'avais raté l'arrêt de l'autre ville parce que je m'étais endormi dans l'autobus, je lui demandai où je pouvais aller. Il me suggéra de me rendre à l'hôtel du coin où il y avait des chambres à louer. M'indiquant la direction à prendre, il me souhaita bonne chance sans plus.

Arrivé à l'hôtel, je raconte la même histoire au patron qui me suggéra de téléphoner à mes parents pour qu'ils viennent me chercher. Faisant semblant de téléphoner et ce, à plusieurs reprises, je dis alors au patron qu'il n'y avait pas de réponse. Heureusement pour moi, le patron m'offrit une chambre gratuite pour la nuit en me disant que je n'aurais qu'à téléphoner demain. Je crois que, dans le fond, je n'étais pas le premier à me présenter ainsi dans son établissement et à raconter une telle histoire. Je crois que d'autres, avec les mêmes intentions que moi ont dû cogner à sa porte.

Le lendemain matin, par un soleil radieux, je tassai lentement les rideaux de la fenêtre pour apercevoir mes pas dans la neige sur la petite colline au loin. Je n'avais parcouru qu'une distance minime et j'avais quasiment tourné en rond; bref, je serais bien mort, perdu dans cette campagne si j'avais continué ainsi mon chemin dans le noir. Je me sentais idiot, pourquoi s'évader la nuit lorsque tu ne connais pas le chemin. Descendant dans le restaurant-club, le propriétaire m'offrit un vrai déjeuner de bûcheron. Je me disais encore qu'il s'en doutait bien que j'étais pour partir à l'aventure, il s'en doutait.

Peut-être qu'il avait fait la même chose quand il avait mon âge et qu'ensuite…

Prétextant une marche à l'extérieur, j'empoignai mon sac à dos et d'un sourire radieux, le propriétaire me souhaita bonne chance…, maudit qu'il le savait…, y'en avait vu d'autres.

Et que j'étais content ! Chargé à bloc, j'avançais d'un pas rapide sur le petit chemin de campagne qui menait directement aux États-Unis. Je regardais les petites maisons et les fermes, il faisait très beau, un soleil radieux sans vent et il faisait moins froid que la veille. Après environ trente minutes de marche, je me suis dit qu'oui, je serais déjà mort si j'avais continué à marcher dans le champ en pleine nuit. La direction était bonne mais dans le champ et dans la neige, jamais j'y serais arrivé.

Je marchais, marchais quand, tout à coup, j'aperçus une clôture qui barrait littéralement le chemin avec un écriteau qui disait : « Passage interdit, United States ».

Enfin, j'y étais. Mon cœur battait très fort et dire que ce n'était plus qu'une clôture de trois pieds qui m'empêchait maintenant de parvenir à mon but. Une pauvre petite clôture avec un écriteau. Si j'avais été capable, je l'aurais mangé la clôture…, non mais…

Je sautai la clôture de manière artistique, avec beaucoup de classe; c'était si facile et enfin, j'y étais parvenu.

La même joie m'envahit, la même joie que celle du terminus d'autobus de Laval, vous vous rappelez ? Cette joie qui vous ferait traverser la mer, gravir les plus hautes montagnes, celle qui nous fait marcher, courir, avancer…, celle qui nous fait respirer à pleins poumons.

Fin décembre 1980, dix-neuf ans…

Bon, c'est bien beau mais, il faut quand même continuer, car le but ultime est la chaleur, cette douce chaleur rêveuse, pulpeuse et toujours tiède. Le vent doux qui nous caresse la peau, les cheveux. Fini la neige, les souffleuses, le sel et surtout le froid qui nous fait tous mourir à petit feu, FINI…

Bientôt, j'aperçus l'autoroute, les voitures, la vie. Traversant le viaduc, j'enjambai la petite clôture pour ensuite faire du pouce. Je me disais que plus vite je serais loin du Canada, le danger diminuerait car j'allais très bientôt être recherché par la police puisque je n'allais jamais me présenter devant le juge.

Perdu dans mes pensées, une première voiture s'arrêta. Je dis au conducteur que j'allais à Boston, premier arrêt de ma longue route. Tous ceux qui ont déjà voyagé « sur le pouce » savent qu'il y aura toujours un bon samaritain qui nous offrira un lit pour la nuit. Ayant déjà fait la rue, je savais que je n'aurais aucune difficulté à me trouver un lit quelque part.

Effectivement, pour cette première nuit aux États-Unis, je couchai chez un monsieur…, dans son lit. Le lendemain matin, après qu'il m'ait payé le déjeuner au restaurant, il me souhaita bonne chance en me remettant une petite somme d'argent. J'allais effectuer l'ensemble de mon voyage de cette manière, couchant chez des messieurs et recevant toujours un peu d'argent.

En banlieue de Boston, je découvris son vieux métro de surface qui traversait la rivière d'où l'on voyait toute la ville s'illuminer au soir. Arrivé au centre-ville, je me dirigeai vers le terminus d'autobus pour mieux me situer et ce qui allait me frapper était de voir cet agent de police habillé en motard avec une grosse étoile sur la poitrine. Il portait des bottes de cuir qui montaient jusqu'aux genoux, un revolver à sa ceinture et un manteau de cuir court « genre motard ». Je me disais qu'ils sont complètement fous de se déguiser ainsi. Où était le danger?

Poursuivant mon chemin, ma prochaine destination fut New York, la grande ville. Me promenant sur la 32ième avenue, je voyais des choses que je n'aurais jamais imaginées sur terre. Des « sex-shops », des places de visionnements de films de tous genres allant du couple, couple avec enfants, bestialités et j'en passe. Inimaginable et moi qui pensais que j'en avais vu. Des clubs où les femmes dansent dans des cages de fer, dans des vitrines.

Arrivé au soir, je fis route dans le quartier gai de New York. Là encore, je n'avais encore rien vu à Montréal… Si le groupe « Village People » vous revient en mémoire, mélangez les mêmes membres du groupe avec des homosexuels et vous avez tout le bazar devant les yeux.

Naturellement, ceux qui sont très bâtis, d'allure toujours trop méchant, gueule carrée, la main plus grosse que la queue représentaient les « hommes ». Les clubs que je visitai ressemblaient plus à des cirques d'animaux…, mais où était la limite des humains ? On appelle ça la liberté ! Mais quelle liberté?

La liberté d'être piégé dans la drogue, l'alcool, la prostitution, ton collier de cuir et ta pauvre queue qui ne sait même plus où aller. Ils appelaient ça la liberté…

Heureusement, à quelques jours avant Noël, il y avait la magie des grands magasins ; même moi, je me suis laissé emporter comme un pauvre gamin. La musique, les lumières, les gens…, les gens trop pauvres qui couchaient dehors, un peu partout, ceux qui errent sans jamais arriver nulle part, sans but. J'avais passé la journée de Noël au terminus d'autobus. Je me disais que c'était moins pire que dehors où il faisait très froid et qu'il ventait beaucoup trop. J'avais le cœur gros, je me sentais très seul dans cette foule compacte mais c'était mon choix, je devais l'accepter.

Le lendemain, j'ai rencontré un homme d'affaires assez riche et durant quelques jours, j'ai pu manger à ma faim. Il m'acheta même quelques cadeaux et des vêtements mais, au fait, lui aussi, il était seul pour ce temps des Fêtes même s'il était assez riche. Il était aussi content que moi de m'avoir rencontré. Il habitait en haut d'une grande tour d'habitation. La vue était superbe sur New York.

Il me fit visiter quelques discothèques et j'ai très vite compris que la mentalité des gens se référait uniquement au matériel, à l'argent. Le pouvoir de l'argent. T'es riche, tu as une bonne position, un bon crédit, t'es quelqu'un.., à l'image de tes avoirs. Quelques jours avant le Jour de l'An, mon homme m'avait laissé pour finir la période des Fêtes à la chaleur du Mexique et il avait été assez gentil pour me laisser environ mille dollars, pour mon voyage. Il m'avait trouvé bien correct et j'étais le premier canadien qu'il avait rencontré et il en était très fier.

Moi, j'avais passé ma dernière nuit à me promener dans le métro qui faisait surface dans divers endroits de la ville, comme pour voir cette jungle une dernière fois.

Vers les quatre heures du matin, j'embarquai dans un wagon de métro pour revenir à mon point de départ. Il n'y avait que des Noirs dans le wagon. Premier contact visuel avec la mort; tous me regardèrent avec de gros yeux, quelques-uns regardaient mon sac à dos. Moi, qui avais environ mille dollars en poche, je commençais à avoir chaud. Tantôt l'un se levait, tantôt c'était un autre. Je me disais que si, à la prochaine station, je ne descendais pas, jamais je ne verrais la couleur du soleil…, jamais.

Là, j'avais peur, peur pour ma vie, peur de mourir. Dans les regards, il y avait des couteaux, du sang, de la haine, c'était terrible…, terrible sentiment. Je n'oublierai jamais, jamais. J'avais chaud, l'eau coulait. Chaque seconde durait une éternité et si quelqu'un avait pété, « boum » j'étais fait. Il ne manquait que le signal de l'inconscient, comme une meute de loups, l'acquiescement d'un seul… Enfin, la station, les lumières, je ne bougeais même plus, les muscles tous raides, prêts à surgir dès que les portes s'ouvriraient. Il ne fallait surtout pas qu'ils doutent que je débarque…, aucun doute, rester froid d'émotion comme un mur de béton. Le train finit par s'arrêter et la porte qui s'ouvre, cette porte de liberté, de survie, enfin et d'un bon rapide, d'un geste précis, je sortis du wagon sans même regarder personne. Jamais je n'oublierai cette promenade…, jamais et pourtant à Montréal, depuis l'âge de quatorze ans que je me promenais dans le centre-ville à toutes heures de la nuit et jamais…

En déjeunant, je cherchais à comprendre pourquoi, pourquoi tant de haine dans les regards. C'était l'une de mes premières rencontres avec des gens de couleur; à Montréal, il n'y en avait pas ou si peu.

Croyez-moi que depuis cette expérience, je faisais très attention à la rencontre d'un groupe de Noirs, je ne les jugeais pas mais je cherchais à comprendre tout simplement. Comprendre l'incompréhensible d'une telle haine…

Vers midi, je pris un autobus qui traversait un gros pont qui ressemblait étrangement à celui du film « Saturday Night Fever », le même qu'il avait traversé, le même suicide, presque la même histoire à l'envers; j'étais assis comme John Travolta, à me demander où la vie allait m'amener.

À l'arrivée sur l'autoroute, il commençait à neiger beaucoup mais par chance, je n'attendais jamais plus de quinze minutes pour qu'une auto s'arrête. Ma prochaine destination était Philadelphie pour ensuite arriver à Washington, la « Capitale » comme ils disaient. Arrivé devant la Maison Blanche, j'ai quand même eu un pincement de cœur devant l'immensité de l'œuvre humaine. Il n'y a rien de trop beau lorsque les humains travaillent ensemble pour un projet commun. L'humain construit en groupe et se détruit tout seul; comme si ça prenait beaucoup de personnes pour faire le bien et une seule pour faire le mal, faire tant de mal… Fait cocasse, ici, il n'y avait plus de neige, il faisait froid, environ moins deux à trois degrés mais aucune neige. Enfin, je m'approchais lentement de mon rêve.

À Washington, un étudiant de l'université m'hébergea pour quelques jours, le temps que je visite la ville et après, direction Richmond, Raleigh et j'arrivai à Atlanta. Je n'avais même plus besoin de mon manteau d'hiver. Ce n'était pas encore la Floride mais il faisait assez chaud.

À Atlanta, j'étais descendu au tout début de la ville et j'ai traversé à pied le quartier pauvre des Noirs en bordure de la ville. Désolant, très désolant à voir. Les enfants qui jouent dans des ruelles malpropres, dans des poubelles, les maisons étaient presque toutes pareilles, d'une pauvreté inimaginable. C'était triste à voir, si peu d'arbres, si peu de gazon, une ville dortoir comme disent les écritures perdues dans des bulles d'encre, une ville dortoir.

Ma première visite fut celle d'un hôtel de haute gamme dans le centre-ville. Les ascenseurs étaient dehors, c'était beau et, si je pouvais facilement circuler dans des endroits huppés, c'est que j'étais très bien habillé; j'aimais le beau linge et je ne me gênais pas de le dire aux clients que je rencontrais en chemin. Dans l'hôtel, j'avais dormi au fond d'une luxueuse salle de réception. J'avais mangé quelques restes d'un buffet qu'ils allaient sûrement jeter à la poubelle tard dans la nuit, loin des regards nocturnes des gens trop pauvres pour même s'acheter la base de ce buffet ; soit simplement du pain… Jusqu'où Dieu peut pardonner, pardonner la folie des humains?

Quelques jours plus tard, j'arrivai à Daytona Beach ; enfin, arrivé en Floride. Le voyage était plus agréable à cause de la chaleur, cette douce chaleur et, marchant sur la plage, je cherchais les motos qui avaient fait tant la renommée de cette ville.

Je ne pouvais m'empêcher de penser à Louis qui était encore à Montréal dans le froid. J'avais gagné mon propre pari, j'avais réussi dans ma fuite…, oui, quelquefois, la victoire peut être dans la fuite.

N'ayant aucune place pour dormir, je m'informai à une voiture de police, s'il n'y avait pas un endroit pas trop trop cher, j'étais tanné de coucher quelquefois dehors à la belle étoile. Le policier m'amena dans un « Salvation Army » pour que j'y passe la nuit et ça ne coûtait rien, absolument rien, aucun sou. Avoir su et dorénavant, cet endroit allait devenir mon hôtel de luxe pour le reste du voyage.

Continuant mon voyage, Tampa était ma prochaine destination et, en passant, j'allais visiter le Disneyland de la Floride, tant qu'à faire, tant qu'à y être.

Après avoir fait un arrêt à Tampa, je pris la route qui traversait les marécages où il y avait des alligators mais par tous les saints, je n'en ai pas vu un seul durant cette traversée et dire que personne n'osait s'arrêter en chemin…, de peur.

Niaiseux, on peut l'être, bête aussi, épais quelquefois mais moi avec mon âme artistique, mon étincelle d'enfant, je croyais que la Floride n'était plus ou moins qu'une belle petite plage avec quelques huttes ici et là, peut-être une petite musique hawaïenne avec ça, non ! Un peu comme dans Hawaii 5-0, l'image quoi!

Lorsque j'ai aperçu Miami, je revoyais Montréal en été. Plein d'autoroutes, d'autos, de bruits et tout le reste. Le paradis…, industriel, rien de moins. J'étais très déçu, un peu comme quand tu ouvres un cadeau et que la boîte est vide sauf que, là, il n'y avait même pas d'emballage.

Près du pont menant à Miami Beach, je fis un arrêt pour compter les autos. Compter les Cadillacs vs les Continentales. Jamais j'en avais compté autant, jamais. L'Amérique prospère…

Je ne suis resté qu'une journée sur le bord de la plage, il faisait trop froid pour se baigner, j'étais encore plus déçu. Alors, je me suis dit pourquoi pas la Californie, le rêve californien…, peut-être qu'ils prenaient des Français pour faire leurs films; la carrière, le prestige, l'argent, le rêve…

Le soir venu, j'ai soupé dans un McDonald et les deux voisines assises à côté de ma banquette parlaient très bien le français et se pensaient peut-être les seules à parler le français dans le restaurant.

Néanmoins, j'ai eu droit d'entendre deux femmes parler de leurs histoires d'hommes comme jamais je n'aurais cru entendre.

J'avais quasiment de la difficulté à manger mon hamburger tellement que la conversation était « crue », même Saint-Pierre en aurait arraché. Les films XXX n'étaient rien par rapport à la description de leurs nuits précédentes. Juste avant de partir, ça me tentait de saluer ces deux filles d'un bonjour en français, juste pour voir leurs figures mais je ne suis pas méchant…, les sages savent se taire. Avoir été un Jésuite, j'en aurais perdu ma soutane.

Ayant dormi sur un coin de plage, le lendemain matin, je pris la route de la Californie, le rêve de tous.

Juste avant d'arriver à Bâton-Rouge, je fis la connaissance d'un homme d'affaires. Naturellement homosexuel, il m'hébergea dans divers hôtels en cours de route. Avant de me laisser, il me donna une bonne somme d'argent pour que je puisse bien visiter la prochaine ville et poursuivre mon voyage. Bâton-Rouge était une ville un peu francophone et, à mon arrivée, le festival de Jazz commençait dans la plus vieille partie de la ville qui ressemblait un peu au Vieux-Montréal.

Dès mon premier soir, j'ai fait la rencontre d'un professeur qui m'hébergea pour quelques jours. Lui, durant le festival, m'amena un peu partout, dans des bistrots, de bons restaurants et me fit visiter la ville. Quelques jours plus tard, avec encore plus d'argent dans mes poches, je partis pour la direction du Texas; Houston était ma prochaine destination.

Le Texas est bien comme dans les films. Tous les chauffeurs de camions avaient leur chapeau de Cow-boy, les clubs étaient comme dans les meilleurs films, les serveuses… À l'extérieur, c'était pareil, quelques cactus apparaissaient dans le décor. Entre la ville de Houston et de San-Antonio, une Québécoise qui avait un magasin d'antiquités m'hébergea quelques jours. Voulant venir en aide à l'un de ses compatriotes, elle voulait avoir des nouvelles du Québec, étant partie depuis quelques années de notre Belle Province…

Je voulais amener une tête de bœuf comme l'on voit dans les films mais ceux-ci avaient environ deux pieds de longueur, beaucoup trop gros pour entrer dans mes bagages. Dommage, moi qui étais sur place…

Le voyage se continuait   ; quelquefois je couchais dehors, faute d'avoir trouvé une place pour dormir ; parfois, je passais la nuit dans un « Union 67   », grand garage pour les camionneurs. Dans ces arrêts, il y avait un restaurant, des douches pour se laver et toujours quelqu'un de gentil qui allait dans la même direction que moi.

Entre la ville de San Antonio et celle d'El Paso, près de la frontière du Mexique, il y a une chaîne de montagnes qui part de Vancouver et qui descend jusqu'à la mer. Quelquefois, durant l'hiver, elle amène le froid et quelques flocons de neige. J'étais bien découragé car, il était tombé quelques pouces de neige et les routes étaient toutes bloquées, les camions ne pouvaient plus avancer faute de pneus d'hiver. Moi, je me disais qu'après avoir parcouru tant de chemin, j'étais encore pris dans la neige, j'avais presque le goût d'aller au Mexique tant qu'à y être mais le pays était dangereux pour une personne qui fait du pouce et le but de mon voyage…, n'était pas la Californie.

Arrivé à El Paso, un homosexuel me prit chez lui pour quelques jours. J'avais toujours une place pour dormir…, facile, arrivé dans une ville inconnue, je n'avais qu'à me présenter dans un bar d'homosexuels et le tour était joué. Je pouvais me reposer pour quelques jours dans un endroit chaud et confortable. Cachant bien mon argent, j'en demandais toujours avant de partir, donc j'accumulais.
Celui qui me recevait me faisait toujours visiter « sa ville » et du même coup, il payait tout. De cette façon, je fis un très beau voyage à très peu de frais…

Maintenant, il ne me restait plus qu'un arrêt avant d'arriver à Los Angeles. L'autoroute traversait une longue chaîne de montagnes et c'était encore un camionneur qui m'avait fait monter. Quelques heures plus tard, il me fit descendre à un arrêt d'union 67 et quelques mètres plus loin, il y avait d'inscrit « CALIFORNIE WELCOME »..., enfin, j'y étais, le rêve californien, la musique, les films, enfin, j'allais voir tout ça pour de vrai.

Après avoir traversé mer et monde, le désert, la neige des montagnes, j'arrivais enfin en Californie. Je dansais quasiment près de la pancarte. J'aurais aimé avoir un appareil-photo automatique avec un trépied..., dommage pour la photo.

1981

Histoire et société

— *Après 444 jours, les otages américains détenus en Iran sont libérés.*

— *Bobby Sands, militant de l'IRA, meurt à la suite d'une grève de la faim de 66 jours.*

— *Le virus du Sida est identifié.*

— *Premier vol de la navette spatiale Columbia.*

— *Le gouvernement Trudeau et neuf provinces procèdent au rapatriement unilatéral de la Constitution canadienne sans l'accord du Québec.*

Culture et médias

— *Ordinateur personnel IBM PC.*

CALIFORNIE

Mi-janvier 1981, dix-neuf ans…

De cette première nuit tout près de la Californie, à quelques pieds des lignes, j'ai dormi confortablement dans un autobus abandonné dans un cimetière de voiture. Heureusement, la nuit n'était pas trop froide.

Le lendemain matin, je déjeunai au restaurant d'Union 67 et je pris le chemin de l'autoroute pour faire du « stop ». Quelques minutes plus tard, une voiture de police s'arrêta pour me donner une contravention ; c'était défendu en Californie de faire du pouce. Me demandant mes papiers d'identité, je croyais que mon voyage venait de se finir là… Mais non, le policier me remit un billet que je devais payer plus tard…, beaucoup plus tard, peut-être au bon Dieu, un jour, m'étais-je dit.

Je continuai néanmoins de faire du pouce et une autre voiture s'arrêta et, par chance, le conducteur allait lui aussi à Los Angeles.

Quelques heures plus tard, enfin, j'avais devant les yeux cette ville, cette grande ville aux mille lumières, nous étions le soir et, pour ma première nuit, je fis ma halte routière sous un palmier longeant l'autoroute. Les grands palmiers pouvaient servir de tente puisque les grandes feuilles descendaient jusqu'au sol et le centre du palmier constituait un véritable abri vent-bruit-lumière.

Le lendemain matin, je fus réveillé par la circulation intense de l'autoroute.

Au milieu de l'autoroute, il y avait un grand parc sans arbres et je décidai de déjeuner au centre en regardant la circulation tourner autour de moi. Ça change des déjeuners à la campagne, au bruit des oiseaux, mais l'effet valait le coup, un parc au centre des branchements d'autoroutes, fallait le faire…

J'étais heureux d'être là, au milieu de cette ville, à la chaleur loin de la neige, du vent et du froid. J'avais réussi mon voyage, j'étais maintenant en Californie, il ne me restait plus maintenant qu'à visiter les studios de films et peut-être…

Mon rêve prit fin quand, soudainement, les arrosoirs automatiques se mirent en marche, il pleuvait partout ; ramassant mes affaires rapidement, je courus vers l'autoroute pour échapper à cette pluie automatique. Non, mais ils auraient pu mettre des écriteaux genre : « On remplace le soleil radieux par un ciel nuageux à tous les matins dès huit heures et ce, pour une durée de dix minutes ».

Je fis du pouce pour me rendre à « Hollywood Boulevard » mais le conducteur refusa de me faire descendre à la sortie prétextant le flot de circulation; lui, il allait plus loin. Je voyais déjà ma carrière foutre le camp; fini les caméras, la richesse et la gloire. Une larme à l'œil, je regardais la sortie de Hollywood Boulevard s'éloigner, je me disais que ce n'était peut-être pas le moment et pourtant, si près du but. Non, ce n'était pas ma journée, y'a des jours.

Il finit par me faire descendre à l'autre bout de la ville, complètement au nord. Descendant de la voiture, je pris la décision de continuer mon chemin vers San Francisco en me disant que ce n'était pas dû.

Il était environ midi lorsqu'un gros camion s'arrêta pour me faire monter. Lentement, l'autoroute montait dans les montagnes et au loin, je revoyais Los Angeles sous son nuage de pollution et, me disant encore une fois que ce n'était pas le moment, un autre jour peut-être, un jour certains...
quelques jours chez lui, question que je me repose un peu. Il m'avait demandé seulement de faire le ménage dans la maison

durant leur absence…, ce que je fis et à son retour, à la fin de la journée, il me dit que je pourrais rester autant que je le voulais. Pour ma part, ça ne me dérangeait pas trop trop et je passais ainsi mes journées à écouter de la musique, à faire un peu de ménage. Bref, la vie était belle, enfin de vraies vacances.

Naturellement, la nuit, je couchais avec lui mais heureusement, il n'était pas trop difficile. De cette époque, j'ai découvert combien le football était important aux yeux des Américains ; faut dire que tous les collèges et universités américains ont leurs clubs, nous étions rendus à la fin de janvier et encore du football… De ces dimanches après-midi ennuyeux, j'écoutais allègrement la musique. Je découvrais à présent le groupe « Pretenders » avec son « fuck-off » que je trouvais sublime, effronté, osé. La musique demeurait de toujours ma plus grande passion.

Le temps dehors était grisâtre et je trouvais qu'il faisait froid étant donné que j'étais en Californie. Il faisait toujours environ 40 à 50 degrés Fahrenheit, je m'attendais à beaucoup plus chaud, enfin…

Après un mois d'écoute musicale et de petit ménage quotidien, celui qui m'hébergeait me demanda un beau matin si je n'avais pas une carte d'assurance sociale avec moi. Oui, lui répondis-je. Il me demanda pour la même semaine de me trouver un emploi dans n'importe quoi, mais il ne voulait plus que je traîne dans la maison. Non mais quoi; coucher avec, faire le ménage le jour et en plus, il fallait maintenant que je me trouve un emploi…, il rêvait en couleur. On n'a rien pour rien dans ce bas monde et je pris la décision de quitter la maison durant la nuit avec son auto sport, question de parvenir à San Francisco le plus rapidement possible.

Au même soir venu, j'attendis qu'il s'endorme profondément ainsi que son ami dans l'autre chambre, je pris les clefs de sa voiture et hop…, on file à l'américaine.

Arrivé à l'autoroute menant à San Francisco, j'étais fier de ma décision d'autant plus qu'il m'en demandait pas mal, non? Faut croire que ces Américains se pensent tout permis, qu'on leur devait tout…, non mais.

Je roulais pas trop trop vite car je savais que si la police m'arrêtait, c'était fini pour moi. À quelques kilomètres de San Francisco, l'aiguille de gaz m'annonçait que la balade était finie et de toute manière, je n'avais pas l'intention d'entrer dans cette nouvelle ville avec une voiture volée. Je pris une sortie pour ranger la voiture dans une station-service et je poursuivis mon chemin en faisant du pouce. De cette manière, j'étais sûr de ne pas me perdre, de bien arriver à destination sans problème.

Juste avant d'arriver à San Francisco, j'aperçus l'immense stade de football, encore à l'image de ces Américains…

De cette première journée, je me dirigeai dans le centre-ville, question d'avoir mes points de repère et en parcourant les rues, j'essayais d'entrevoir un futur client pour que je puisse avoir une place pour dormir. Ayant marché toute la journée et m'étant promené dans le « Trolly-bus », je commençais à être pas mal fatigué. Je fis un arrêt dans un parc du centre-ville qui était juste devant un hôtel de prestige.

Quelques minutes plus tard, un monsieur très bien habillé s'assit près de moi et commença à me parler. Connaissant trop bien la musique, j'entrais dans le jeu en attendant de voir ce qu'il allait me proposer. Il me dit qu'il habitait dans l'hôtel juste en face et qu'il venait juste d'arriver, qu'il était en vacances pour deux semaines et qu'il allait visiter la ville entière. Il me demanda du même coup, si je voulais passer mes vacances avec lui. Moi, ça faisait mon affaire et en plus, il paraissait assez riche…

Je pris un copieux repas dans le grand restaurant de l'hôtel après m'être changé de vêtements et avoir pris un bon bain ; question d'avoir une certaine « classe » puisque nous étions dans un hôtel « cinq étoiles ». Le repas fut succulent et, par après, il m'amena dans sa chambre…, par chance, il y avait deux lits et, de mon côté, je jouais à l'enfant innocent, lui, un peu gêné, me laissa dormir pour cette première nuit…

Le lendemain matin, un copieux déjeuner m'attendait et nous prenions par la suite le chemin de l'autobus pour un petit voyage au pays des arbres géants. L'autobus traversa le pont Golden Gate. Moi, je regardais l'ensemble de la ville, la vue était merveilleuse et, lentement, nous grimpions la route qui nous amenait au site. Une fois arrivé, je fus étonné par la grosseur des arbres. On pouvait construire une maison là-dedans, un abri de fortune, une aubaine…, quoi. Naturellement, mon imagination me laissait déjà entrevoir ma future résidence dans l'un de ces arbres. Et si l'on pouvait les importer au Canada, m'étais-je dit, ça serait peut-être assez payant…

Pour la fin de la visite, un petit restaurant construit en bois rond nous attendait, histoire que l'on demeure bien dans l'ambiance; moi, je profitais allègrement de cette visite guidée gratuite, faut dire que mon hôte était d'une gentillesse remarquable, un vrai « père de famille ». Pour l'après-midi, nous visitions le « Old-Village » qui se situait au pied du pont Golden Gate en face de San Francisco. La journée avait été vraiment merveilleuse et nous soupions dans le prestigieux restaurant de l'hôtel. Mon « père de famille » me promit que dès le lendemain, nous irions magasiner, question que je cadre mieux avec ce genre d'hôtel que nous habitions malgré mes vêtements assez beaux selon moi. Faut dire aussi, qu'avec mes jeans Lois serrés, mes préférés, ça ne convenait pas trop trop. Après une petite marche dans le parc d'en face, je pris mon bain pour ensuite aller rejoindre « papa » dans son lit, je ne

voulais pas le faire trop attendre et, de son côté, il avait été correct avec moi jusqu'à maintenant.

Le lendemain, tel que convenu, nous prenions le chemin d'un grand centre commercial. Quelques heures plus tard, j'en ressortis avec une belle garde-robe complète. La facture fut assez « salée » et je me disais en dedans de moi qu'il faudrait que j'en fasse pas mal des pirouettes dans le lit pour lui remettre tout ça…, lui qui m'avait acheté pour environ 750,00 $ de vêtements.

Dans l'après-midi, nous avions visité quelques musées, je trouvais ça long car, pour mon âge, les musées…

La semaine fut vraiment merveilleuse, mon « papa » prenait grand soin de mes demandes et avec lui, j'avais visité la ville entière ainsi que la banlieue. Fait bizarre, je croyais que la ville de San Francisco était peuplée d'homosexuels et je n'en voyais presque pas dans les rues moi qui pensais que la ville était un immense quartier « gai » et c'était le contraire, tout était bien dissimulé, caché. Ce n'est pas si grave que ça puisque je n'avais vraiment pas le goût de faire le tour des bars gais avec toute la panoplie de gens qui y existent et je crois que mon hôte n'avait pas le goût de faire, lui aussi, ce genre de tournée.
…..

À l'hôtel je menais une vraie vie de « pacha », le gros luxe. Les repas étaient montés directement à la chambre et je mangeais ce que je voulais. Mon « papa » me laissait libre quand il avait des choses à faire tout en sachant que, pour mon âge, ça ne m'intéresserait pas de toute façon. J'aimais bien le soir me promener dans les rues, de voir les vieilles maisons de couleur, les « Trolly bus » montant les rues à l'aide de leurs chaînes; ça faisait un peu « nostalgique ».

Un autre soir, je suis monté à bord de leur métro et de l'autre côté de la baie, le métro faisait surface pour parcourir les villes avoisinantes. Assis dans un wagon, je me disais que dans le fond j'étais bien chanceux de faire un tel voyage et à si peu de frais, oui j'étais chanceux aussi de ne rencontrer que de bonnes personnes durant tout ce voyage, ça aurait pu être…

La fin de la semaine approchait et quelque chose me disait aussi que « papa » n'allait pas tarder à m'annoncer qu'il partirait…, ce qu'il fit en ce dimanche matin, me disant qu'il ne m'oublierait pas de sitôt. Personnellement, moi aussi je l'avais trouvé très gentil, il me laissa environ cent dollars pour que je puisse continuer mon voyage.

La vie, c'est un peu ça, tu passes de bons moments avec une personne, chacun y trouve son compte et après…, la vie continue, les chemins continuent. Même si je n'étais pas vraiment un homosexuel, je garderais toujours dans mon cœur leur sens de la beauté, de leur sensibilité et de leur côté « artistique » ; ils sont beaux parce qu'ils sont eux-mêmes. Contrairement aux « normaux » de l'ensemble de la société et malgré le fait que la normalité commence à déraper depuis pas mal de temps dans notre belle société dite « normale »... Je me trompe?

« Malheureusement, l'homosexualité a quelque chose de magique et, du même fait, quelque chose de tragique… »

J'avais passé la journée dans le parc sur le bord de la baie à regarder l'île d'Alcatraz. J'aurais bien aimé visiter la prison qui était maintenant fermée mais c'était impossible à moins d'y aller à la nage comme l'avait fait le seul détenu qui s'en était évadé jadis.

Le soir venu, après avoir soupé dans un bon restaurant, je me suis assis dans le parc en face de « mon » hôtel dans le centre — ville et, vers onze heures du soir, deux policiers m'accostèrent pour tout simplement m'arrêter. Là, je ne comprenais pas grand- chose. Qu'est-ce que j'avais fait?

J'ai compris plus tard, au poste de police, qu'il était interdit d'être dans un parc après vingt-deux heures du soir. J'avais passé la nuit à la centrale de police et ceux-ci avaient pris ma photo ainsi que mes empreintes. Là, je me disais que le voyage était bien fini, qu'avec mes empreintes, ils allaient très bientôt savoir que j'étais recherché au Canada, que j'avais un mandat d'arrêt à Montréal en plus du billet de contravention que la police de la Californie m'avait remis. Quelle triste fin de voyage, tant de kilomètres pour revenir au point de départ, tant de kilomètres…

Le lendemain matin, passant devant le juge et ne parlant que le français, celui-ci me libéra sur-le-champ à ma grande surprise. Me retrouvant sur le trottoir, j'avais peine à le croire, libre, encore libre…

Tant qu'à me faire arrêter loin de Montréal, aussi bien y retourner, non ? D'autant plus que l'hiver là-bas était presque fini puisque nous étions maintenant rendus au mois de mars.

Je pris le métro pour la dernière fois. Traversant la baie, je regardais derrière moi en me disant qu'effectivement, cette ville avait un beau cachet, un beau style. J'aurais peut-être pu y rester, me trouver du travail, bref ne pas partir encore. Je suis descendu à la dernière station assez loin de la ville et pour encore une autre fois, je me retrouvais sur le bord de l'autoroute à faire du pouce.

Une première voiture s'arrêta et avec elle, je traversai les montagnes qui allaient me conduire à Las Vegas et Reno. Je ne fis aucun arrêt à Las Vegas puisque le conducteur n'y faisait pas de halte et moi, de mon côté, je ne voulais pas perdre la chance d'être monté avec un conducteur qui allait assez loin dans la même direction que la mienne. J'ai pu quand même visiter la ville de Reno très rapidement sans plus et je n'ai même pas pu entrer dans un casino…, bof, la chance, l'argent ce sera peut-être pour une autre époque de ma vie, ce que je voulais à tout prix était de revenir à Montréal le plus rapidement possible, je commençais à avoir pas mal mon « voyage » de mon voyage.

Arrivé près de DesMoines, je n'avais plus un seul « rond » en poche, il commençait à faire un peu plus froid, j'étais un peu déprimé et sans aucune place pour dormir. Je cherchais en vain « l'Armée du Salut » mais j'étais complètement perdu dans cette ville, une petite ville dont je ne peux me rappeler le nom.

M'étant assis dans les marches d'un temple du Seigneur, une espèce de secte ou je ne sais pas trop trop quoi, je me disais que Dieu ouvre toujours les portes à ses enfants perdus et pourquoi pas à moi. Moi aussi j'étais perdu, pauvre, fatigué et loin de chez-moi. Poussant la porte du « temple », à ma grande surprise, celle-ci s'ouvrit…

Une courte visite fut effectuée, question de savoir s'il n'y avait pas présence de quelques « frères ». Mais non, il n'y avait absolument personne, j'étais bien seul. Faisant le tour des bureaux, j'arrivai face à une porte de coffre-fort ouverte… Après une fouille minutieuse, j'étais plus riche de deux cents dollars et je me disais que le bon Dieu ne m'en voudrait pas puisque c'était pour une bonne cause et c'est peut-être lui qui m'avait ouvert toutes ces portes, non?

Je partis immédiatement après ma fructueuse découverte en me disant que si le Diable se mettait de la partie, j'allais être découvert. Je pris la direction du terminus d'autobus

« Greyhound » et d'un anglais décapité, je demandai à la caissière un billet et celle-ci me signifia que ça me coûterait seulement 99.99 $ ce qui représentait la somme maximale pour voyager, qu'importe la destination aux États-Unis. Une aubaine. Avoir su, j'aurais pris l'autobus plus souvent…

Sur la banquette arrière de l'autobus, je dormis beaucoup. Faisant un arrêt à Chicago le temps de manger, je repris un autre autobus pour ma destination finale. Au petit matin, arrivant à ma destination, je repris le même chemin qu'à mon arrivée. Me disant que j'avais quand même fait un beau voyage, j'avais vu bien des choses malgré tout ce que j'avais déjà vu, moi qui croyais avoir déjà tout vu…

Je reconnus la petite barrière sur la route, mais cette fois-ci, sans neige. Enfin de retour chez moi, dans mon grand pays…

Mi-avril 1981, dix-neuf ans…

Retour à la case départ, on recommence toujours, je recommence. En marchant, je reconnais les maisons qui tantôt étaient recouvertes de neige, blanche, pure. Maintenant, elles sont en couleurs, la neige a déjà fondu et fondra toujours avec le temps mais moi, j'ai peut-être un peu plus appris sur les humains en général, sur la vie…

…..

J'entre une seconde fois à l'hôtel et l'aubergiste semble déjà me reconnaître ; je lui demande un café et lui me demande comment a été mon voyage aux États… Brave capitaine, l'expérience sait toujours et je n'étais surtout pas le dernier à partir pour ensuite revenir…

Après cette brève pause, je repris le chemin pour me diriger vers l'autoroute pour enfin, revenir à Montréal. Enfin une route connue, un pays connu. Comme il est bon de revenir à la maison, me suis-je dit. Bientôt, je revis Montréal, cette chère ville, mon cœur battait de plus en plus fort à l'approche…, comme si « maman » m'attendait.

J'entre dans le quartier Saint-Michel pour aller directement chez mon frère René mais, malheureusement, il était absent. Traversant la rue, je savais que l'un de ses copains habitait juste en face du « miroir », de l'autre côté de la rue. Heureusement qu'il était présent car je n'avais pas dormi depuis bientôt deux jours et j'étais très fatigué, j'avais mon voyage.

Dans son appartement, j'ai reconnu immédiatement mon jeu de lumières, une partie de mes disques, de mes cassettes, bref, mon frère René avait fait une vente-débarras avec mon matériel durant mon absence mais avait oublié de dire aux acheteurs que le matériel m'appartenait… Non mais pour qui se prenait-il pour faire les choses ainsi?

J'étais en tabar…, très fâché pour ne pas dire que je voulais presque le tuer. Non mais…, et en plus ma musique. C'était tout ce qu'il me restait à mon départ, ma pauvre musique que je n'avais plus maintenant. J'étais tout nu, dans la rue, si seulement j'avais eu ma musique, mes petites choses. Après avoir soupé chez mon « chum », je me suis dirigé chez un autre copain d'avant voyage, un copain qui avait aussi travaillé à l'aéroport de Dorval. Étant donné que mon frère René était encore absent, je conclus avec mon « chum » d'aller chez mon frère René et de tout casser pour ainsi le punir.

Vous connaissez la thérapie de la « casse » ? Ça défoule et pas à peu près merci, comme, dans celle du cimetière d'autobus, vous vous rappelez? Je suis entré chez mon frère en cassant le petit carreau de la porte arrière pour ensuite tout briser ce qu'il avait chez lui. Un vrai « party ». Vous devriez essayer au moins une fois dans votre vie de briser tout ce qui vous passe par la main lorsque vous êtes fâché, beaucoup mieux que d'être allongé sur un divan chez un psychologue et de raconter sa rage. En cassant tout, on la vit entièrement. Même aujourd'hui, lorsque je repense à cet épisode de ma vie, je souris malgré moi et j'en ressens encore quelques bienfaits subtils… Ouap!

Sauf mon frère voulait tuer le responsable. Faut dire que dans son appartement, il ne restait plus rien d'intact, plus rien d'utilisable, même pas son linge, j'vous jure que tout y avait passé, tout.

Je suis resté quelques jours chez mon autre ami, question de me réorienter dans le présent et d'élaborer le futur. J'étais toujours recherché par la police et je savais que je ne pouvais plus vivre légalement.

Quelques jours plus tard, je volai ma première voiture et un soir, je me dirigeai vers le lieu de travail de mon frère René, espérant qu'il y ait une certaine somme d'argent dans cette compagnie. Malheureusement, avant que je n'aie le temps de faire quoi que ce soit, la police entra dans le stationnement arrière de la compagnie. Faut dire que j'avais ouvert une porte près de l'administration et que celle-ci était sûrement reliée au système d'alarme. Bref, du carreau d'une fenêtre, je voyais l'automobile de la police juste à côté de ma voiture volée. J'étais fichu…, à moins que…

Je décidai malgré tout de sortir très lentement à l'extérieur par la petite fenêtre dans le noir. Une fois allongé par terre près de la fenêtre et juste à côté de « ma » voiture, je me suis mis à ramper très lentement. Les policiers ne pouvaient me voir puisque leur voiture était stationnée de l'autre côté de la « mienne ». Très lentement, je me dirigeai vers la voiture et d'une main, j'ouvris la portière. Je me rappelais que la lumière à l'intérieur du plafond de la voiture était « brûlée », donc les policiers ne pouvaient s'apercevoir de rien.

Une fois dans la voiture, je m'assis sur le siège et je regardais les deux policiers qui bavardaient ensemble. Eux, ils ne m'avaient pas vu encore, je pouvais à peine le croire…, comme dans les meilleurs films, d'un coup sec, je mis la clé dans le démarreur et après avoir reculé, je bondis hors du stationnement pour reprendre l'autoroute qui menait au pont Pie-IX. J'avais le pied au fond et ainsi, je réussis à semer la police de Laval. Arrivé de l'autre côté, je fis une halte à la troisième lumière rouge, espérant que le tout demeure normal.

Le gars à côté de ma voiture, dans une Trans-Am, me fit signe de faire une petite course, mais moi, j'avais d'autres chats à fouetter puisque j'aperçus au même moment une voiture de police de Montréal, les lumières toutes ouvertes qui venait vers moi. Je fis signe au gars d'à côté que la course allait être malheureusement avec quelqu'un d'autre et d'un coup de pédale, je traversai la lumière rouge.

Faire du cent à l'heure sur le boulevard et en plus, pour la première fois, c'est assez grisant. À un moment donné, mon cœur s'est mis à battre de façon plus normale, presque au ralenti, comme si j'entrais dans une deuxième phase de nervosité. Tout était au ralenti comme dans un film. Cette fois-ci, j'avais nettement l'impression de mieux contrôler la voiture, je contrôlais mon chemin, ma route. Après avoir traversé un petit viaduc de chemin de fer, tout près de l'appartement de mon copain, je braquai soudainement les roues à gauche pour prendre les petites rues. Après avoir tourné quatre à cinq fois, j'abandonnai la voiture qui roulait encore pour courir dans la ruelle en me réfugiant chez mon chum. Arrivé à l'appartement, je réveillai celui-ci pour lui expliquer mon aventure. Lui, il trouvait ça dommage pour la voiture, moi, j'étais très fier d'avoir semé ainsi la police…

Dès le lendemain, mon chum me demanda de partir puisque, d'après lui, j'avais été trop loin…, trop risqué pour lui.

Je repris le chemin du Complexe Desjardins, histoire de refaire quelques clients pour pouvoir me louer une chambre. Mon premier client avait environ vingt-huit ans et faisait lui — même des clients dans le privé. Sa clientèle se composait d'hommes très riches qui payaient assez cher pour demeurer ainsi dans l'ombre de tout soupçon. Il fut très surpris de mon corps d'adolescent, avec si peu de poils sur le corps et de mon visage de gamin imberbe ; faut dire que je ne m'étais jamais encore rasé la figure, j'allais avoir bientôt vingt ans et j'en paraissais facilement quinze.

Ayant beaucoup d'expérience, il me demanda si je voulais faire équipe avec lui. C'était beaucoup plus payant que d'aller au Complexe Desjardins,   me dit-il. Pour quelques heures en après-midi ou en soirée, on pouvait se faire facilement trois à quatre cents dollars, soit l'équivalent d'une semaine de travail bien rémunérée. J'acceptai son offre. Lui en contrepartie, prenait bien soin de moi, m'habillait, me logeait et me donnait un certain pourcentage des bénéfices. À nous deux, on n'allait que chez un client par jour, le luxe…, quoi!

 Après quelques jours, j'arrivais à la conclusion que cette vie n'était plus pour moi. Ça faisait déjà cinq ans que je me prostituais. Aimant les femmes, je commençais à trouver de plus en plus ardu de faire semblant d'aimer, de jouir avec d'autres hommes. J'avais de plus en plus de difficulté à avoir une bonne érection. Bref, il fallait que je change de métier.

Dans l'appartement de mon confrère, il y avait dans la garde-robe trois armes. Une FNC-1 de l'armée, une 30-30 ainsi qu'un 16. Je pris la décision de partir avec ces armes durant la nuit apportant en même temps l'argent que j'avais ramassé durant mes quelques jours de travail. Durant qu'il dormait, je pris la poudre d'escampette; finis les clients, maintenant on passe aux choses plus sérieuses.

Il me fallait maintenant une voiture. Je ne pouvais pas circuler dans la rue avec mon étui d'armes à la vue de tous. Je décidai de me diriger à pied au Terminus d'autobus dans le centre-ville. Je n'avais qu'à mettre les armes dans un casier en attendant d'avoir une voiture. Peine perdue puisqu'au terminus, l'étui était trop long pour entrer dans le casier. Je décidai de continuer mon chemin et de me louer une chambre dans un motel pour quelques jours. Je pris le Boulevard Dorchester à pied, l'étui d'armes d'une main et mon sac de linge dans l'autre pour me diriger encore plus vers le centre-ville.

Arrivé à l'intersection du boulevard St-Laurent, boulevard des prostituées, je pris celui-ci pour me diriger sur Ste — Catherine. Je marchais lentement, silencieusement, regardant droit devant moi. Sur Ste-Catherine, à l'intersection de St-Laurent, il y avait quelques « motels de passe ». J'entrai dans le premier, déposant mon étui d'armes sur le comptoir, je demandai à l'homme de me louer une chambre, ce qu'il s'empressa de faire. Arrivé dans la chambre, j'ouvris l'étui pour charger mes armes au « cas où » et je les déposai en dessous du lit. Du même coup, je pris conscience que j'avais traversé une partie du centre-ville avec un étui d'armes à la main, que j'avais même traversé la rue St-Laurent.

J'aurais pu me faire arrêter dix mille fois durant mon parcours. Fallait le faire. Là, je comprenais pourquoi le monde sur le trottoir se tassait assez vite à mon passage. Faut être vraiment « inconscient » pour faire ça, trop tard puisque je l'avais fait, mais à l'avenir, me suis-je dit, je ferai plus attention…

Le lendemain matin, après avoir déjeuné au restaurant, je volai une voiture pour ensuite appeler mon frère Jean, histoire d'avoir de ses nouvelles.

Étant donné que lui aussi était dans le vol depuis quelques années : il vidait les maisons « cossues » de leurs valeurs personnelles, il décida de venir me rejoindre au motel. Arrivé dans la chambre, il s'empressa de me dire qu'il fallait que je cache les armes, trop risqué selon lui de se promener avec elles. D'un calme légendaire, je lui expliquai que j'avais tout de même traversé une partie du centre-ville avec celles-ci et que j'étais encore là. Même pour quitter la chambre, mon frère refusa catégoriquement de la quitter par l'entrée principale. Il me traitait de « malade ». Bon, lui dis-je, on passera par le toit, ce n'était pas grave puisque la voiture était stationnée dans la ruelle. Je commençais à regretter d'avoir appelé mon frère puisqu'il était nerveux comme une poule, regardant partout, voyant la police partout, même les personnes âgées devenaient selon lui peut-être des policiers déguisés, une vraie paranoïa quoi.

En chemin, mon frère me demanda de changer la plaque numérologique le plus tôt possible, comme si ça allait changer le monde. Je savais d'ores et déjà que changer la plaque d'une voiture volée, ça ne changeait pas grand-chose. Là, c'est vrai que je regrettais vraiment. Ça me rendait nerveux de le voir si nerveux et je n'avais surtout pas besoin de cela pour continuer. Nous décidions d'un accord commun d'aller au centre Laval à l'arcade. Me disant qu'il pouvait facilement faire les poches du préposé des machines à boules, je n'avais qu'à l'attendre dans la voiture à l'extérieur. Par après, nous avions convenu de faire un « Hold-up » dans un restaurant du centre d'achats près de chez maman Bouchard.

Dans le stationnement du centre commercial, j'attendais maintenant depuis environ dix minutes mon frère qui m'avait dit que ça lui prendrait seulement deux minutes. Il y avait aussi une voiture de police que j'avais aperçue au loin, ça faisait deux à trois fois qu'elle faisait le tour du centre commercial. Je commençais à avoir pas mal chaud, mon frère qui tardait à revenir. Je décidai de quitter illico et de continuer seul. La police qui tournait autour de moi et mon frère qui était beaucoup trop nerveux pour un rien. Non, je n'avais pas besoin de ça…

Je quittai le centre commercial pour me diriger au restaurant que l'on devait voler car, selon mon frère, le restaurateur avait beaucoup d'argent dans sa caisse. Je passai l'après-midi à me promener un peu partout, question que le temps passe et vers sept heures du soir, je stationnai « ma » voiture dans le stationnement du centre commercial face au restaurant visé.

Débarquant de la voiture, je fis le tour du restaurant, histoire de visiter les lieux avant mon coup. De retour près de la voiture, je m'aperçus que j'avais oublié les clés à l'intérieur et dire que les armes étaient bien en vue près de la transmission automatique au plancher. Là, j'avais d'l'air cave, vraiment cave, J'me maudissais.

J'attendis quelques minutes, le temps que je me calme un peu quand, soudainement, j'aperçus un motard qui sortait du restaurant. C'était peut-être le « garagiste » qui allait m'aider… M'approchant de lui, je lui expliquai que mes clés étaient demeurées à l'intérieur de la voiture. Il me demanda quelle preuve que j'avais pour ainsi dire que cette voiture m'appartenait vraiment? Je lui dis simplement que la voiture était remplie d'armes, qu'il n'avait qu'à voir, qu'à regarder. Il s'empressa de regarder à l'intérieur et conclut qu'effectivement, j'étais dans une situation assez inconfortable compte tenu du contenu de la voiture, fallait faire assez vite avant que la police vienne « m'aider ». De retour du restaurant avec un support en fer, il ne prit que quelques minutes pour me débarrer la voiture, peut-être avait-il une certaine expérience. Il me souhaita bonne chance et me demanda d'être prudent, surtout avec ma FNC-1, une arme de l'armée avec des spécifications assez spéciales.

Plus tard, je stationnai la voiture le long du trottoir à quelques pieds de l'entrée du restaurant. J'attendais d'être prêt psychologiquement car, même si les armes étaient chargées, je ne voulais faire de mal à personne, l'intention était d'avoir de l'argent. Je m'allumai une cigarette, question de me calmer un peu lorsqu'une voiture de police s'arrêta assez loin derrière la mienne. Les policiers débarquèrent et marchaient de façon normale sur le trottoir. Je me suis dit qu'ils allaient se chercher un « casse-croûte » au restaurant, je les suivais de mon rétroviseur et tout semblait normal…, selon moi.

Arrivés à la hauteur de ma portière, ils s'arrêtèrent net pour pointer leurs armes en ma direction. Quelques secondes plus tard, l'autre policier fit le tour de la voiture et ouvrit ma portière. J'avais le canon de son arme à quelques pouces de ma tête, ça ne me dérangeait pas trop trop sauf que lui, tellement nerveux, que là, j'avais maintenant peur que le coup parte tout seul.

Le policier avait le front tout trempé, l'eau ruisselait sur son visage. Me levant lentement de mon siège, je me disais que « au moindre bruit nerveux, j'étais mort ». Les secondes semblaient s'éterniser et le policier ne quittait pas de ses yeux mes mains, le canon de mes armes. Une fois debout à l'extérieur de la voiture, il me dit de mettre mes deux mains sur le toit et…, naturellement, vous connaissez le reste, assez pour avoir regardé quelques films policiers.

Une fois dans l'autre voiture, à la demande des policiers, je leur donnai mon nom, fictif, histoire de brouiller un peu la piste…

Arrivé au poste de police, assis sur une chaise, les mains menottées derrière le dos, un policier me redemanda mon nom au complet. À ma grande surprise, je ne me rappelais plus du nom que j'avais donné dans l'auto patrouille… La belle affaire. Je dis simplement au policier que là, je ne me rappelais plus de mon nom. Une forte « claque » allait atterrir derrière ma tête et la même question fut reposée une autre fois. Je redis au policier que pour une fois que je disais vraiment la vérité et que même s'il me découpait en morceaux, mon nom, je l'avais complètement oublié et je jurais que c'était vrai, c'était pourtant vrai. Après avoir essuyé quelques « baffes » et des coups un peu partout, le sergent s'amena avec une feuille où ma vie y était inscrite en me disant : « tu n'aurais pas cet après-midi, abandonné ton frère au centre commercial? » Là, je comprenais pourquoi dans le stationnement, les policiers avaient agi de cette manière, mon frère avait tout dit…

 Je fus amené dans une cellule au sous-sol pour être transféré le lendemain dans la prison de transition en attendant d'être jugé.

La prison était assez moderne, ressemblait beaucoup à quelques collèges que j'avais déjà fréquentés. Connaissant bien le fonctionnement « institutionnel », j'étais un peu comme à la maison. Les journées passaient lentement et dans la grande salle entourée de cellules, nous regardions la T.V., jouions aux cartes et nous avions droit à une sortie d'une heure dans la cour, naturellement entourée d'une haute clôture de barbelés. Moi, je me reposais tranquillement. C'est vrai que je revenais d'un voyage « assez épuisant »...

À la T.V. on montrait le président Ronald Reagan qui avait échappé à une mort certaine, j'étais un peu peiné pour lui; je me demandais où le monde s'en allait avec de tels événements…

Lorsque le jour de parution devant le juge fut arrivé, je suis resté assez surpris à la lecture des accusations de n'avoir été qu'en possession d'une 30-30. Où étaient les deux autres armes, soit la 16 et la FNC-1   ? Je demandai à mon avocat d'un œil interrogateur. Celui-ci me donna comme réponse « de la fermer », qu'une arme était moins grave que trois. Non mais, ils sont voleurs en plus, ils se collectionnent des armes sur notre dos, une belle « gagne » de voleurs…, non!

Après quelques comparutions, le grand jeu de société fut joué, j'avais droit comme grand prix, une sentence de deux ans moins un jour aux frais de la princesse. Ça allait m'aider à réfléchir, m'avait dit monsieur le juge. Je fus transféré par la suite à Parthenais. Ce centre de transitions se trouvait près du pont Jacques-Cartier dans un immeuble de douze étages. Les prisonniers étaient gardés aux trois derniers étages et « la cour de récréation » se trouvait au dernier étage de la bâtisse. Chaque prisonnier avait une belle petite cellule et une vue splendide de la ville, un peu comme dans le haut des « Penthouse » qui meublent le centre-ville sauf que, pour le confort, on peut repasser.

Cette fois-ci, je me présentais à la Cour pour l'histoire du vol dans l'école et quelquefois, j'allais dans un autre palais de justice pour la cause du chauffeur de taxi... Bref, je me baladais beaucoup, j'étais un jeune homme assez occupé. Les diverses causes furent traitées assez rapidement et les sentences se chevauchant, représentaient au bout de ligne ma sentence initiale, soit deux ans moins un jour. Les juges ne voulaient pas m'envoyer au Pénitencier étant donné mon jeune âge et je n'étais qu'à mes débuts dans le système judiciaire.

Entre-temps, j'avais fait une demande pour aller dans une prison à sécurité minimale à la campagne. Je ne voulais pas aller à « Bordeaux ». C'était un endroit pour les jeunes loups, les jeunes barbares qui essaient de prouver encore qu'ils sont des hommes, qu'ils sont encore capables d'en faire, un besoin de prouver qu'ils sont encore quelque chose. J'aimais mieux faire mon « temps » dans le calme de la campagne.

Ma demande fut acceptée assez rapidement et de toute manière, à leurs yeux, j'étais encore bien inoffensif...

Nous étions au début de juillet et je voulais encore profiter du reste de l'été donc j'étais très content d'aller dans cette colonie de vacances...

Juillet 1981, vingt ans...

Une fois transféré à la « colonie de vacances » je savais, intérieurement, que d'ici deux à trois jours, je reprendrais ma liberté. Le personnel nous expliqua les divers règlements du camp et rajoutèrent qu'après quelques semaines, si nous avions une bonne conduite, nous pourrions aller travailler le jour dans les champs des cultivateurs : question de se faire quelques sous avant notre libération.

Le camp ressemblait un peu à un village de « Schtroumpfs » sauf qu'au lieu d'avoir un gros chat, il y avait des gardiens pour nous surveiller. Peut-être que le directeur de la prison ressemblait à « Gargamel », peut-être mais je n'ai pas pu le savoir puisque, dès la troisième journée, après avoir ingurgité un bon souper, je pris la poudre d'escampette avec un gars que j'avais connu à Parthenais.

Le plan était assez simple : nous n'avions, après le souper, qu'à partir sur la route qui menait à l'autoroute des Cantons de l'Est, tout bonnement, comme si de rien n'était, même en sifflant…

Arrivé à Montréal, je retournais encore dans le centre-ville, sur la « main » avec mon « chum », question de peut-être revoir des gars que nous avions connus « en dedans ». Mon « chum » décida de prendre route seul et moi, de mon côté, j'ai rencontré un autre gars avec qui je m'étais tenu un peu à Parthenais. Il se baladait avec un faux trente-huit et parlait toujours assez fort. Je me demandais bien s'il agissait aussi fort qu'il parlait… De cette première nuit, nous avions convenu de faire route ensemble pour le meilleur et pour le pire. De toute manière, lui aussi était recherché par la police alors, on n'avait rien à perdre.

Le lendemain matin, je volais encore une voiture pour qu'on ait un bon moyen de transport. C'était confortable, le moteur était assez puissant. Comme dans les bons films de « gangsters », on se promenait de longues journées entières à élaborer des plans de vol à main armée. On se tenait dans des restaurants à la clientèle louche, bref, on roulait notre petite

« bosse »..., sauf que jamais j'avais vu mon partenaire faire quoi que ce soit.

À l'aube d'un petit matin, n'ayant plus aucun sous dans les poches, je me décide de passer à l'action, sauf que là, mon chum commençait à battre de l'aile, disant qu'il n'était pas en forme pour passer à l'action. Grande gueule va, je décidai malgré tout de lui emprunter son faux trente-huit et de faire mon coup seul.

Je parcourus quelques rues à l'est de la ville et je fis une halte tout près d'un commerce qui venait juste d'ouvrir.

Chargé à bloc, j'entre dans le commerce, me dirigeant directement à la caisse, je sortis mon revolver en disant que ce n'était qu'un « vol à main armée ». La fille me remit l'argent de la caisse et d'un bond, je retournai à la voiture pour retourner au centre-ville, rejoindre mon coéquipier qui était très heureux de me voir revenir dans le restaurant où il m'attendait. Je crois qu'il avait plutôt peur de ne plus revoir son arme. Lui remettant son arme, je lui annonçai du même coup que j'allais continuer ma route seul. À l'intérieur de moi-même, je me disais que les « mauviettes », je pouvais m'en passer, d'autant plus que je m'étais déjà promené avec de vraies armes chargées à bloc…

Faire un « vol à main armée », c'est assez facile; tu n'as qu'à pointer une arme sur une personne pour obtenir ce que tu veux. Le plus difficile est de composer avec la réaction de la personne. Tous les voleurs n'ont jamais eu l'intention de « tuer » qui que ce soit pour avoir quelque chose. Lorsque la réaction de la victime peut mettre en danger ton plan, c'est là que le tout peut dégénérer en bagarre, en violence. D'un côté, le voleur veut quelque chose et la victime veut protéger ce que tu veux. C'est là que le duel « humain » se joue sauf que chaque personne en danger réagit à sa propre manière. Étant donné que le voleur est l'initiateur de la réaction de la victime, c'est le voleur qui se retrouve coupable de « tout », de ce qui peut arriver mais que faire devant un « jo-blo » qui a trop regardé de bons films policiers et qu'à la « première seconde » de l'événement, il veut sauver la planète, là, ça devient très difficile de prévoir ce qui peut se passer. Mais, rarement, un voleur part faire un vol avec l'intention de tuer, de blesser, très rarement sinon…, jamais.

Moi aussi, de mon côté, j'essayais le plus possible de prévoir l'imprévu car j'ai « horreur » de la violence gratuite, des meurtres gratuits mais parfois la vie t'amène où jamais tu aurais pensé arriver, jamais… On vieillit et, arrivant à ces lignes, je ne peux de mémoire vous raconter de quelle manière la police m'avait arrêté mais je me suis retrouvé quelque temps plus tard dans une prison des Cantons de l'Est à cause de mon évasion de la colonie de vacances.

Octobre 1981, vingt ans…

Étant donné que je n'avais aucune cause nulle part, sauf peut-être à Montréal, j'étais gardé dans cette prison jusqu'à ce que j'aie ma sentence finale. Cette prison était assez désuète, bâtie il y a cent ans. Le temps d'attente était très long avant de pouvoir passer devant le juge. Dans notre « aile », nous étions six détenus qui attendaient d'être jugés. L'un d'eux était sûr d'aller directement au pénitencier et voulait à tout prix s'évader avant la date fatidique de sa sentence.

Parlant d'évasion à longueur de journée, lentement son idée faisait du chemin dans ma tête et dans celles des autres détenus. Après une bonne semaine de réflexion, de réflexions communes, nous élaborions un plan pour s'évader.

D'un côté, la prison était très vieille et de l'autre, il n'y avait pas beaucoup de gardiens en service pour chaque quart de travail. Les gardiens ne faisaient qu'une ronde à toutes les heures et durant ces heures, nous pouvions faire beaucoup de choses. D'un accord commun, nous décidions de faire un trou dans le mur de la dernière cellule du fond et de nous évader ainsi. Le mur était très vieux et le ciment s'égrainait sûrement très facilement. Malheureusement, cette cellule était la mienne, donc, c'était à moi de passer à l'action.

À l'aide des poignées de fer de la chaudière qui servait à laver le plancher, nous avions fabriqué quelques pics que nous avions aiguisés sur le plancher de ciment.

Lentement, dans ma cellule, en dessous du lit j'égrainais le ciment, mes confrères assis aux tables jouaient aux cartes tout en regardant attentivement la porte principale du couloir. Dès qu'un gardien entrait, l'un des gars me faisait signe en émettant un certain bruit sur la table de fer. Lentement, le trou s'agrandissait, les travaux avançaient assez rapidement. Le ciment était « flushé » dans la toilette, ainsi, il ne restait jamais de trace des travaux en cours. Devant le trou, j'avais déposé une grosse boite de linge personnel en cas où il y aurait une fouille. Alcatraz, vous vous rappelez. Le « sentiment » de l'attente, des rondes des gardiens, de la complicité des autres, la tension omniprésente de l'acteur qui creuse pendant que le gardien arrive. Ces scènes ont duré une bonne semaine, chaque petit coup dans le ciment réveillait encore davantage mon système nerveux et il ne fallait surtout pas que les gardiens découvrent nos travaux en cours…

Au bout de la semaine, très fatigué, les nerfs à bout, j'avais maintenant trois bons pouces de creusés et lentement, la résonance des coups portés au mur changeait. J'essayais de savoir pourquoi tout en continuant de creuser. Qu'est-ce qui m'attendait au loin, pourquoi le bruit changeait graduellement… De ce samedi après-midi, l'évasion tombait à l'eau. J'avais creusé jusqu'au grillage de fer qui avait été installé entre le ciment de l'intérieur et les grosses briques de l'extérieur. Vieille prison peut-être mais très bien construite. Là, nous étions tous bien découragés. Tant d'énergie, de tension, nous avions tous les nerfs à vif de cette première semaine de travaux et, en plus, c'était un échec total.

Nous étions tous comme des lions en cage, épuisés, tannés mais ayant encore plus le goût de s'évader. Dans la soirée, une réunion de « conseil » fut élaborée pour revoir nos plans. Comment s'évader de cette maudite prison… Comment?

À bien y penser, les soirs de fin de semaine, il n'y a que trois gardiens pour surveiller toute la prison. Il y en avait un qui demeurait toujours dans les locaux de l'entrée principale et deux autres qui faisaient leur ronde ensemble. Lorsqu'un gardien entre dans la salle, l'autre lui ouvre la porte. Si nous pouvions nous emparer de ces deux gardiens, avec les clés, ce serait un jeu d'enfant de neutraliser le troisième.

Après avoir monté un plan où chacun aurait une action à faire, il ne restait qu'à décider du jour et de l'heure…

Demain soir, vers vingt heures, fut fixé : moi et un autre, nous nous placerions près de la porte, faisant semblant de flâner, une fois la porte ouverte, je la bloquerais à l'instant où le gardien de l'extérieur la fermerait et que l'autre serait déjà entré dans la salle, il serait plus facile à maîtriser ainsi.

Le lendemain soir, peu avant vingt heures, l'attente était devenue très longue car, cette fois-ci, il y aurait une altercation physique, un contact physique et il ne fallait surtout pas qu'il y ait des bruits suspects ou qu'un seul cris échappe des gardiens. Il ne fallait surtout pas que le gardien de l'entrée principale s'en aperçoive.

Plus le temps avançait, plus l'heure fatidique s'annonçait, plus nos muscles étaient tendus, que nos cœurs battaient fort; les minutes s'allongeaient en éternité; nous étions quatre contre deux. Moi et le gars qui devait flâner près de la porte nous n'étions pas trop trop gros physiquement, le troisième était un habitué du système judiciaire. Il était au début de la trentaine et le quatrième était un fils de cultivateur, bâti comme une montagne, habitué d'un vrai travail d'homme… Qu'est-ce que ça allait donner?

Lentement, huit heures du soir s'annonçait, le temps s'arrêtait presque, la clé entre lentement dans la serrure de la première porte et, ensuite, dans la deuxième. La porte s'ouvre lentement, le gars en arrière de moi me pousse face au gardien. Ses nerfs avaient lâché à la dernière seconde. Me retrouvant ainsi devant la porte, je la bloque d'une main et le cultivateur passe derrière moi pour neutraliser le gardien, l'habitué dans la trentaine le suit de très près. Dans la même seconde, le gros gardien me pousse très fort à l'intérieur de la salle pour ainsi vouloir refermer la porte. Le cultivateur et l'habitué se retrouvent quand même entre les deux portes. Le gardien, après m'avoir poussé, réussit à refermer la porte de l'autre main. Porte barrée, les deux gardiens, le cultivateur et l'habitué se retrouvent face à face. Le tout s'est déroulé en deux secondes environ. Maintenant, c'est la bagarre de l'autre côté. Le gars qui m'a poussé sur le gardien est comme hypnotisé, il ne bouge même plus. Moi, je regarde la bagarre. De l'autre côté de la grille, le petit gardien est poussé dans l'escalier de ciment qui mène à la cour extérieure. Celui-ci se blesse dans sa chute et demeure au fond de l'escalier sans bouger, sans crier, je crois qu'il est « K-O » pour un bon bout de temps. Mais l'autre gardien se débat en chien, étant un ancien combattant de l'armée, pesant environ 220 livres, il n'allait surtout pas se laisser faire. Le cultivateur ayant gardé un pic dans ses poches frappe de plus en plus. Après une longue minute de zizanie lamentable, le gardien est maîtrisé mais, malheureusement, celui-ci a eu l'occasion de crier à deux reprises. Le gardien de l'entrée principale, voyant la bagarre entre les deux portes, a bloqué la serrure de la porte d'entrée avec sa clé pour se réfugier ensuite dans le local de l'entrée principale.

Beaucoup de sang est répandu sur le plancher, le gros gardien a le sourcil d'en haut des yeux quasiment arraché. L'autre s'est brisé un bras dans sa chute et n'ose même plus remonter l'escalier. Du moins, on a les clés de la prison entière. Maintenant il s'agit de faire vite, très vite, avant que les policiers arrivent…

En mettant les gardiens dans les cellules, on leur a demandé par la même occasion, comment qu'ils se sentaient à leur tour, dans de petites cellules en rajoutant qu'après avoir passé leur vie à mettre des gars dans des cellules, il fallait s'attendre à ce que leur tour arrive l'un de ces jours.

Moi, j'ai repris mon calme et je regardai l'habitué se diriger vers les deux portes face à un petit ascenseur d'environ deux pieds par deux pieds cubiques qui sert à monter les repas de la cuisine qui est au sous-sol. Ce petit ascenseur demeure notre seule chance de se retrouver dans le local de l'entrée principale. L'habitué réussit à forcer la première porte de l'ascenseur mais c'est fou comme maintenant, les minutes s'écoulent de façon vertigineuse, elles nous volent du temps. L'habitué essaie maintenant de forcer la deuxième porte mais trop tard, maintenant, un « lot » de policiers entrent maintenant dans la prison, trop tard.

Cette fois-ci, nous faisons une réunion d'urgence. Personne ne voulait que les choses s'enveniment ainsi et dire qu'au départ, nous voulions nous évader par un trou. Nous l'avions maintenant creusé bien profond notre trou, nous étions bien embarqués dans une galère qui ne menait nulle part. Comme dit le proverbe : « Tu sais lorsque tu entres mais tu ne sais jamais quand tu sors ».

Mais là, personne ne voulait faire de prise d'otage, personne ne voulait s'enfoncer davantage, personne. Les gardiens avaient d'lair de deux chiens battus derrière leurs cellules. Le temps passait et nous, nous avions décidé d'attendre, attendre que le temps passe, que la folie se dissipe. Une longue attente qui allait durer deux heures. Les pourparlers allaient bon train avec la police. Nous, nous ne voulions sûrement pas nous faire quasiment « tuer » par la police après l'événement. On le sait, on le sait tous; lorsque des policiers ou des gardiens de prison se font tabasser, règle générale tu paies pour, tout le monde sait ça.

Nous ne voulions sûrement pas être handicapés à vie après cet événement, surtout pas.

Le détective nous rassura en nous disant que si l'on se rendait immédiatement, le tout serait fait dans l'ordre, le bon sens avec un grain d'humanisme. Les mamans n'allaient surtout pas nous bercer mais ne nous battraient pas non plus, qu'on respecterait notre intégrité physique…

De cet accord, nous libérions les deux gardiens de leurs cellules et, peu après, les policiers firent leur apparition entre les deux portes.

Un à un, nous devions nous déshabiller nus et sortir à tour de rôle de la salle.

Peut-être que les gardiens avaient trop de sang sur leurs chemises, peut-être qu'ils étaient trop mal en point mais lorsque je suis sorti à mon tour, juste après avoir tourné le couloir, je fus entouré de partout par les policiers et les coups pleuvaient et, en plus, j'étais complètement nu. Tomber par terre habillé et tomber nu, il y a toute une différence, essayez et vous comprendrez. Ça fait dix fois plus mal. Le temps de me retrouver dans une autre cellule, celle du « trou » m'a paru durer une éternité. J'avais mal de partout après avoir reçu des coups de pied et des coups de poing, j'avais des bleus partout.

J'étais très heureux de me retrouver seul, nu dans une cellule sans lit mais, du moins, je ne recevais plus de coups…

Durant la nuit, ils sont venus me chercher pour l'interrogatoire. J'ai signé une déclaration sur les faits sans incriminer personne. On a fait un trou, on s'est battu, tout le monde avait décidé, etc. De cette manière, je n'incriminais personne et je ne divulguais que des faits observables et non des faits incriminants. De toute façon, les faits observables seront tôt ou tard dans les dossiers de l'enquête et du moins, les policiers allaient me foutre la paix.

Faire confiance aux policiers, au système c'est comme faire confiance aux voleurs, à ta belle-mère…, tu ne t'en sors jamais, jamais.

Le lendemain matin, je fus transféré à Parthenais où l'on me mit dans le trou immédiatement. Quelques minutes après mon arrivée, trois gardiens d'environ deux cents livres chacun firent leur apparition dans ma cellule en me disant «   tu aimes   ça tabasser les gardiens hein ! » Là, j'en ai mangé toute une, une bonne volée, des plus classiques comme dans les bons films, les meilleurs films.

Une journée plus tard, le directeur de Parthenais est venu me voir pour me dire qu'il me   mettrait parmi les autres puisqu'il n'avait pas le droit de me laisser dans le trou, que je n'avais rien fait dans sa prison mais qu'il fallait que je me tienne tranquille, bien tranquille…, sinon…

À Montréal, j'avais encore une autre cause à la Cour, une cause relative aux coups que j'avais faits durant mon évasion du camp des « Schtroumpfs ». Je ne me rappelle plus quelles étaient les charges mais il était question d'armes ; du moins, j'ai eu droit à cinq ans. Étant donné que j'avais déjà deux ans moins un jour, j'avais maintenant un total de presque huit ans à faire et la cause à Cowansville, la tentative d'évasion avec prise d'otages n'était même pas réglée, la belle affaire.

Ce que je n'ai jamais compris de ma vie, même aujourd'hui, c'est qu'au matin que j'ai reçu ma sentence de cinq ans, un monsieur âgé d'environ cinquante ans et qui avait tué son épouse écopa lui aussi du même nombres d'années que moi. Pourtant, je n'avais tué personne, je n'avais enlevé la vie de personne. Peut-être qu'il avait un bon avocat au lieu d'avoir un avocat de l'aide juridique et peut-être que lui n'avait pas tenté de s'évader en finissant par faire une prise d'otages. J'espère que le juge, en me donnant une telle sentence n'avait pas tenu compte de mon comportement et de mes gestes à la prison de Cowansville, j'espère qu'il a eu la neutralité de ne me juger que sur les faits présentés à lui, j'espère mais j'en doute encore aujourd'hui.

J'avais pourtant dit au juge qu'une arme entre mes mains était moins dangereuse que dans les mains de quelqu'un qui n'avait jamais fait de cadets ou d'armée. Dans l'armée, j'avais quand même appris à monter et démonter une FNC-1 dans le noir et je stipulais qu'une arme entre mes mains était moins dangereuse. Malheureusement, le juge m'a répondu qu'une arme était une arme et qu'elle devenait dangereuse pour quiconque en faisait mauvais usage.

Quelle différence existe-t-il entre un bon usage et un mauvais usage d'une arme à feu? Devient-elle moins dangereuse en bon usage?

L'affaire de Cowansville fut débattue en seulement deux semaines et ayant déjà accumulé huit ans de pénitencier, le juge me sentença à six ans consécutifs à ma première sentence; bref, je me retrouvais maintenant avec huit ans et demi à faire. De retour à Parthenais, il ne me restait que quelques jours avant de m'envoler au Centre de Détention Régional, un centre qui évalue ton degré de dangerosité et qui décide à quel pénitencier tu feras ta peine. Dans la salle d'entrée de Parthenais, je regardais autour de moi. Quelques-uns allaient être transférés bientôt au Pénitencier comme moi. Facile à reconnaître, leur bras « tatoués » avaient le même diamètre que ma taille. D'autres attendaient leur sentence.

Près du lavabo, accroupi par terre, les cheveux longs, assez maigre, je reconnus le chanteur Claude Dubois. Il avait eu des démêlés avec la police car il prenait de la drogue à l'époque. On a beau être chanteur, quelques fois les lieux sont semblables pour tous. Assis par terre, là, il ressemblait plus à n'importe quel type, n'importe quel voleur, bref, semblable à tout le monde…

Là, c'est vrai qu'une autre vie allait m'attendre, une autre aventure, puzzle…

RÉPARATION

Novembre 1981, vingt ans…

Le jour « J » finit par arriver. Au petit matin, à Parthenais, nous nous préparions pour la grande aventure, le grand saut en « enfer ». Tout le monde parlait des grandes « portes » qui se refermaient derrière nous et peut-être à tout jamais…

Dans l'autobus qui nous amenait de Montréal à Ste-Anne — des-Plaines, pour le Centre Régional de Réception, je regardais pour une dernière fois à quoi pouvaient ressembler les maisons, les automobiles, la forêt, la nature. Je regardais les gens dans leurs voitures, un regard féminin, une jeune fille en jeans bien moulée, peut-être pour une dernière fois.

La descente aux enfers. Je voyais déjà les grandes portes noires, brûlées par le temps, un monde inconnu, la sentence des grandes personnes et toi, tu n'as que vingt ans, un « gosse », un enfant qui a encore peur, peur de l'inconnu. J'avais maintenant hâte d'arriver, question de briser la glace, de vraiment voir.

Non, les portes noires n'existaient pas. Le centre très moderne bâti comme une pieuvre géante où chaque patte était une section d'une aile, le tout entouré d'une haute clôture avec barbelés et mirador à chaque coin. Les gardiens dans les tours étaient tous armés d'AR-15, arme semi-automatique de calibre 223, assez forte pour t'arrêter dans ta course.

L'autobus entra dans le CRR et une bonne fouille minutieuse fut effectuée au cas où. Peu après, nous allions chacun dans nos ailes respectives. Le lendemain matin, nous avions eu tous droit à une belle garde-robe complète, de couleur verte et dans les jours suivants, des « orienteurs » scrutaient nos dossiers et nous rencontraient en entrevue, question de décider de la destination finale de chacun.

Le directeur de la prison m'avait fait venir à son bureau pour m'expliquer de faire très attention ; qu'ici, ce n'était pas une colonie de vacances, ni la prison des « p'tits gars de Bordeaux », il termina l'entretien en disant d'un air ironique qu'au pénitencier, « tu sais quand tu entres mais jamais quand tu sors ». J'ai quand même eu le temps de lui dire que je n'avais jamais été à Bordeaux...

Après cet entretien à tonalité médiévale, j'avais pris l'ultime décision de rayer la « société » de ma tête. Ayant la résolution de m'évader de nouveau, jamais le système n'aurait ma peau, jamais. De ce jour, je suis devenu d'une hostilité à tout casser. Les gardiens, les « screws » devenaient du même coup mes pires ennemis. Quelquefois, dans des lieux où l'identification devenait impossible, je traitais les gardiens de chien, de « screws ». D'un œil vigilant, la victime recherchait toujours le coupable. Maintenant dans ma tête, c'était la guerre ouverte entre moi et « leur » système.

Le soir, je priais le « bon Dieu » pour qu'il m'envoie à Archambault. Prison à sécurité maximale d'où l'évasion pouvait devenir possible, que je trouvais techniquement possible puisque, à Parthenais, dans une gageure avec d'autres gars, j'avais pu passer dans l'ouverture horizontale qui servait à nous remettre les cabarets, les rouleaux de papier hygiénique. Cette ouverture n'avait que six pouces de largeur et moi, ne pesant qu'environ cent vingt livres, je pouvais assez facilement passer entre ceux des fenêtres d'Archambeault pour ensuite fuir par les toits.
Oui, je voulais aller à Archambault mais il y avait aussi le « vieux Pen » à St-Vincent-de-Paul avec ses hauts murs infranchissables...

L'attente devenait assez longue et d'une fin d'après-midi, la liste des prochains départs fut affichée. À côté de mon nom figurait le « vieux Pen ». « Merde », me suis-je dit, je ne pourrai jamais m'évader de là… Peut-être que le gardien à Parthenais avait noté mon exercice de passe-passe…, peut-être.

Fin novembre 1981, vingt ans…

À la journée du transfert, il faisait froid, il pleuvait et le temps était gris. Maudite belle journée pour une descente aux enfers…

L'autobus parcourait les dernières rues avant la destination finale. Lorsque j'aperçus le pénitencier avec ses hauts murs d'environ quatre étages, je savais que je ne reverrais pas la civilisation de sitôt. Là, c'est vrai qu'il y avait des portes de métal qui se refermaient derrière nous. Comment pouvaient-ils faire pour envoyer un gamin dans un tel endroit, comment?

À l'intérieur, après une seconde fouille très minutieuse, nous partions avec nos bagages à l'intérieur du « Dôme ». Le « Dôme du tonnerre » ressemblait beaucoup au film d'Alcatraz… L'ambiance était la même, les détenus agissaient pareillement mais cette fois-ci, ce n'était pas comme dans un film, bien assis confortablement au cinéma et après avoir regardé le film, tu retournes lentement dans ton appartement trop douillet de ses couvertures.

Non, certes non, moi, je me promenais dans cette jungle qui ressemblait beaucoup au dernier endroit où les humains peuvent échouer. Il y avait le « Dôme central » et alentour, il y avait des « wings » de trois étages mal éclairées, d'un côté, de hauts châssis mal lavés et de l'autre, de longs corridors de cellules. Pour barrer les portes, il y avait une grande roue que le « screw » tournait à l'entrée de chaque couloir, une longue tige en métal glissait le long du mur et la poignée de notre porte, ne trouvant plus le trou pour s'ouvrir, se barrait automatiquement. Les « wings » ressemblaient plus à des abris de guerre que l'on voyait dans les anciens films, mal éclairées, les murs d'un gris mortel. Ce n'était pas la fin du monde mais presque. Aux étages supérieurs, il y avait un grillage pour ne pas que quelqu'un, par « hasard » s'envole la tête première en bas. C'est seulement dans les escaliers du « Dôme » qu'il n'y avait pas de clôture de sécurité et quelques-uns avaient déjà fait des vols planés mortels. Il y avait deux grandes salles pour écouter la télévision, pour jouer au « pool ».

Dès le premier soir, une bagarre près d'une table de pool éclata. Ils étaient trois à tabasser un gars avec des boules de pool. Le gardien en arrière du grillage était trop nerveux pour tirer un coup de feu et par chance, le gars a pu courir vers l'escalier pour ainsi fuir une mort certaine. Il avait le visage plein de sang. Les bagarres étaient monnaie courante ici.

Je passais mes grandes journées soit à étudier dans ma cellule, soit à marcher à l'extérieur. Tous les samedis, j'écoutais « Patrouille du Cosmos » ; j'écrivais les termes scientifiques qu'ils disaient dans le film et je faisais par la suite des recherches dans mes dictionnaires, question de fuir « l'enfer du Dôme ».

À l'extérieur, des « montagnes » s'entraînaient aux poids et haltères. Leurs bras faisaient la même circonférence que ma taille. Ce qui m'aidait, c'était mes yeux, très gros, très vides, remplis d'une haine indescriptible. Personne m'achalait, personne n'avait des yeux comme les miens, personne.

Après trois semaines de vie « oisive », j'avais fait une demande pour aller à l'école le jour, pour finir mon secondaire. Nous étions tous obligés de faire des tâches bien précises. Quelques-uns réparaient les sacs des facteurs, d'autres faisaient le ménage, travaillaient à la cuisine, s'occupaient des activités sportives, culturelles. Moi, tant qu'à être payé pour travailler, j'aimais mieux aller à l'école.

Je criais souvent après les « screws » lorsqu'ils passaient devant ma cellule. Une bonne journée, trois « screws » sont arrivés devant ma porte pour m'amener au « trou », question que je la ferme en attendant de passer devant le cirque…, pardon, le tribunal disciplinaire. « Gagne de chiens », que je me disais continuellement, « vont payer un jour, payer très cher ».

Un soir, je fus invité à jouer aux cartes avec quelques gars que je connaissais juste un peu. À la fin de la soirée, j'avais perdu quarante-cinq dollars ; soit deux cantines de deux semaines et le gars voulait se faire payer naturellement le plus tôt possible. Ne jamais jouer aux cartes « en dedans » jamais. Ce jeu peut devenir mortel. Les dettes se règlent à coup de vie…, tout simplement.

Une semaine plus tard, j'ai été voir le gars pour lui demander si je ne pouvais pas échelonner ma dette pour quelques cantines. Le gars refusa net en me disant que, si je tenais à marcher, je n'avais qu'à payer.
Le soir venu, je demandai au gardien de me transférer en « ségrégation » le temps que j'arrange les choses.

La ségrégation est un bâtiment à part où tu es confiné en cellule 23 heures sur 24. Tu ne sors qu'une heure par jour dans une cour minuscule. C'est un endroit de transition entre le « Dôme » et la « protection ». Ceux qui finissent dans le bâtiment de « la protection » ne peuvent aller nulle part, soit parce qu'ils ont eu des démêlés avec des enfants, des femmes ou des personnes âgées.
Le lendemain, le président des détenus est venu me voir pour me dire que je pouvais réintégrer le « Dôme », que le gars n'avait pas été trop trop correct avec moi et que je n'avais qu'à

payer un certain montant par cantine tout en m'avertissant que les cartes étaient très dangereuses, que ceux qui jouaient recevaient régulièrement de l'argent de l'extérieur.

Il y a toujours une certaine justice où que tu ailles mais au pénitencier, que tu sois riche, pauvre, bâti comme une montagne ou très petit, quelqu'un qui est correct demeure. Celui qui est fautif ou le devient sort, un point c'est tout. Du moins, il y a une vraie justice, tu ne peux acheter personne, tu ne peux bénéficier de privilèges parce que tu t'appelles un tel. Même les gars de « bicycle » se ramassent souvent en ségrégation, soit parce qu'une bande rivale demeure dans le « Dôme », soit parce que le gars a fait des choses interdites selon le code de la « jungle », jungle certes mais beaucoup plus juste que celle de l'extérieur. Tu passes ou tu passes pas, un point c'est tout.

Mes yeux me sauvaient, personne ne s'approchait de moi, je faisais peur malgré mes cent vingt livres, je ne parlais pas à grand monde et c'était mieux ainsi.

À la présentation du film le dimanche soir, un incident assez cocasse me fit comprendre une autre facette de la folie humaine. Pour se rendre au gymnase, où était présenté le film, il fallait traverser un couloir en « S » et naturellement, aucun gardien n'osait assurer la garde de cet endroit. C'était la faille où les règlements de compte étaient monnaie courante. De ce soir, le gars qui marchait devant moi n'allait pas assister au film… Dans le tournant du tunnel, trois gars se sont garrochés dessus à coups de pic. Le sang giclait de partout. J'étais incapable de faire un pas devant cette boucherie et c'est mon chum derrière moi qui m'a poussé pour que j'avance. L'enfer en direct, la tension était très haute depuis un certain temps.

Qu'est-ce qu'une tension ? C'est de l'électricité dans l'air. Tout le monde « sent » qu'il va se passer quelque chose, que quelqu'un va se faire tuer…, mais qui?

Tout le monde regarde tout le monde, on fait attention où l'on se trouve, qui nous suit, qui nous précède, qui nous entoure et, tout à coup, en quelque part, la bagarre éclate. Un « tel » était visé depuis une semaine. La tension devient parfois insoutenable, les gars aimaient mieux demeurer dans leurs cellules le soir au lieu d'aller aux activités quotidiennes. Moins risqué car il ne faut pas voir.

Si quelqu'un tue et qu'il s'aperçoit que tu l'as vu, tu seras le prochain sur la liste, le gars ne sera jamais tranquille car tu as vu. Il ne veut surtout pas faire vingt-cinq ans de plus parce que tu l'as vu...

J'écoutais le film et la scène ne cessait de revenir dans ma pensée, le sang, les coups de « pic », violence à l'état brut, primitif, même aujourd'hui, comment considérer le « non-sens » de la folie humaine, comment?

Quelques jours plus tard, c'était mon voisin de cellule qui se faisait tuer. J'étudiais dans mon dictionnaire, dans mon monde et à l'heure du changement d'activités, « ils » sont entrés dans la cellule de mon voisin, je n'entendais que les coups, les cris de désespoir d'un être humain, les cris de la folie. J'étais blotti au fond de mon lit, j'avais peine à croire et surtout entendre ce qui pouvait se passer de l'autre côté du mur…, l'homme n'est qu'un pauvre animal.

Quelques jours plus tard, juste avant Noël, le cultivateur de la prise d'otage arriva au « Dôme »... Lorsqu'il s'aperçut de ma présence dans les lieux, un soir, il est entré dans ma cellule me disant que c'était de ma faute s'il se retrouvait au pénitencier et que, maintenant, je devais quitter les lieux au plus vite, sinon, il ferait ma peau...

Dès le lendemain, j'ai été voir les « anciens », ceux qui avaient l'expérience. Quelques-uns me disaient que je devais rester en ignorant ces menaces, d'autres me disaient que si je voulais demeurer au « Dôme » il fallait que je m'en débarrasse, que je règle mes comptes avec lui mais qu'eux, ils ne pouvaient rien faire : c'était maintenant mon problème.

Après plusieurs jours de réflexion, j'avais le choix de le tuer ou de me retirer. Ne voulant pas demeurer au pénitencier le reste de mes jours, je décidais de me retirer; j'aurais pu le tuer à coups de barre de fer ou de bâton de base-ball mais, qu'est-ce que ça aurait donné de plus?….

Pour la deuxième fois, je demandai au gardien de me transférer à l'unité de ségrégation ; plus tard, je transférerais dans un autre pénitencier pour faire mon temps.
Janvier 1982, vingt ans…

L'univers se refermait lentement derrière moi. Dans une cellule de cinq pieds par huit de profondeur et ce, 23 heures sur 24, tu survis psychologiquement. Je faisais mon entraînement de push-up, seat-up environ quatre heures par jour. Le reste du temps, j'écoutais « CHOM » F.M., un poste de radio rock : il fallait que je demeure connecté avec une certaine réalité. Peu après, j'ai commencé à voyager dans le monde…, de l'espionnage.

Je lisais environ un volume par jour. Voyageant à travers le monde, j'étais toujours armé, je prenais l'avion plusieurs fois par jour, j'avais toujours une bonne « mission » qui m'attendait quelque part. Le KGB et le FBI n'avaient plus de secret pour moi et naturellement, il y avait les filles, toujours les filles mais je régressais lentement, très lentement.

Lorsque j'allais voir mon « agent de liaison » qui était une femme d'environ trente ans, un peu obèse mais encore belle, dans son bureau, je me comportais comme un garçon de cinq ans. Je parlais peu, je bougeais tout le temps et j'étais gêné, disfonctionnel. Le pire c'est que je m'en rendais complètement compte. Peut-être à cause de l'absence de femmes, de l'absence de femmes dans ma vie, trop peu d'expérience et surtout de celles qui avaient accompagné mes toutes premières années et qui ne m'avaient qu'écrasé, battu, contrôlé.

Lorsqu'elle me donnait rendez-vous, je faisais de l'angoisse, j'avais peur d'elle, peur de la voir, de la regarder dans les yeux, peur des femmes, je devenais subitement comme un « gosse » devant une étrangère, une gardienne…, maudite vie. Elle me regardait et moi, je regardais par terre ; entre mes yeux et le plancher, il n'y a que trois pieds d'existence mais entre mes yeux et le ciel, c'est le rêve, les grandeurs, la course à l'infini. Peut-être pour un autre jour, mais là, j'étais en enfer à seulement trois pieds du plancher. Je ne pouvais voir plus loin, incapable.

N'écrivant à personne, n'ayant aucune visite, j'avais tout de même fait consciemment ce choix et une bonne journée, elle me fit venir encore une fois dans son bureau pour me demander d'inscrire Mme Bouchard sur ma liste de visite, ça serait mieux selon elle, selon elle. Encore ces maudites femmes, encore elles, encore « maman Bouchard ». Qu'est-ce qu'elle me voulait encore ? La Baie James, ce n'était pas assez, maintenant, il fallait qu'elle vienne me visiter jusque dans mon enfer. Je voulais m'en sortir seul cette fois-ci, cette maudite fois et encore les femmes qui s'en mêlent. Je voulais pas d'elle dans ma liste de visite, je ne voulais personne, personne…, mais ma « sorcière de liaison » me fit comprendre que ça serait mieux pour moi, encore une autre qui décide et moi qui étais incapable de m'affirmer devant une femme, de parler, je hais les femmes, les maudites femmes; toutes des sorcières.

De toute façon, maman Bouchard n'a jamais pu venir me voir, elle ne pouvait entrer dans le pénitencier, elle bloquait, elle avait peur de l'endroit et tant mieux pour moi car j'étais le dernier à vouloir la voir, tant mieux. Ainsi, je restais seul dans mon enfer et pour moi, la famille, c'était fini depuis assez longtemps, j'en avais fait mon deuil…

Naturellement, plus je m'enfonçais dans mon enfer, plus je devenais hostile. J'envoyais « chier » les gardiens à longueur de journée et l'un de ces jours, j'ai dû passer devant le comité de discipline et l'on m'envoya illico presto dans le trou pour un mois.

Ce bâtiment était blanc plâtre et, à l'intérieur, il y avait des cellules de chaque côté avec le corridor au centre. Il n'y avait pas beaucoup de différence avec l'autre bâtiment, la vie était semblable sauf que je n'avais plus la radio et les matelas étaient enlevés de six heures le matin à vingt et une heures du soir. Je m'assoyais par terre. Il n'y avait aucune fenêtre dans la cellule sauf au plafond. Un genre de bulle en plastique qui te montre un peu de clarté pour qu'ainsi tu aies juste assez conscience que ce n'est pas un rêve, que cette folie est vraie, réelle.

Les gardiens nous donnaient des livres pour passer le temps. C'est ainsi que j'ai vécu avec « Papillon » durant trois bonnes semaines. Imaginez…, lire un livre sur les « goulags » de l'Amérique du Sud lorsque tu es dans un « goulag » de l'Amérique du Nord. Je vivais ce que je lisais, en direct dans mon enfer. Tous les pénitenciers se ressemblent, toutes les chambres d'hôtel se ressemblent, il n'y a aucune différence. Lorsque je sortais pour mon heure de marche dans la petite cour installée à côté du bâtiment, ça me prenait un bon cinq minutes pour être capable de regarder le ciel tellement mes yeux étaient habitués à la noirceur. Le jour faisait mal à mes yeux, le jour; imaginez le reste et la nuit. J'étais loin, très loin, comme un fœtus dans le ventre de sa mère…

L'hiver se retirait lentement, les chauds rayons de soleil commençaient à nous réchauffer, à faire fondre la neige dans

« notre » cour, la cour de ségrégation qui longeait le haut mur du pénitencier. Chaque après-midi, nous avions droit à notre marche quotidienne et avec le temps, toute la neige accumulée durant l'hiver avait fondue et nous marchions entre le mur et le lac qui s'était transformé avec le temps. Ce corridor n'avait que deux pieds de largeur.

Un après-midi de chaleur, l'un des détenus décida, sous le coup de la folie, de se baigner dans cette mare d'eau d'environ deux pieds. Quelques minutes plus tard, nous étions tous dans la flotte, comme des gosses à se lancer dans l'eau, à se lancer de l'eau. Une explosion de joie avait réveillé en nous l'enfant qui dormait depuis trop longtemps. Les gardiens n'en croyaient pas leurs yeux, quelques-uns riaient… Pendant une bonne demi-heure, nous avions ainsi oublié les longs mois d'hiver, la souffrance, l'isolement et la folie. Un vrai gang de « fous » et le pire c'est que, pour cette fois-ci c'était peut-être vrai…

Assez vrai pour expliquer les événements qui s'étaient déroulés à Archambault, un pénitencier à sécurité maximale. Un soir, deux détenus avaient décidé qu'envers et contre tous, ils allaient s'évader et s'il y avait « échec », ils avaient chacun, une pilule de cyanure pour quitter ce bas monde. Lorsque l'événement de leur évasion commença, d'autres détenus se mirent de la partie, ce qui n'était pas vraiment prévu dans leur plan. D'autres détenus qui étaient arrivés aux limites de « leur » folie. Une rébellion s'organisa au fil de l'événement et ce, partout dans le pénitencier. L'évasion n'étant que la mèche de la dynamite.

La folie s'empara des autres détenus. L'injustice, les passe — droits, les frustrations des gardiens vécues sur le dos des détenus depuis déjà trop longtemps, la bombe explosa. L'un des gardiens ayant de toujours été « inhumain » (terme plus professionnel que

270

« chien ») finit ses jours dans le « Dôme central », les détenus, ayant pris un extincteur et après avoir enfoncé le tuyau dans sa gorge, ont vidé le contenu de celui-ci dans son corps, c'était son dernier jour de vie et aussi son dernier jour de travail puisqu'il allait prendre sa retraite   : comme si quelque part, il y avait encore une pointe de justice…

Un autre fut traîné dans la cour extérieure et, tenu par terre par d'autres détenus, une barre olympique de poids et haltère eut raison de son pauvre crâne, à la limite de la folie. Un troisième gardien perdit aussi sa vie en cette soirée. La folie s'était emparée de la folie, qui était déjà aux limites de la folie. Comment l'expliquer ? Comment l'homme peut-il devenir soudainement une telle bête, comment?

L'été s'annonçait assez beau. À l'intérieur du bâtiment chauffé par le soleil, je ne faisais plus d'exercices, je lisais des journées entières mais cette fois-ci, je vivais dans le futur, loin de la planète terre, dans des livres de science-fiction. Lisant un livre par jour, je changeais de destination, d'époque et je vivais les conséquences du temps où l'homme avait « tué » la terre, où la pollution avait achevé son œuvre. Tantôt le soleil était rouge, orange, tantôt vert. Les hommes survivaient dans un « chaos » total, moi aussi. Ils survivaient lamentablement, moi aussi. Dans les histoires, chacun se rappelait ou avait un vague souvenir des belles choses de la vie, moi aussi…
Finalement, le futur était beaucoup mieux que mon présent. Je
 n'osais même pas penser au passé, mon passé…, passé de fou, mais je savais que ça ne pourrait jamais être plus pire que ce que je vivais dans le présent, jamais…

Le docteur du pénitencier trouvait que je maigrissais plus que la normale. Après quelques prises de sang, il conclut que ma glande thyroïde fonctionnait trop vite, beaucoup trop vite. Alors, quelques fois dans le mois, j'allais à l'hôpital Maisonneuve situé dans l'est de Montréal pour un traitement à l'iode radioactif. Le spécialiste avait « décidé » que c'était mieux de brûler ma glande, qu'il n'y avait pas grand-chose à faire. Ne voulant surtout pas reconnaître que c'était une maladie psychosomatique, le docteur avait préféré la brûler, c'était plus facile. Tu as mal à un bras, pas grave, on va te le couper, le problème est ainsi réglé…, de la médecine expéditive quoi. À en faire pleurer…

Le traitement ne me faisait pas peur puisque dans mes livres de science-fiction, tous avaient plus ou moins survécu à la radioactivité et en plus, ça me faisait quelques sorties « en ville ». Sorties accompagnées de mes chiens guides et naturellement, j'étais menotté aux pieds et aux mains.

Dans l'hôpital, je passais quasiment pour un extra-terrestre avec ma maigreur et mes yeux si gros mais je m'en foutais pas mal, j'étais maintenant arrivé à un cycle où tu ne peux même plus analyser ce qui se passe autour de toi. J'étais ni plus ni moins qu'un mort vivant existant encore dans l'un des camps de concentration inconnu de tous. Le « vieux Pen » était désuet depuis au moins une bonne vingtaine d'années; on parlait de le fermer depuis si longtemps que ça ressemblait maintenant à quelques promesses électorales qui ne voient jamais le jour.

Ma sorcière de liaison me fit venir à son bureau pour m'offrir, au début de septembre une nouvelle vie, une nouvelle place. Elle avait fait une demande pour que j'aille au CDC (Centre de Détention Correctionnel). Un centre considéré comme l'un des derniers, un super maximum où ils mettaient les plus dangereux. Ceux-ci vivaient dans le bloc 5 et le bloc 7. Pour ma part, je vivrais dans le bloc 6.

Les détenus vivant dans ce bloc s'occupaient de la cuisine, de la bibliothèque, de la buanderie ; bref, ils étaient la main-d'œuvre du pénitencier mais la sécurité de l'ensemble était maintenue au super maximum même si, nous, nous pouvions circuler un peu partout. J'acceptai l'offre puisque, de toute manière, elle ne pouvait m'envoyer dans un pénitencier à sécurité moyenne à cause de ma prise d'otage.

Quelques semaines plus tard, je fus transféré au CDC à la condition de demeurer tranquille et d'être poli avec les gardiens sinon, je retournerais immédiatement au vieux pen.

1982

Histoire et société

— Israël envahit le Liban. Massacres des réfugiés palestiniens à Sabra et Chatila.

— Inauguration du monument à la mémoire des vétérans de la Guerre du Viêt-Nam (57 939 Américains y sont morts ou sont portés disparus).

— La plate-forme pétrolière Ocean Ranger coule au large de Terre- Neuve entraînant dans la mort 84 de ses occupants.

— Le gouvernement fixe par décret les salaires (-20%) et conditions de travail de 31 0000 employés du secteur public et parapublic. Dans le désespoir d'une nouvelle position, tous se perfectionnent dans les temps qui courent. L'Université regorge de nouveaux programmes encore plus envahissants les uns des autres. Les nouveaux programmes naissent au même rythme que les homo-boomers finissent « leurs » programmes (enfin !). D'autres plus malchanceux quittent leur travail. La première récession est apparue soudainement sans que personne ne sache pourquoi. Tout allait si bien, tout allait si vite. Les salaires avaient fini leur ascension (enfin !) et on devait restructurer au plus vite pour absorber la hausse de salaire des dix dernières années sans emprunter d'avantage. À l'Université, un nouveau langage voit le jour : restructuration, redressement, équilibre. Fini le temps où l'on achète chez un particulier, un petit magasin à gros prix. Les Clubs de tout genre font leur apparition : Club Price, Future Shop, Atlantique Électroniques, Club de chaussure, de céramique etc...

Comme dans le temps des cavernes, le plus gros avale le plus petit. Les commerces qui ne peuvent palier au changement de la mentalité des années '70 disparaissent. Naturellement et comme de toujours, les Américains donnent naissance à tous les nouveaux concepts. Concepts parfois douteux mais la réussite à un certain prix.

274

Culture et médias

— Mort du coureur automobile Gilles Villeneuve et du pianiste Glen Gould.

— E.T. débarque sur tous les écrans du monde.

Famille

— Les enfants commencent à courir de plus en plus vite. Les parents peuvent à présent les laisser plus de dix minutes sans surveillance. C'est l'arrivée des salons de tout genre (auto, habitation et loisirs).

Septembre 1982, vingt et un ans…

Le pénitencier était assez moderne. Ressemblant plus à une base lunaire, la sécurité était vraiment de rigueur. Chaque pavillon ressemblait à une énorme grange et les cellules étaient disposées de chaque côté comme dans des enclos. Les gardiens pouvaient circuler à l'arrière, au-dessus et naturellement au—devant des cellules. Au milieu du corridor, à la même hauteur que le plafond des cellules, il y avait un grillage. Nous habitions dans de vraies cages de lapin. À tous les trente mètres, il y avait un poste de garde avec des portes de fer électriques. Impossible de circuler à notre guise sauf d'aller   au gymnase ou soit à la cour extérieure. Dans le « Dôme central », il y avait même un détecteur de métal pour plus de sécurité…

Le seul bienfait que je ressentais, c'était l'absence de pression entre les détenus, comme si chacun savait que c'était leur dernière place.

Après avoir effectué quelques menus travaux à la buanderie et à l'entretien ménagé, je me suis inscrit pour l'école. Ils donnaient des cours d'Arts plastique avec la participation des professeurs du Collège Marie-Victorin. Un collège privé ayant très bonne réputation. Les cours que nous avions étaient crédités au bulletin collégial, c'était l'une des façons de s'en sortir, une fois à l'extérieur.

J'étais très heureux de recommencer enfin à étudier, ça changeait de mon autre vie à la ségrégation. Le professeur était très gentil, très humain. Ayant toujours été un peu « artiste » et « lunatique   » sur les bords, lentement, je me passionnais à l'étude des « arts ». Il y avait la peinture, la céramique, le dessin, les cours théoriques et les cours d'histoire de l'art qui sont devenus par la suite ma passion. Je passais des nuits entières à étudier la vie de Léonard de Vinci, Michel-Ange; tous les plus grands peintres.

Le samedi matin, j'allais à mon cours de musique et j'apprenais aussi le piano. Je m'étais aussi inscrit au cours de théâtre et à un cours sur la comédie. Nous avions à reproduire une émission de radio-théâtre, comme dans le temps où le téléviseur n'existait pas. Pour ce qui est de la pièce de théâtre, nous avions joué celle de « La cage aux folles ».

Chacun y trouvait son propre rôle sans aucune difficulté, même la « bonne femme » y avait trouvé le sien. Nous nous amusions ainsi comme de vraies « folles ». La « bonne femme » était un détenu dans la quarantaine, homosexuel de toujours qui savait s'affirmer, vous voyez le genre…

Lentement, je refaisais surface, je recommençais à vivre. Chaque soir, il y avait un groupe de visiteurs qui venait nous voir. Les A.A., ceux des cours de relations humaines. Le regroupement des femmes battues, des hommes violents, etc. Lentement, je commençais à être capable de regarder les femmes, à leur parler, je commençais à devenir un peu plus humain. Ce n'était pas facile puisque j'avais été dans mon « Cocoon » très longtemps, trop longtemps.

La vie de tous les jours, comme dans tous les pénitenciers du monde, amenait quelquefois de la tension, une petite bagarre pour un rien et, en plus, nous n'avions pas grand-chose. Une fois, j'avais assisté à l'heure du souper à une bagarre à propos d'un verre de lait, d'un pauvre dernier verre de lait…, de trop. Mais c'était moins pire qu'au « vieux Pen ».

Les gardiens demeuraient toujours très « baveux » et la veille de Noël, durant l'entracte du film, les gardiens avaient décidé pour l'occasion qu'il était défendu de fumer dans le corridor. Depuis quand?…. Depuis ce soir me dit brièvement un gardien, sinon, j'irais dans le «   trou   » pour   la période des Fêtes au complet. Je ne voulais surtout pas commencer à m'obstiner la veille de « Noël ».

Durant les Fêtes, il avait plu et la température était très clémente pour cette fin de décembre. Dehors, les clôtures de barbelés étaient toutes glacées et, avec les lumières du soir, nous avions l'impression d'être sur une autre planète.   L'effet était renversant, une forteresse de glace dans la lumière de la lune, nous avions l'impression d'être sur une base en Arctique, quelque part dans le temps et dans l'espace…

Durant l'été, ils avaient parlé d'une fermeture imminente du centre, comme celle du « vieux Pen » et ils étaient en train d'en construire un, très loin dans le nord du Québec, dans la même circonscription que celle du premier ministre du Canada???
Tout le monde en parlait, tout le monde se demandait à quelle place qu'ils allaient atterrir après. Quelques-uns étaient très inquiets puisqu'ils leur restait encore quinze à vingt ans à faire. Mesrine avait été le premier et le dernier à s'être évadé de ce super maximum et, pourquoi pas, qu'avant la fermeture de ce fameux centre, il n'y aurait pas une dernière évasion, une toute dernière!…

Histoire et société

— *Un avion de ligne Coréen est abattu par les Russes faisant 269 morts.*

— *Lech Walesa, président du syndicat Solidarité, reçoit le prix Nobel de la Paix.*

— *La FTQ crée Le Fonds de Solidarité du Québec afin de soutenir ou de créer des emplois.*

— *Le gouvernement québécois adopte une loi anti-briseurs de grève.*

Culture et médias

— *La poupée Bout-de-Chou est adoptée par des milliers d'enfants.*

— *Woody Allen s'interroge sur lui-même, la thérapie commence.*

Octobre 1983, vingt-deux ans…

L'idée faisait son chemin, les plans aussi. J'étais dans le groupe qui espérait marquer l'histoire pour une toute dernière fois. Mais il y avait beaucoup de difficulté devant nous ; la sécurité, le détecteur de métal et la limite de nos déplacements y comptèrent pour beaucoup mais c'était possible.

Le plan fut très bien préparé et arrivé à la fin de semaine choisie, le tout se déroula ainsi : Nous étions quatre et, l'un de nous, celui qui travaillait à la cuisine le vendredi soir, après son quart de travail, sortit trois scies de la machine qui coupait la viande. Celles-ci ayant été par la suite bien enveloppées de papier d'aluminium de paquets de cigarettes et pour ne pas que les rayons traversent le paquet, le papier d'aluminium était enroulé à l'envers. Quelques « essais » avaient été effectués avec des coupe-ongles et le tout avait été très concluant.

Le gars de la cuisine retournant dans ses quartiers passa dans le « Dôme » et durant que l'un de nous demandait un renseignement au gardien, les scies changeaient de propriétaires avant d'entrer dans le détecteur de métal et au même instant, un autre repartait en sens inverse pour aller dans la cour. Le papier d'aluminium, c'était en cas de pépin pour que les scies parviennent à traverser, en cas de catastrophe. Ainsi, les scies se sont retrouvées dans la cour extérieure où des trous bien placés les attendaient.

Les gardiens n'avaient rien vu et l'étape la plus cruciale avait été un vif succès. Le soir, vers vingt heures, nous sommes sortis à l'extérieur, et reprenions contact avec nos scies. Lentement, par groupe de deux, nous marchions sur le petit chemin qui faisait le tour de la cour. Le chemin était à quinze pieds de la première clôture, le gazon était vert foncé dans la noirceur et nos vêtements étaient aussi vert foncé. Après avoir soigneusement observé les gardiens dans leurs tours, mon travail était de me rouler par terre jusqu'à la clôture, dans l'ombre de celle-ci et couper lentement quelques brèches…

C'était très risqué puisque, si l'un des gardiens me voyait tout près de la clôture, automatiquement, il allait tirer. Faut dire que Mesrine avait fait de même et ce, en plein jour durant une partie de base-ball, il fallait le faire. Bon, maintenant, c'était à notre tour d'essayer de couper une brèche, pour commencer, celle du « stand » de base-ball pour voir. Après une bonne demi — heure, tous arrivaient à la même conclusion : c'était impossible, les dents des scies étaient beaucoup trop grosses, ça prenait beaucoup trop de temps pour seulement initier une ligne dans la brèche de la clôture. Imaginez, couché près de la clôture avec des gardiens qui peuvent te tirer dessus à tout moment, c'était trop long, trop risqué. Nous décidions d'attendre à demain pour voir, réfléchir et du même coup, les scies allaient dormir pour la nuit dans leurs trous respectifs.

Le lendemain, nous avions passé la journée à réfléchir chacun de notre côté à savoir ce qu'on allait faire maintenant. Les scies étant très bien enterrées, il n'y avait aucun danger. Dans la soirée, nous convenions de remettre les scies dans la cuisine avant le lundi matin et d'oublier toute l'histoire.

Arrivé au dimanche après-midi, après avoir élaboré un nouveau plan pour remettre les scies à leur place, vers deux heures de l'après-midi, l'alerte sonna partout dans le pénitencier. Tous les détenus avaient l'ordre de regagner leurs cellules, les gardiens couraient partout et une grosse fouille générale s'ensuivit. L'État-major était sur pied de guerre, on fouillait chaque cellule de fond en comble, d'autres détenus passaient à l'interrogatoire, y faisait pas chaud.

Faut dire que nous étions dans la seule prison à sécurité super maximale au Canada et que, dans les autres ailes, dormaient silencieusement les détenus les plus dangereux du Canada…, la belle affaire. Bref, c'était le bordel dans la prison, on cherchait les coupables et les scies…, enfin de l'action en direct. Tard dans l'après-midi, quatre portes s'ouvrirent dans la section, la mienne était de ce nombre. Comment avait-il pu nous suspecter puisque personne à part notre petit groupe savait. Nous en avions parlé à personne puisque, comme dans tout bon système, il y a toujours une langue sale qui veut obtenir des privilèges, y en aura toujours…

Maintenant, nous nous retrouvions du même coup à faire partie du super maximum, on nous avait transférés au bloc 7, la vie allait être maintenant très différente, très difficile…

Changement de cadence, changement de vie. Au petit matin, à tour de rôle, les portes de chaque cellule s'ouvrirent pour que chacun aille prendre sa douche. La cadence avait changé puisqu'un gardien armé, perché sur le plafond de nos cellules, nous suivait à la pointe de son arme et, en après-midi, nous avions eu droit à une marche d'une heure dans une petite cour adjacente au bâtiment. La cour d'environ cent pieds par cent pieds était entourée d'une haute clôture de barbelés et quatre gardiens veillaient sur nous, l'un d'eux avait position sur le toit. J'étais maintenant arrivé au dernier endroit le plus reculé, le plus sombre…, l'endroit où tu te conditionnes pour ne pas tourner fou; « Midnight Express » en direct, sans musique…

Nous avions chacun notre téléphone personnel pour communiquer entre nous. Nous n'avions qu'à vider notre toilette de son eau, une fois celle-ci vide, étant donné que le tuyau central était vide, en parlant dans la toilette, la voix parcourait le long tuyau et ton interlocuteur, ayant fait la même chose, entend ta voix aussi claire que dans un téléphone. Étant donné que les autres détenus, leurs toilettes étaient pleines, ils ne pouvaient entendre la communication.

Parfois, on faisait des « appels conférence », nous étions trois à quatre à débattre notre problème…

Le lendemain, chacun notre tour, le directeur de la prison nous avait fait venir dans un petit bureau vitré, question de sécurité, pour nous faire entendre raison. Nous expliquant qu'à l'extérieur les gardiens avaient fait une centaine de trous afin de retrouver les scies, sans aucun résultat. Il nous promettait la clémence à nos paroles, nos paroles… La clémence existe-t — elle ? Non et peu après, ils nous promettaient l'enfer de notre silence…, l'enfer existe-t-il ? Oui, mais nous étions déjà au dernier endroit, nous étions déjà en enfer, où aller plus loin?

Après deux semaines, deux d'entre nous furent transférés ailleurs, question de sécurité. Moi et un autre, nous avions pu regagner la population générale avec beaucoup d'avertissements. Faut dire que, pour ma part, je ne voulais que transférer ailleurs, l'évasion serait sans doute possible, je n'avais que ça en tête, m'évader et faire payer…, cette facture de souffrance, de folie.

Retour dans la population, retour à la case zéro. Le train-train quotidien continuait, j'allais à l'école le jour et j'étudiais le soir. Je savais que, pour le début de l'année suivante, ils allaient fermer le centre; comme si je m'apercevais que ma place n'était plus là, il fallait faire autre chose, mettre mon énergie ailleurs, toute cette énergie qui pouvait me propulser très loin, tout dépendant de la route que j'allais choisir naturellement.

Novembre 1983, vingt-deux ans…
La date de possibilité de libération conditionnelle, éligible après un tiers de ma sentence avançait à grands pas. Maman Bouchard qui était venue me voir à une visite de groupe

organisée au grand gymnase m'avait dit qu'elle se présenterait devant les commissaires pour plaider ma cause. Peut-être la cause de mes déboires, de ma pauvre vie en oubliant sûrement, qu'en quelque part, elle était quelque peu responsable de « cette drôle de vie »...

De l'autre versant de la montagne, mon agente de liaison faisait des pieds et des mains pour préparer ma libération ; inscription au collège Marie-Victorin en vue de la continuité de mes études que j'aimais bien. Elle avait fait une demande dans une maison de transition tout près du collège; bref, les femmes s'occupaient activement de ma réinsertion au sein de la société, encore les femmes...

De mon côté, j'avais commencé des cours de relations humaines, question de sortir de ma coquille, de commencer à parler pour m'affirmer. Le chemin allait être long puisque j'étais très loin, très très loin, encore dans un autre monde.

Ça prenait « tout mon petit change » pour dire mon nom devant un groupe, imaginez le reste..., oui, le chemin allait être très long.

À la mi-novembre, les commissaires firent un arrêt au centre pour évaluer ceux qui pourraient sortir et ceux à qui, le tout serait refusé. De cette journée, nous étions tous bien nerveux, un peu comme au bingo sauf que le prix était la liberté de chacun. La « Commedia dell'arte » n'aurait pas fait mieux, comme pièce de théâtre, c'était dur à battre. Les commissaires, tous sérieux comme des papes, me posaient diverses questions sans trop d'importance puisque, de toute façon, la décision était déjà prise avec l'évaluation du dossier mais il fallait quand même voir celui qui serait dans quelques semaines sur le trottoir. J'avais juste l'impression d'être devant Saint-Pierre au ciel, juste à côté de la grande porte, ça faisait pitié, vraiment pitié à voir. Tant de pouvoir à quelques pauvres mortels...

Dans l'après-midi, la liste des gagnants était dûment affichée et, heureusement, à ma grande surprise, j'en faisais partie, ce qui voulait dire qu'à la mi-janvier, je serais dehors, enfin libre.

À la nouvelle, le groupe de relations humaines m'invitèrent tous à continuer le cours à l'extérieur, justement dans l'église du quartier où j'allais habiter.

Le temps des Fêtes avait duré une éternité. Maintenant que je connaissais ma date de libération, j'avais l'impression que la planète tournait à l'envers, que les aiguilles des horloges tournaient elles aussi au ralenti, le temps s'allongeait comme dans les bureaux de dentistes, de médecins…

1984

Histoire et société

— *Émission de gaz toxiques à Bhopal (2 000 morts)*

— *Indira Gandhi est assassiné par deux de ses gardes du corps.*

— *Denis Lortie entre à l'Assemblée nationale et tue quatre personnes.*

— *Visite du pape au Canada.*

— *Marc Garneau devient le premier astronaute canadien à voyager dans l'espace.*

Début de janvier 1984

Mon agente de liaison me sortit pour une journée. Le temps que je m'inscrive en bonne et due forme au collège Marie-Victorin que j'ai visité par la même occasion. C'était ma première immersion dans le monde depuis trois ans et j'en arrachais. N'osant regarder personne dans les yeux, à la fin de la journée, je savais de quoi étaient faits les planchers du Collège au complet. Dans la grande cafétéria, je n'osais même pas regarder les filles plus jeunes que moi; je me sentais comme sur une autre planète. Le bilan de ma vie ne m'avait fait que régresser ; maintenant, il fallait remonter tout doucement cette pente.

La journée fatidique arriva. Au matin, je préparais mes affaires personnelles. J'étais passé à la mercerie, question de m'habiller, avoir quelques morceaux de linge. Ils m'avaient donné trois paires de pantalons, deux chandails, deux chemises, un manteau et une paire de souliers. Des souliers en plein hiver! Me remettant environ cent dollars, voilà tout ce que j'avais pour recommencer dans la vie, recommencer encore une fois à la case zéro.

Mon agente de liaison était venue à ma rencontre pour me souhaiter bonne chance. Il faut dire qu'elle voulait vraiment que je m'en sorte et elle avait fait son possible, jusqu'à maintenant. Elles sont rares les personnes qui travaillent vraiment pour la cause, très rares.

Une fois à l'extérieur, les grandes portes de métal se refermèrent derrière moi et, restant immobile devant elles, je pris la décision de jouer le « jeu de société », faire comme tout le monde mais, en même temps, je me jurais aussi que si j'étais victime d'une injustice de cette société, le sang de ma souffrance allait couler à nouveau et à tout jamais, puzzle…

Fin janvier 1984, vingt-deux ans...

Lentement, je fis mes premiers pas de liberté sur la Montée Masson, je regardais pour une dernière fois le CDC et quelques minutes plus tard, je passais devant le « vieux Pen ». Regardant ces hauts murs de briques grises, ses tours, aussi hautes que la souffrance qu'elles portaient mais c'était maintenant fini, bien fini..., le film était terminé.

L'autobus de Laval m'amena à Montréal et malgré le peu de vêtements que j'avais et mes souliers en plein hiver, je n'avais aucune sensation du froid que de cette liberté enfin retrouvée.

En prenant l'autobus pour me rendre à Montréal Nord, je remarquai soudainement qu'il y avait beaucoup d'immigrants de différentes couleurs, assis un peu partout dans l'autobus. C'était à croire qu'ils avaient ouvert les écluses de l'immigration durant mon congé et ça ne faisait que trois ans que j'étais absent..., imaginez une vingtaine d'années.

Arrivé à la maison de transition, je fus très bien reçu. Les criminologues étaient tous fraîchement issus de l'Université de Montréal et tous avaient la conviction que l'on pouvait s'en sortir. Le criminologue qui s'occupait de moi avait mon âge, environ vingt-trois ans, grand, barbu, toujours rieur, de bonne humeur, quelqu'un qui aimait la vie. Très très humain, il a su avec le temps me redonner cette joie de vivre, la magie d'avancer, de croire, d'espérer. Pour lui, nous étions tous des êtres humains égaux et si quelqu'un en aidait un autre et bien c'était « tant mieux », il n'était pas meilleur, n'était pas plus intelligent, il avait simplement plus de connaissances, c'est tout.

Les criminologues nous rencontraient à tous les jours, question de bien suivre notre réinsertion sociale.

Pour ma part, je cherchais du travail le jour et j'allais, deux soirs par semaine, au collège Marie-Victorin pour la continuité des cours que j'avais entrepris au pénitencier. Un soir par semaine j'allais à mon cours de relations humaines à l'église.

Le tout premier soir du cours de relations humaines, je fus inséré dans un groupe qui était au même niveau que moi. De cette première soirée, au micro, j'avais dit à tout le monde que je venais de sortir du pénitencier, c'était quand même la véritable raison de ma présence dans le groupe en mi-session. J'en retiens que je fus reçus les bras ouverts, sans jugement. Serge, un gars qui m'avait épaulé depuis le tout début du cours, avait pris soin de mon accueil, me présentait à tout le monde. Il était aussi fier que moi que je m'en sois sorti, que je sois enfin libre. Il espérait simplement que je fasse mon chemin comme tout le monde malgré l'épreuve.

Un mois plus tard, je me suis trouvé un emploi dans une manufacture de vêtements. Au salaire minimum, je faisais le ménage partout et je m'occupais de l'ordre de l'entrepôt. Le patron de la compagnie se promenait en « Cadillac » et sa fille, qui venait de temps en temps voir son père, allait à l'université. Accoudé à mon balai, je me disais que, moi aussi, si j'avais eu de bons parents, je serais peut-être aujourd'hui à l'Université au lieu de balayer…, et dire que leur vie était en apparence si facile, si plaisante, comme si le bon Dieu leur avait tout donné mais je savais qu'un jour…

Pour l'instant, j'aimais bien ce travail, pas trop payant mais lentement, de cette routine, j'avais une vie comme tout le monde. Certes, je ne sortais pas dans les clubs, ni les discothèques, je ne buvais pas d'alcool mais les copains des cours tous les autres dans l'autobus étaient comme pris dans leurs interminables vies, comme s'ils transportaient tous de gros sacs sur les épaules. Moi, je flottais avec ma musique, je rêvais. Vaut mieux transporter la magie, le rêve que tous nos problèmes, nos soucis; les rêves sont toujours plus légers…

À la maison de transition, tous étaient bien fiers des progrès que je faisais malgré mon lourd dossier. Selon eux, je fonctionnais très bien, même mieux que la majorité et vers la fin de l'hiver, étant donné que le sujet de société évoluait dans le contexte du système judiciaire, des sentences et de la peine de mort, j'avais accepté d'aller donner mon point de vue à deux émissions de télévision. Aucun invité ne savait mon passé et arrivé à mon tour, je disais ce que j'en pensais.

Naturellement, pour ce faire, le criminologue qui s'occupait de moi et la maison de transition avaient tout organisé. Je n'étais qu'un invité de plus mais pour eux, j'étais la preuve d'une bonne réussite.

Personnellement, n'ayant jamais été un criminel de carrière et étant donné que c'était plus la tournure des événements qui m'avait amené dans ce drôle de monde et, qu'en plus, j'avais fait le choix de changer de route, je trouvais mon évolution des plus normales.

À la fin de l'hiver, au même instant que mon cours au cégep se terminait, je perdais du même coup mon emploi. Durant la fin de semaine, un vol avait eu lieu dans les bureaux de la compagnie et un détective privé ayant découvert que j'avais un dossier criminel me fit venir au bureau du patron.

Me demandant pourquoi je n'avais jamais mentionné que j'avais un dossier, j'avais répondu que pour ma part, je n'étais pas un vrai criminel, je ne m'étais jamais identifié à ce passé. Je n'étais pas le genre à dire à l'employeur que je venais de sortir

« d'en dedans ». J'ai quand même perdu mon emploi pour me retrouver sur l'assurance-chômage.

Début de juin 1984, vingt-deux ans…

Pas grave puisque j'avais des problèmes d'ordre médical à résoudre. Certes, par enchantement, ma glande thyroïde allait très bien depuis ma sortie, comme par magie, mais lorsque je faisais mon jogging les matins, je trouvais que les veines de mes jambes devenaient trop grosses. Le spécialiste de l'hôpital St — Luc aussi, et décida de m'enlever la veine fémorale de la jambe droite et celle de gauche, rajoutant qu'à mon âge, mon système vasculaire s'habituerait très vite, d'autant plus que mon problème était d'ordre génétique. Une semaine plus tard, l'opération était effectuée dans une petite clinique privée et j'avais droit pour la même occasion à quelques semaines de vacances.

Le cours de relations humaines était maintenant terminé et pour la première fois de ma vie, j'avais droit à un diplôme, mon tout premier diplôme et j'en étais très fier. C'était bien la première fois que je terminais quelque chose de bien, oui j'étais très fier. Par la même occasion, le professeur m'invita à continuer dans un autre cours de relations humaines mais cette fois-ci, le cours avancé, pour être un jour animateur comme lui. Les élèves n'avaient droit qu'au cours avancé que par invitation, les meilleurs quoi…, et pourquoi pas. Tout ce que je voulais, c'était d'avancer le plus possible dans cette société, d'avancer le plus possible dans ma propre vie, d'autant plus que, j'avais un drôle de passé et un présent à rebâtir…

Quelquefois, j'allais chez une amie qui avait un enfant. Les relations étaient un peu difficiles et très lentes, mais je trouvais ça tout à fait normal dans mon cas ; cependant, j'avançais lentement et c'était ça qui était l'essentiel.

Durant cette même période de vacances, j'avais été faire un tour chez la famille Bouchard mais sans plus sauf, qu'à cause du quatrième cours de relations humaines « avancé », il avait demandé comme exercice d'aller voir notre père, de s'asseoir sur ses genoux et de lui dire combien je l'aimais.

J'avais fait cet exercice les larmes à l'œil car, papa Bouchard, je l'aimais bien et jamais, il n'avait été le véritable responsable de mon enfance difficile, jamais.

Juillet 1984, vingt-trois ans…

Je passais tout mon temps de loisir avec le « gang des relations humaines ». Deux soirs par semaine, j'allais encourager de nouveaux groupes. Pour la première fois de ma vie, j'avais de vrais amis avec qui je pouvais parler et vivre, de vrais amis…, enfin.

Début de juillet, étant toujours en congé de maladie, avec les copains des relations humaines, je partis une fin de semaine pour la plage dans les Laurentides ; après tant d'années je recommençais lentement à profiter un peu de la vie, à me faire plaisir.

De cette même période, j'avais adhéré à un groupe d'immigrants de l'Amérique du Sud. Leur slogan était, ni plus ni moins, de sauver le monde de la misère, des injustices, bref, on se réunissait dans un petit local dans le quartier des artistes; le plateau Mont-Royal et chaque fin de semaine, nous nous promenions lors de fêtes familiales d'un parc à l'autre avec nos slogans.

Dans le groupe, il y avait une jeune fille de mon âge qui se promenait toujours avec sa radio et quelques cassettes de Véronique Samson.

Ayant la même passion qu'elle, nous avions passé l'été à nous tenir ensemble et à écouter simplement cette musique qui nous faisait rêver…, rien de plus, sans malice, rien de moins. J'avais aussi commencé à écouter le tout premier album de U2 intitulé « WAR », la photo de l'enfant choqué sur la pochette reflétait peut-être ce que je ressentais dans mon intérieur.

Moi aussi j'en voulais aux grandes personnes d'avoir détruit l'enfant qui habitait en moi. Maintenant, je commençais à le faire revivre très lentement, graduellement.

À la maison de transition, mon copain de chambre travaillait avec les handicapés (es), leur donnant un coup de main pour leurs besoins de base, il était bien payé et avait toujours un horaire varié. Il m'offrit un matin de le suivre…, le suivre! Moi qui avais toujours traversé la rue à la vue d'une chaise roulante…

Je le suivis et après sa journée de travail, je concluais que ce serait bien pour moi, ce genre de travail. Dès le lendemain matin, je m'inscrivis dans son agence pour faire le même travail que lui.

Du jour au lendemain, je me retrouvais à m'occuper des handicapé(e) s à leurs domiciles respectifs. Pour cet emploi, je me promenais partout dans Montréal. J'aimais bien le contact humain et du même coup, je n'avais plus d'horaire fixe. Allant d'un endroit à l'autre au cours de la journée et m'occupant de ceux qui avaient besoin d'aide, je n'avais jamais l'impression de « vraiment travailler ».

À la fin de l'été, le cours de relations humaines avancé se termina et, mon « temps » à la maison de transition achevait. Je préparais activement ma sortie. Je m'étais trouvé un appartement dans le quartier Côte-des-Neiges puisque la majorité des handicapé(e) s dont je m'occupais habitaient dans ce quartier et dès le début de septembre, j'étais libre, complètement libre. Je n'avais qu'un rendez-vous, une fois par mois chez les fédéraux et ce, jusqu'à la fin de ma sentence.

Durant la même période, j'avais fait une demande à l'Université de Montréal pour entrer au programme d'histoire de l'art. C'était ma tendre passion et je pouvais m'inscrire à titre d'étudiant adulte puisque j'avais plus de vingt et un ans. La sœur de Serge, le gars des relations humaines, s'était aussi inscrite dans une autre université et la même journée, nous avions reçu notre réponse. Nous étions acceptés tous les deux. Se téléphonant, nous étions fous comme des balais…, dans ma propre famille (Bouchard), j'étais le premier à mettre le pied dans un tel endroit.

Naturellement, Maman Bouchard a réussi à m'abaisser en disant que l'histoire de l'art, il n'y avait rien de sérieux là — dedans, que n'importe qui pouvait s'inscrire et être accepté dans cette branche…, mais oui, mais oui. Jalouse, elle l'avait toujours été. Regarde le petit « crisse » ce qui fait, ce qu'il réussit à faire, ce que j'aurais aimé faire ou osé faire. Non, jamais elle ne nous avait aimés, jamais et, en plus, elle essayait de briser mes rêves, mais ça marchait de moins en moins puisque « psychologiquement parlant » je commençais lentement à me détacher d'elle…

L'aventure allait continuer comme une pendule si bien synchronisée mais arrivé à cette étape, j'étais libre comme l'air. Il me fallait poursuivre en dépit de mon bagage, de mes expériences. Qu'est-ce qui allait m'attendre de cette liberté, de cette expérience, qu'est-ce que j'allais en faire ? Tant de question mais l'avenir n'est-elle pas un questionnement incessant ?

Lightning Source UK Ltd.
Milton Keynes UK
UKRC022020120619
344090UK00013B/193